KB052620

푸에블로호 사건과 북한

푸에블로호 사건과 북한

초판 1쇄 발행 2015년 7월 27일

지은이 | 이신재
펴낸이 | 윤관백
펴낸곳 | 도서출판 선인

등록 | 제5-77호(1998.11.4)
주소 | 서울시 마포구 마포대로 4다길 4 곶마루 B/D 1층
전화 | 02)718-6252 / 6257 팩스 | 02)718-6253
E-mail | sunin72@chol.com
Homepage | www.suninbook.com

정가 27,000원
ISBN 978-89-5933-909-9 93900

푸에블로호 사건과 북한

이신재

책을 내면서

✽

1968년 1월 23일. 이 날은 북한과 미국 모두에게 충격적인 날이었다. 잘 알려진 것처럼 미국의 군함이 한반도 동해에서 북한에게 피랍된 날이기 때문이다. 이른바 '푸에블로호 사건'이 발생한 것이다.

이 사건을 계기로 북한과 미국은 비밀협상을 시작하게 되었고, 29차례의 협상결과 사건발생 11개월 만인 1968년 12월 23일 판문점을 통해 승무원들이 송환되면서 사건은 일단락되는 듯했다.

그러나 사건 발생 40년도 더 지난 현재까지 푸에블로호는 미국으로 돌아가지 못하고 있다. 김정일은 1998년 원산 앞바다에 있던 푸에블로호를 평양의 대동강으로 옮겨 전시하기 시작했고, 김정은은 2013년 푸에블로호를 자신들의 '전승기념관'으로 옮겨다 놓고 미국에 대한 승리라며 선전하고 있다. 이뿐만이 아니다. 북한은 매년 1월 23일이 되면 '푸에블로호 사건에서 교훈을 찾으라'며 미국을 '훈계'하고 있다.

푸에블로호를 잊지 못하는 것은 미국도 마찬가지다. 미국의 일부 정치인들은 북한에 대해 계속해서 푸에블로호의 반환을 촉구하면서 관심을 이어나가고 있다. 미 해군은 아직도 푸에블로호를 '미귀환 군함'으로 관리하고 있다. 이 점은 푸에블로호 사건이 아직도 끝나지 않은 것임을 반증하는 것이라 할 수 있다.

사실 푸에블로호 사건은 외면상으로만 본다면 간단한 사건이라고 할 수도 있다. 북한의 푸에블로호 나포, 승무원 억류, 북한과 미국의 협상, 승무원 송환 등 그 과정은 간결하다고까지 할 수 있다. 그러나 사건 이후 전개되는 북한과 미국의 태도를 바라보면 한편으론 흥미롭기도 하고, 다른 한편으론 이 사건 속에 많은 의미가 담겨 있음을 어렵지 않게 알 수 있다. 특히 사건을 일으켰던 북한의 푸에블로호에 대한 관심은 그냥 일상적인 태도로 넘기기에는 너무도 크다고 할 수 있다.

이 점에서 필자는 푸에블로호에 대한 북한의 이 같은 관심에 주목하고자 했다. 북한이 푸에블로호에 매달리는 모습이 마치 '푸에블로호의 그림자' 속에 갇혀 있는 것처럼 보였기 때문이다.

하나의 사건은 그 정도 면에서 차이는 있을 수 있겠지만, 필연적으로 영향을 미치게 되어 있다. 또한 하나의 사건으로 인한 영향은 그 주체의 인식에 영향을 미치고, 변화된 인식은 정책의 변화로 이어지게 된다.

푸에블로호 사건은 북한과 미국이 한국전쟁 이후 처음 직면했던 충격적인 사건이었던 만큼 그 영향은 밀도와 강도 면에서 대단히 큰 것이었다. 특히 전쟁발발의 위기까지 겪어야 했던 북한에겐 중대한 영향을 미쳤던 사건이었다.

그러나 이 사건이 가지는 중요성에 비추어 볼 때 지금까지 푸에블로호 사건에 대한 연구는 많이 이루어졌다고 할 수 없다. 사건 당시 미국의 위기관리 대응이나 북미 간의 협상과정, 그리고 사건으로 변화된 한미관계에 대한 일부 연구들은 있었지만, 이 사건이 북한에 미친 영향에 대한 연구는 거의 시도되지 않았다.

그렇다면 푸에블로호 사건은 북한에게 어떤 영향을 미쳤을까? 이 책은 바로 푸에블로호 사건이 북한에 미친 영향에 주목했던 필자의 박사학위 논문을 근간으로 하고 있다.

필자는 푸에블로호 사건이 북한에 미친 영향을 분석하기 위해 하나의 사건은 인식에 영향을 미치고, 변화된 인식은 정책의 변화로 이어진다는 것을 기본 내용으로 하는 사건 · 인식 · 정책의 분석틀을 수립 · 활용했다. 그리고 이를 통한 연구결과 다음과 같은 결론에 도달할 수 있었다.

먼저, 푸에블로호 사건은 북한의 대미인식을 변화시켰다. 북한은 전쟁 발발의 위기를 거치며 자칭 미국에 대한 '승리'를 얻게 되었다. 그리고 북한의 '승리'의 경험은 기존의 대미인식을 새롭게 변화시켰다. 이전까지 북한의 대미인식은 한국전쟁으로 형성된 '철천지 원쑤'라는 단면적이고 획일화된 소극적 대미 승리인식에 불과했다. 그러나 푸에블로호 사건을 통해 북한은 대미 대결의 자신감을 형성함과 동시에 대미 대결의 유용성도 함께 발견하게 된다. 북한은 푸에블로호 사건의 승리를 통해 대미 승리인식을 공고화시켰고 통치이데올로기로서 반미의 유용성을 인식하게 되었으며, 이를 바탕으로 사건 이후에는 적극적인 대미 '인민외교'를 전개하게 된다. 또 푸에블로호 승리의 기억은 1990년대 김정일 체제의 등장 이후 호명呼名되면서 북한을 둘러싼 대내외적 위기 상황에서 선군정치의 근거로도 활용되었다.

다음으로, 푸에블로호 사건으로 변화된 북한의 대미인식은 이후 새로운 대미 협상전략으로 나타났다. 사건 당시 미국과의 양자회담을 통해 북한이 경험했던 대미협상의 성공적 구조, 즉 인질활용, 통미봉남通美封南, 인정투쟁은 사건 이전까지 경험했던 대미 협상경험을 뛰어넘어 협상전략을 재형성하는 계기가 되었다. 재형성된 북한의 대미 협상전략은 관심유인 전략, 통미봉남 전략, 인정투쟁 전략 등 세 가지로 나타났다. 그리고 북한은 이 협상전략을 현재까지 대미협상에서 지속적으로 활용하고 있다.

관심유인 전략은 약소국 북한이 강대국 미국과의 협상을 성사시키기 위한 목적으로 활용되고 있다. 강대국의 관심사는 또 다른 강대국이라는 국제정치 현실에서 대미협상 성사를 위한 전략이다. 미국의 관심을 북한으로 유인한다는 의미이다. 관심유인의 수단으로 '인질'이 활용된다. 여기서 '인질'은 단순히 사람만을 의미하지는 않는다. 이 연구에서 제시하는 관심유인 전략의 수단으로써 '인질'은 협상 상대국인 미국의 약점을 의미한다. 강대국을 움직이게 할 수 있는 '강대국의 아킬레스건(Achilles' tendon)'을 총칭한다. 가장 좋은 '인질'은 역설적으로 상대방의 가장 치명적인 약점이 될 것이다. 구체적으로 북미관계에서 북한이 대미협상을 위해 활용한 '인질'의 종류로는 사람에서부터 규범, 제도, 물건, 유해遺骸, 심지어 다른 나라(남한 등 우방국)에 대한 위협까지 다양했다.

통미봉남 전략은 한국전쟁 이후 형성된 남 · 북 · 미 삼각관계 속에서 구조적으로 시작되었다. 한국전쟁 이후 북한은 계속해서 '통미'와 '봉남'의 전략을 전개하고자 하였다. 그러나 공고한 한미동맹과 미국의 부정적인 대북인식으로 실질적인 성과를 내지는 못했다. 그러나 푸에블로호 사건을 통해 통미봉남이 결합된 성공을 경험하게 되었고 이 사건을 계기로 북한의 통미봉남 전략은 본격적으로 전개되고 있다.

인정투쟁 전략은 북한 대미 협상전략의 궁극적 목표라 할 수 있다. 인정투쟁은 건국 이후 미국과 국제사회로부터 '불법국가', '침략자'의 낙인을 받은 북한이 주권국가로써 미국에게 인정받기 위한 전략이다. 북한은 미국으로부터 북한(North Korea)이 아닌 조선민주주의인민공화국(DPRK)으로 인정받기 위해 노력하였다. 푸에블로호 사건은 북한이 미국으로부터 국가로 인정받은 첫 번째 성공사례였다. 이후 북한은 적극적인 대미접촉 시도를 통해 인정투쟁을 지속적으로 전개하고 있다.

결론적으로 푸에블로호 사건은 한국전쟁 이후 형성된 북미관계에서 북한의 대미인식을 변화시키고, 대미 협상전략을 재형성시킨 '중요한 사건'이었다. 이 점에서 현재의 북미관계를 본격화시킨 사건이자 '결정적 전환점'이라고 평가할 수 있다. 그리고 북한이 계속해서 푸에블로호의 영향을 활용하고 있는 현실에서 푸에블로호 사건은 향후 북미관계와 북한의 대미정책을 가늠해볼 수 있는 척도로써 지속적인 연구가치가 있다고 평가된다.

이 책은 6개 장과 부록으로 구성되어 있다. 이것은 크게 서론(Ⅰ장), 결론

(Ⅵ장) 이외에 푸에블로호 사건(Ⅲ장)을 기준으로 사건 이전의 상황(Ⅱ장)과 이후의 변화(Ⅳ장, Ⅴ장)를 담고 있다. 부록에는 사건 당시 북한과 미국 간의 관련자료 중 양측의 합의문과 북한의 발표내용 등 중요한 자료를 포함했다.

또한 부록에는 평화문제연구소에서 발간하는 월간 『통일한국』(2013년 9월호)에 필자가 기고한 '푸에블로호는 왜 전승기념관으로 갔나'라는 제목의 글도 첨부했다. 이 글은 1998년 12월부터 김정일의 지시로 대동강에서 전시되던 푸에블로호가 갑자기 '실종'된 이후에 2013년 7월 김정은이 새로 건설한 전승기념관에 나타나게 된 배경과 이유를 다룬 것이다.

사실 푸에블로호가 대동강에서 '실종'되던 2012년 11월은 김정일 사망 1주년이 다가오는 시점이자 필자의 학위논문이 마무리 단계에 있던 시기였다. 당시에는 향후 북한의 푸에블로호 활용계획이 불투명한 상태였기 때문에 학위논문에 그 내용을 담을 수 없었다. 이후 2013년 7월 푸에블로호가 새롭게 전승기념관에 전시된 것에 대해서 이 책에 그 의미를 포함하는 것이 좋을 것 같아 당시 지면관계상 생략했던 부분 등을 보완하여 부록으로 싣게 되었다.

또한 이 사건을 이해하는 데 도움을 주고자 책의 서두에 관련사진을 함께 실었다. 여기에 실은 사진들은 한국의 국가기록원, 북한의 노동신문·조선중앙TV·기록영화 등의 선전매체, 그리고 미 육군과 해군에서 수집한 것들이다. 여기서 특별히 밝힐 것은 사진의 상당수는 미국 푸에블로호 퇴역군인 협회(USS Pueblo Veteran Association)에서 제공받은 것이라는 점이다. 특히 전 푸에블로호 승무원이며 현재 이 협회의 사무총장이신 Mr. Ralph McClintock께서는 사진제공과 책의 발간을 축하해 주셨을 뿐만 아니라 2013년 12월 장성택이 숙청되기 전까지 진행되었던 푸에블로호 송환 추진에 얽힌 비화까지 들려주셨다. 335일간의 북한 억류기간 동안 고통을 이겨내고, 지금은 미국에서 생활하고 있는 푸에블로호의 퇴역 승무원들에게 이 지면을 빌어 감사와 경의를 표한다.

이 책을 준비하면서 참으로 많은 분들의 도움을 받았음을 밝혀야 할 것 같다. 그 과정은 '학문의 즐거움'을 맛보는 시간이기도 했고, 한편으론 '사람은 혼자 살 수 없다'는 것을 다시금 깨닫는 시간이기도 했다. 지금 이 순간 지나온 시간을 돌이켜 보며 그분들께 감사의 마음을 전할 수 있게 됨을 기쁘게 생각한다.

먼저, 박사과정 재학 당시 지도교수님으로서 어둠의 터널 속에서 헤매고 있는 필자의 손을 잡아주시고, 인도해 주신 현 북한대학원대학교 신종대 부총장님께 감사드린다. 또 논문심사를 통해 격려와 비판을 아끼지 않으셨던 류길재 전 통일부장관님, 북한대학원대학교 양무진 교수님, 서울대학교 통일평화연구원 서보혁 교수님, 서강대학교 정영철 교수님께 감사드린다. 주옥같은 말씀을 다 담아내지 못한 것은 내 능력의 한계이자 앞으로 더욱 정진해야 할 또 하나의 이유가 될 것이다.

대학원 재학기간 동안 가르침을 주셨던 최완규 전 총장님을 비롯해 함택영 · 구갑우 · 이우영 · 양문수 교수님과 경남대학교 정두음 교수님께도 깊이 감사드린다. 부족한 글을 출판해 주신 선인출판사의 윤관백 사장님과 관계자 여러분께도 감사드린다. 이밖에도 감사드려야 할 분들이 많지만, 지면관계상 일일이 말씀드리지 못함이 죄송할 따름이다. 너그러운 이해를 바랄 뿐이다.

끝으로 이 책의 집필기간 동안 소홀했던 남편과 아버지로서의 역할에 원망 대신 따뜻한 응원을 보내준 아내 김성진과 두 아이들 정민과 은민에게 이 지면을 빌어 사랑하는 마음을 가득 담아 보낸다.

2015년 6월
서울 삼각지 연구실에서
이신재 씀

목 차

책을 내면서 5

[제I장] 서 론 ········ 39

제1절 문제 제기 및 연구 목적 ········ 41
제2절 기존 연구의 검토 ········ 49
제3절 이론적 논의 및 분석틀 ········ 58
제4절 책의 구성 ········ 76

[제II장] 푸에블로호 사건 이전 대미인식과 협상경험 ········ 79

제1절 북한의 대미인식 ········ 81
1. 대미인식과 대미 승리인식 ········ 81
2. 한국전쟁과 대미인식의 형성 ········ 83
3. 냉전구조와 대미인식의 지속 ········ 89
제2절 북한의 대미 협상경험 ········ 98
1. 한국전쟁 휴전회담 ········ 98
2. 군사정전위원회 회담 ········ 105
3. 제네바 정치회담 ········ 113

[제Ⅲ장] 푸에블로호 사건과 북미 협상의 전개 119

제1절 푸에블로호 사건 121

1. 사건 개요 121
2. 푸에블로호의 탄생과 임무 122
3. 북한의 나포 의도성 125

제2절 북미 접촉과 협상과정 127

1. 협상과정 개괄 127
2. 사전 협상단계 : 상호탐색 및 접촉 시도 132
3. 협상 1단계 : 회담 조건 협상 138
4. 협상 2단계 : 구체적 안건 토의 143
5. 협상 3단계 : 협상의 타결 154

제3절 푸에블로호 사건 협상의 특징 159

1. 푸에블로호 협상 분석 159
2. 휴전회담 · 군정위 회담 · 제네바 회담과 비교 170

[제Ⅳ장] 푸에블로호 사건과 대미인식 변화 177

제1절 대미인식 변화 179

1. 국가적 위기와 승리의 성취 179
2. 대미 대결의 자신감 형성 185

제2절 대미 승리인식의 대내적 활용 197

1. 대미 승리인식의 재공고화 197
2. 반미의 통치 이데올로기 활용 202
3. 대미 인민외교의 전개 210

제3절 대미 승리인식의 제도화 215

1. 김정일 체제 등장과 푸에블로호 호명 215

2. 푸에블로호 사건의 반미 소재적 유용성 ······ 219
3. 대미 승리인식의 제도화 과정 ······ 221

[제V장] 푸에블로호 사건과 대미 협상전략의 재형성 ······ 237
제1절 북한 대미 협상전략의 재형성 ······ 239
1. 푸에블로호 협상과 대미 협상전략의 상관성 ······ 239
2. 대미 협상전략의 재형성과 전개 ······ 241
제2절 관심유인 전략 ······ 245
1. 약소국의 대 강대국 협상전략 ······ 245
2. 북한의 대미 관심유인 수단과 '인질' ······ 248
3. 관심유인 전략 전개 ······ 251
제3절 통미봉남 전략 ······ 261
1. 남 · 북 · 미 삼각관계와 통미봉남의 형성 ······ 261
2. 푸에블로호 사건과 통미봉남의 본격화 ······ 263
3. 통미봉남 전략 전개 ······ 264
제4절 인정투쟁 전략 ······ 275
1. '불법국가' 북한의 인정투쟁 ······ 275
2. 인정투쟁 전략 전개 ······ 280

[제VI장] 결론 ······ 291

참고문헌 299
부 록 317
찾아보기 333

〈표 목차〉

〈표 2-1〉 한국전쟁 기간 북한 인명 피해현황 ······ 84
〈표 2-2〉 북한이 주장한 한국전쟁 종합전과 ······ 87
〈표 2-3〉 북한의 유엔 가입신청서 전문(電文) ······ 90
〈표 2-4〉 미국의 대북 제재조치 현황(1950-1992) ······ 91
〈표 2-5〉 유엔군과 공산군의 휴전회담 수용 이유 ······ 100
〈표 2-6〉 한국전쟁 휴전회담의 양측 대표단 명단 ······ 101
〈표 2-7〉 군정위 북한측 수석대표 현황(1953-1972) ······ 109
〈표 2-8〉 군정위를 통한 북한의 평화공세 사례(1954-1958) ······ 111
〈표 3-1〉 푸에블로호 제원 및 구성 ······ 124
〈표 3-2〉 북미 협상의 쟁점 ······ 131
〈표 3-3〉 북미 간 회담조건 접촉 시기(1단계) ······ 143
〈표 3-4〉 협상의 1차 대립시기(6차-15차) ······ 148
〈표 3-5〉 협상의 2차 대립시기 (16차-25차) ······ 154
〈표 3-6〉 협상의 타결과 종결(3단계) ······ 158
〈표 3-7〉 휴전회담 · 군정위회담 · 제네바회담 · 푸에블로호 회담 비교 174
〈표 4-1〉 외국 대표의 축하 연설 주요 단어 분석 ······ 190
〈표 4-2〉 푸에블로호 사건 종결이후 보도 현황 ······ 198
〈표 4-3〉 북한의 연도별 사회총생산액(1946-1965) ······ 204
〈표 4-4〉 푸에블로호 나포사건 시기 북한의 경제 선동 구호 ······ 205
〈표 4-5〉 내용별 보도 횟수 비교 ······ 207
〈표 4-6〉 푸에블로호 소재 문학작품 및 영화 현황 ······ 227
〈표 5-1〉 북한의 대미 강제 성공과 실패 사례 ······ 258
〈표 5-2〉 푸에블로호 나포와 여기자 억류사건 비교 ······ 260

〈그림 목차〉

〈그림 1-1〉 분석틀 : 사건, 인식, 정책의 상호관계 74
〈그림 2-1〉 정전협정과 군정위 기구 현황 107
〈그림 3-1〉 푸에블로호 사진 123
〈그림 3-2〉 북한과 미국이 주장한 나포 위치 129
〈그림 4-1〉 북한의 자기인식과 대미인식 조합 187
〈그림 4-2〉 북한의 대미인식 변화 196
〈그림 4-3〉 푸에블로호 승리인식의 제도화 단계 223

※ 일러두기

1. 이 책에 수록된 사진은 대한민국 국가기록원과 미국 육 · 해군의 공식 사진, 그리고 북한의 노동신문, 조선중앙TV, 기록영화 등 선전매체에 나오는 것임을 밝혀둔다.
2. 또한 미국 푸에블로호 퇴역군인 협회(USS Pueblo Veterans Association)에서 제공한 사진이 다수 포함되어 있다. 사진의 제공과 사용을 허락해 준 협회와 이 협회의 사무총장이신 Ralph McClintock님께 깊이 감사드린다.
3. 모든 사진의 하단에는 사진에 대한 간략한 설명과 함께 출처(또는 제공자의 이름)를 표기했다.

푸에블로호 전신인 FP-344호가 미 육군에서 운영될 당시 모습 [미 육군]

항해중인 푸에블로호의 모습 [미 해군]

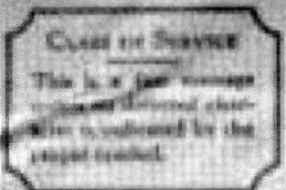

WESTERN UNION
TELEGRAM

KA080 CTC088 WF142

1967 MAY 11 AM 10 48

WW BXA018 GOVT PD=BX WASHINGTON DC 11 1201P EDT=
DR JACK OSBURNE, MAYOR=
CITY OF PUEBLO CITY HALL PUEBLO COLO=

CONVEY MY APPRECIATION TO THE DEPARTMENT OF NAVY FOR THE HONOR BEING BESTOWED UPON THE CITIZENS OF PUEBLO IN THE COMMISSIONING OF THE U.S.S. PUEBLO. MY BEST WISHES ARE EXTENDED TO THE COMMANDER-DESIGNATE AND THE MEN OF THE U.S.S. PUEBLO FOR SUCCESSFUL VOYAGES IN THE MONTHS AHEAD. REGRET PRIOR COMMITMENTS PREVENT ME FROM BEING WITH YOU ON THIS VERY SPECIAL OCCASION=

FRANK E EVANS MEMBER OF CONGRESS=

푸에블로시장(mayor)이 성공적 항해를 기원하며 보낸 전문 [Rose Bucher]

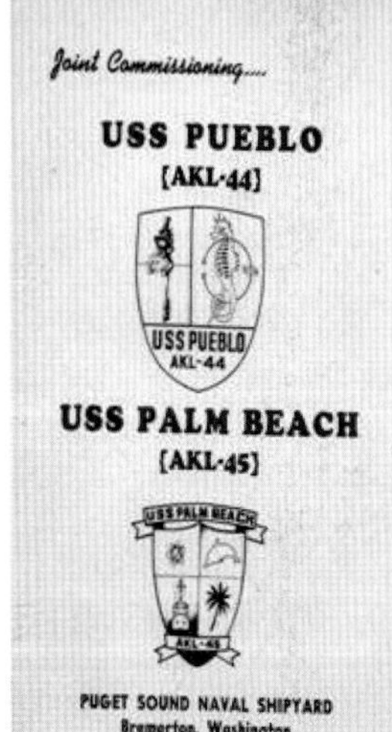

Joint Commissioning....

USS PUEBLO
[AKL-44]

USS PALM BEACH
[AKL-45]

PUGET SOUND NAVAL SHIPYARD
Bremerton, Washington
13 MAY 1967

USS PUEBLO (AKL-44)

OFFICERS

LT EDWARD R. MURPHY, JR.
Executive Officer, Navigator

LT STEPHEN R. HARRIS
Research Operations

LTJG DAVID L. BEHR
First Lieutenant, Operations

CWO GENE H. LACY
Engineering Officer, Supply

SENIOR CHIEF PETTY OFFICERS

C. D. WALLACE

CHIEF PETTY OFFICERS

R. D. BOUDEN
M. O. GOLDMAN

FIRST CLASS PETTY OFFICERS

M. T. BARRETT
R. BLANSETT
A. M. CANALES
P. P. GARCIA
F. J. GINTHER
G. W. HAGENSON
N. J. KLEPAC
C. R. LAW
J. D. LAYTON
J. D. MULLIN
D. R. PEPPARD
W. D. SCARBOROUGH
J. A. SHEPPARD

USS PUEBLO (AKL-44)

SECOND CLASS PETTY OFFICERS

M. L. DeLONG
J. R. FEJAR
B. G. GOIN
H. LEWIS
W. G. LEACH
D. R. McCLARREN
R. C. STERLING
K. R. WADLEY

THIRD CLASS PETTY OFFICERS

W. D. ANDERSON
C. W. AYLING
R. L. BERENS
P. D. RUSNAHAN
W. C. BUSSELL
C. H. CRANDELL
B. R. CROWE
R. D. DINGUS
R. H. DUKE
R. J. JORDAN
E. M. KISLER
A. A. LAMANTIA
P. M. LANGENBURG
K. C. McMILLEN
C. C. NOLTE
A. H. PLUCKER
R. A. PRENTISS
R. E. REED
J. A. SHILLING
A. S. STRANO
L. J. TAYLOR
E. A. WOOD

NON-RATED MEN

R. ABELON
R. E. ARNOLD
R. I. BAME
H. E. BLAND
S. P. ELLIS
J. W. GRANT
J. C. HIGGINS
R. W. HILL JR.
D. D. HODGES
E. D. LUMSDEN
R. J. MAGGARD
M. A. O'BANNON
S. J. ROBIN
E. S. RUSSELL
N. W. SPEAR
L. E. STRICKLAND
S. E. WOELK
D. D. WRIGHT

푸에블로호 승무원 명단 일부 [Rose Bucher]

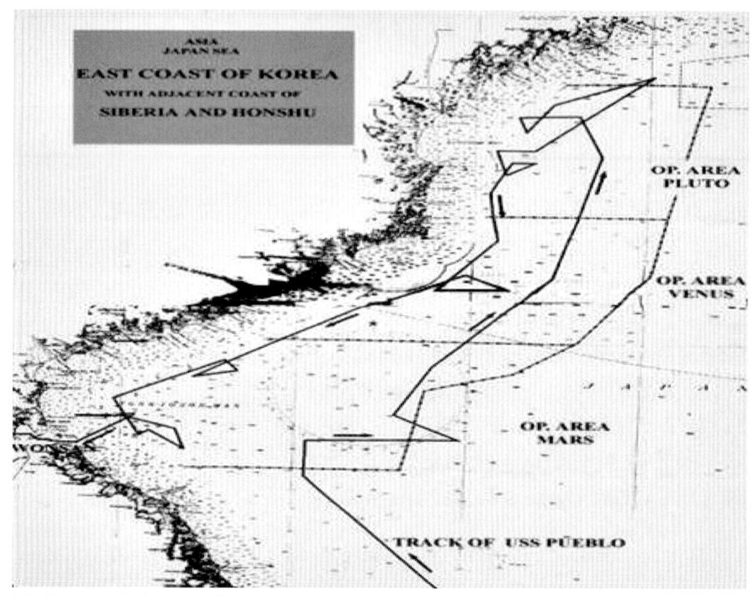

한반도 동해에서 푸에블로호의 임무 수행도 [Bucher: My Story 중에서]

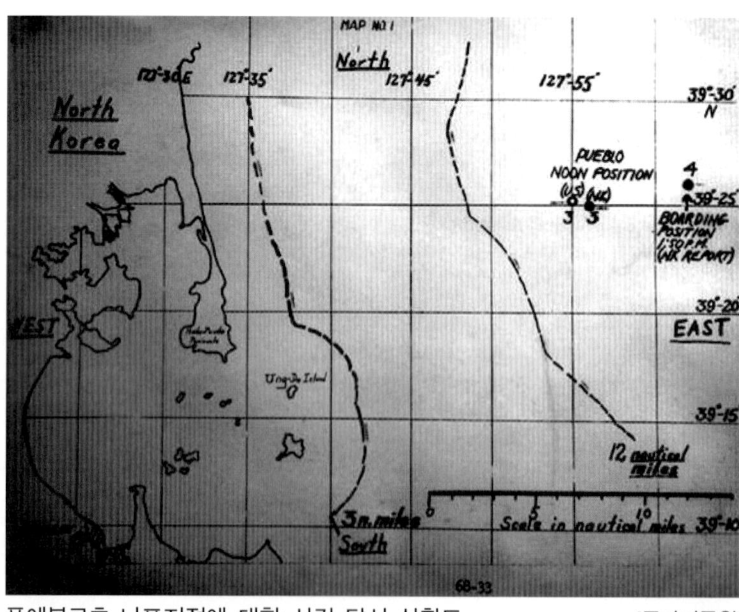

푸에블로호 나포지점에 대한 사건 당시 상황도 [국가기록원]

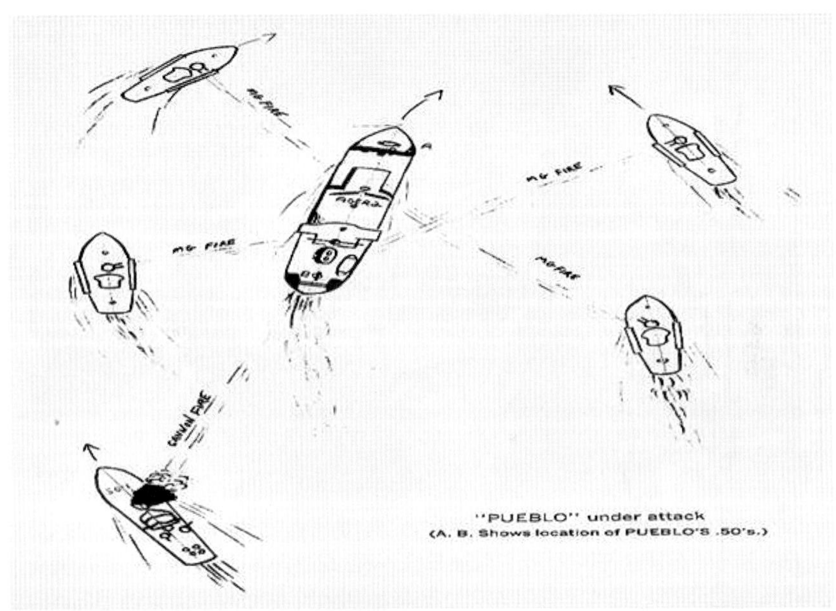

푸에블로호가 나포될 당시의 상황을 묘사한 그림 [Bucher: My Story 중에서]

푸에블로호 승무원들이 1968년 1월 23일 나포된 날 저녁 원산항에 도착했을 당시 모습
[북한 선전영화]

판문점에서 진행된 북미 간 비밀회담 모습. 사진 오른쪽에서 두 번째 인물이 북측 대표 박중국이다. 왼쪽의 등이 보이는 인물은 미국의 두 번째 대표였던 우드워드 육군 소장이다. [국가기록원]

1968년 12월 23일 미국 대표 우드워드 장군이 북한이 제시한 문서에 서명하고 있다. 오른쪽은 통역을 맡은 이문항씨 [국가기록원]

푸에블로호 사건 당시 북미 비밀회담은 사진 왼쪽의 중립국 감독위원회 회의실에서 열렸다. 사진은 1977년 당시 판문점 전경 [국가기록원]

미국이 한국을 배제하고 북한과 비밀협상을 하는 것에 대해 당시 홍종철 공보부장관이 우리 정부의 불편한 입장을 발표하고 있다. [국가기록원]

1968년 1월 24일 평양으로 이송된 승무원들의 1차 수용소 위치(왼쪽 상단 The Barn 표시지점). 오른쪽은 동평양경기장이다. [Ralph McClintock/구글 위성사진]

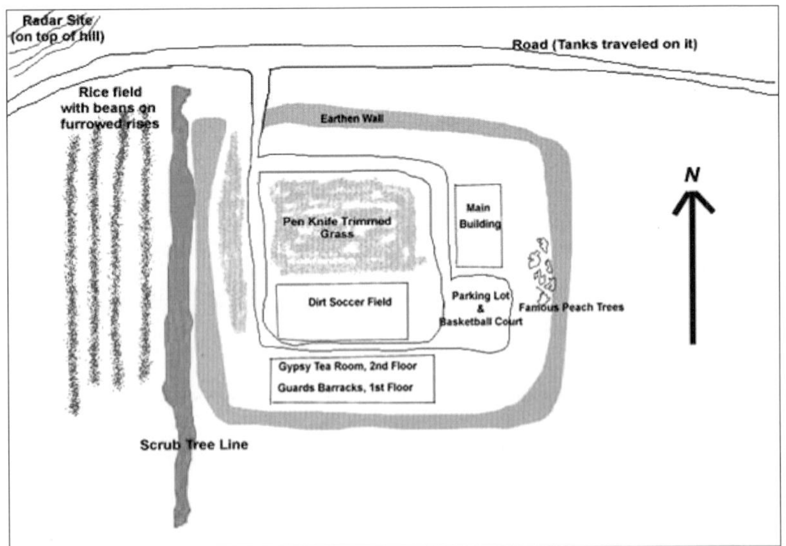

1968년 3월부터 12월 송환 때까지 승무원들이 수용되었던 평양근교의 2차 수용소 배치도 [Ralph McClintock]

승무원들이 2차 수용소에서 북한영화를 보는 모습 [북한선전영화]

승무원들이 2차 수용소에서 운동경기를 하는 모습 [북한선전영화]

북한은 승무원들을 대상으로 선전용 사진을 찍었다. 그러나 승무원들은 가운데 손가락을 이용해 북한에 대한 무언의 저항을 표시하곤 했다. [북한선전영화]

북한은 1968년 9월 12일 34개국 기자 등을 불러 승무원들에 대한 기자회견을 실시했다. 사진에서는 부쳐 함장(왼쪽 서 있는 인물)이 질문에 답변하고 있다. [노동신문]

1968년 9월 12일 기자회견 모습 [북한선전영화]

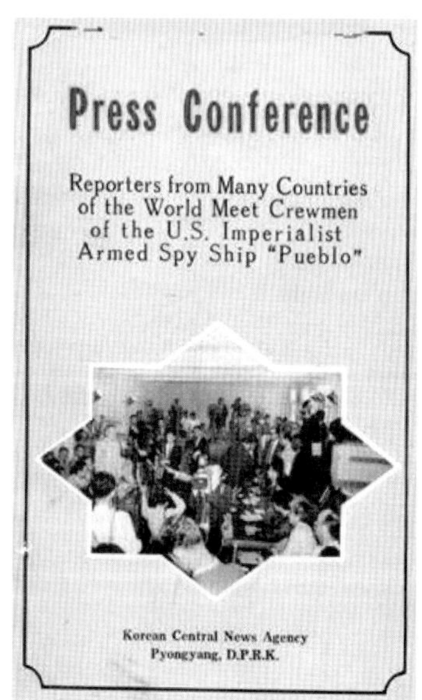

Press Conference

Reporters from Many Countries of the World Meet Crewmen of the U.S. Imperialist Armed Spy Ship "Pueblo"

Korean Central News Agency
Pyongyang, D.P.R.K.

기자회견에 대한 북한 선전자료 [북한선전영화]

억류당시 승무원들에게 제공된 북한 담배 '갈매기' [북한선전영화]

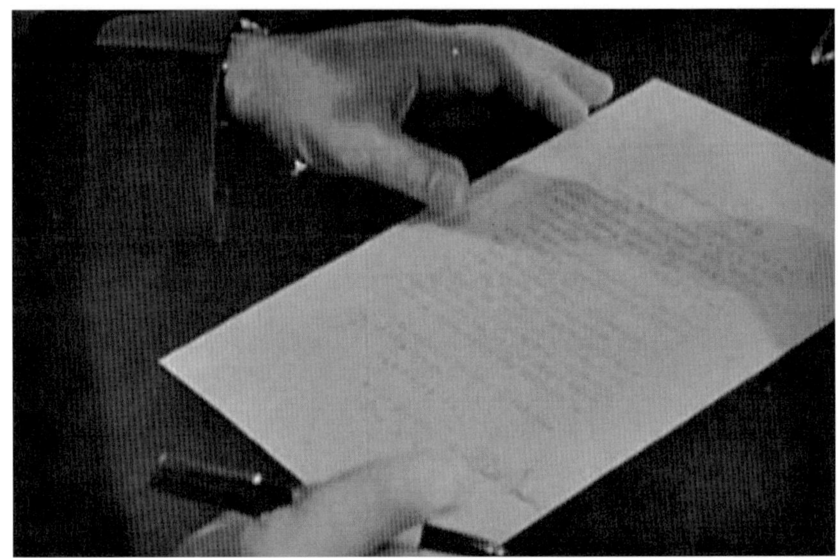

1968년 12월 23일 판문점에서 미국 대표 우드워드 장군이 북한이 제시한 문서에 서명하는 모습 [조선중앙TV]

1968년 12월 23일 승무원들이 판문점 '돌아오지 않는 다리'로 귀환하고 있다. [국가기록원]

1968년 12월 23일 푸에블로호 함장인 부쳐 중령이 귀환하는 모습 [국가기록원]

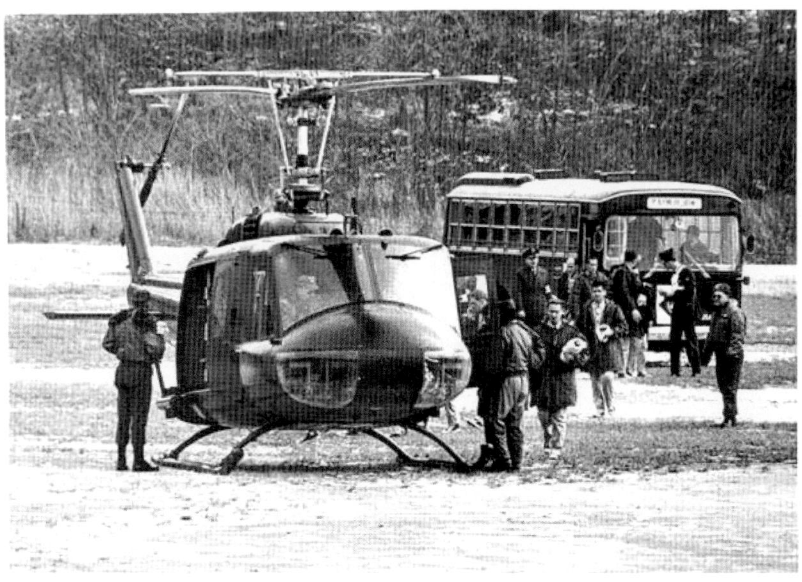

귀환한 승무원들을 판문점에서 미 8군 제121후송병원으로 수송하기 위해 헬기와 차량이 대기해 있는 모습 [미 해군]

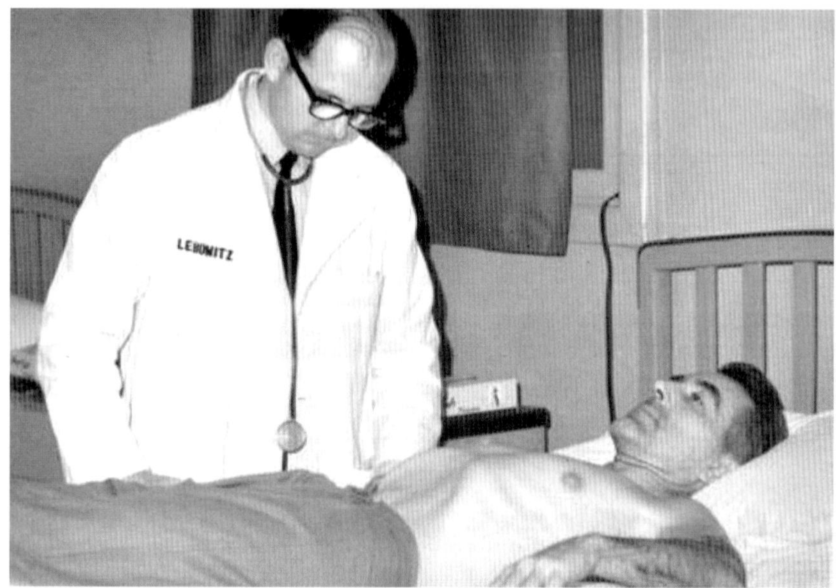

귀환한 승무원이 제121후송병원 의료진으로부터 건강상태를 검진받고 있는 모습 [미 해군]

승무원들이 한국에서 미국으로 돌아가기 전 나포 당시 사망했던 동료 승무원 Duane Hodges를 위한 추모예배를 드리고 있다. [미 해군]

1968년 12월 24일(미국시간) 미국 캘리포니아주 샌디에고 해군기지에서 있었던 승무원 귀환 환영행사에 당시 주지사였던 레이건 전 대통령이 참석했다. [Rose Bucher]

1969년 1월 푸에블로호 승무원들의 단체 사진 모습 [미 해군]

평양 대동강에 전시될 당시의 푸에블로호 모습 [Joseph A. Ferris III]

평양 대동강에 전시될 당시의 푸에블로호 모습 [John Pavella/FLICKR]

2012년 11월경 평양 대동강에 전시되어 있던 푸에블로호가 전승기념관이 있는 보통강으로 견인되고 있다. [조선중앙TV]

견인되어 가는 푸에블로호의 모습 [조선중앙TV]

전승기념관 옆 보통강으로 옮겨져 새로 전시된 푸에블로호 모습 [조선중앙TV]

북한 김정은 국방위원회 제1위원장이 한밤중에 푸에블로호 내부를 둘러보는 모습 [북한기록영화]

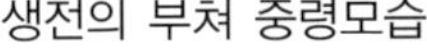

생전의 부쳐 중령모습 [Rose Bucher]

부쳐 중령의 묘비 [Allen Hemphill]

미 NSA(국가안보국)박물관에 전시되어 있는 푸에블로호 관련 자료들 [Tom Massie]

2008년 9월 10~12일 열린 사건발생 40주년 모임에 참가한 푸에블로호 생존 승무원들 모습

[Mark Edward Harris]

2012년 9월 11-14일 열린 사건발생 44주년 모임에 참가한 푸에블로호 생존 승무원들 모습

[Claudia Barrett]

푸에블로호 사건 이후 북한의 미국 국민에 대한 관심은 한층 높아졌다. 사진은 북한의 초청으로 1969년 8월 19일 평양에 도착한 미국 공산당 대표단. [노동신문]

Absolute Ruler of North Korea

Kim Il Sung

By JOHN M. LEE
Special to The New York Times

PYONGYANG, North Korea, May 26—Portraits usually show him as dour and unsmiling, but Premier Kim Il Sung is an extroverted, even charismatic man.

Even while wielding absolute authority, he exudes bonhomie with many broad smiles and gestures. He punctuates his sentences with little chuckles. He is a big, burly man, 60 years old, with a rolling walk, heavy-rimmed glasses and a large lump or swelling at the back of his neck. He smokes frequently but is said to refrain from drinking.

Man in the News

Perhaps the most striking in detail with on-the-spot photographs and displays, with the words often inscribed in red Korean characters chiseled into limestone markers.

The peasants at Chongsan-ri cooperative farm boast that he has given them on-the-spot guidance 62 times.

Iit seems rather overdone until one meets the Premier and realizes that he is just the sort of man who loves traveling around the country and involving himself in everything that is going on and telling everyone what to do.

"By meeting and talking with the masses," he said recently, "I learn of shortcomings in what we are doing. No good ideas come from sitting down in Pyongyang

There was a confusing name change, and the record is unaccountably fragmentary, even in Pyongyang, for the period 1941-45.

The assumption in the West is that he was in Siberia with the Russians. He reappeared in August, 1945, with the victorious Soviet Army and under its sponsorship he took command of the Communist state north of the 38th Parallel.

When the Democratic People's Republic of Korea was proclaimed on Sept. 9, 1948, he was elected Premier and has held the post ever since.

In retrospect the Russians may wonder if they picked the wrong man. Since the mid-nineteen-fifties Mr. Kim has pursued an increasingly nationalistic, indepen-

Associated Press

Personally involved in his country.

1972년 5월 미국 뉴욕타임스와 워싱턴 포스트 기자가 방북해 김일성과 회견했다. 사진은 1972년 5월 31일자 뉴욕타임스에 보도된 김일성 관련기사 일부. [뉴욕타임스]

푸에블로호 사건을 소재로 한 북한소설 '함장의 웃음' 표지삽화.

1969년 4월 15일, 김일성 생일날 동해 바다 상공에서 북한 공군에 의해 피격된 미 해군의 EC-121 정찰기와 동종의 항공기 [미 해군]

1976년 8월 18일 판문점 공동경비구역에서 미루나무 가지치기 작업 중이던 유엔사측 인원들을 북한 경비병들이 집단 폭행하고 있다. [국가기록원]

판문점 도끼만행 사건의 원인이 되었던 미루나무. 한 · 미 군대의 폴 버니언(Paul Bunyan) 작전으로 가지가 모두 잘려 나갔다. [국가기록원]

제1장

서론

제1절
문제 제기 및 연구 목적

1. 문제 제기

우리 일상에서는 매일 무수히 많은 사건들이 발생한다. 사건에 따라 발생과 동시에 소멸하는 사건이 있는 반면 작은 사건이지만 구조적 상황과 맞물리면서 엄청난 영향을 미치는 사건도 있다. 학자들이 사건에 주목하는 이유는 사건 자체뿐만 아니라 사건의 영향을 중요시했기 때문이다. 그래서 사건을 다룬 연구서들의 대부분은 사건과 사건으로 인한 영향에 주목하고 있다. 특히 하나의 사건이 결정적 전환점(critical junctures)을 제공하는 사건은 연구자들의 많은 관심을 받게 된다. 이점에서 엑스타인(Harry Eckstein)은 역사적 전환을 가져올 정도의 영향력을 갖게 되는 결정적 사건(crucial event)이 있다고 주장했고[1] 인도의 인류학자 다스(Veena Das)는 어떤 집단 구성원들에게 역사적 전환을 가져다주는 결정적 사건(critical event)이 있다고 하였다.[2]

1) Harry Eckstein, "Case Study and Theory in Political Science," Fred I. Greenstein and Nelson Polsby, eds., *The Handbook of Political Science,* vol 7 (Reading, Mass. et al.: Addison, Wesley, 1975), pp.79~138.

2) Veena Das, *Critical Events: An Anthropological Perspective on Contemporary India* (Delhi: Oxford University Press, 2007).

북한과 미국의 관계를 돌이켜 볼 때 역사적 전환점으로 한국전쟁만한 사건을 찾기는 어렵다. 한국전쟁이 현재의 한반도 질서를 태생시킴과 동시에 지속시키고 있는 결정적 사건이기 때문이다. 한국전쟁의 영향은 전쟁이 끝난 지 60여 년이 지났지만 아직도 우리 사회 곳곳에 남아 지속되고 있다. 한국전쟁으로 형성된 북미 간의 적대적 관계 또한 여전히 지속되고 있다.

1990년대 이후 한반도와 북미관계에 새로운 전환점이 된 사건이라면 북한의 핵 개발을 들 수 있을 것이다. 미국, 일본, 중국, 러시아라는 세계적 강국들 속에 분단된 상태로 놓여있는 한반도의 구조적 상황에서 북한의 핵 개발은 탈냉전 후 동북아에 새로운 긴장과 대결을 잉태한 중요한 사건이었다. 이점에서 일부는 북핵 문제를 전환적 사건(transforming event)으로 평가하기도 한다.[3)]

그렇다면, 한국전쟁과 북한 핵 개발 사이에 북미관계의 변화를 가져다 준 또 다른 결정적 사건은 없었을까?

북미관계사를 돌이켜 보면, 한국전쟁 이후부터 북한 핵 개발까지의 시간적 간극 속에서 양국 관계를 새롭게 정형화定型化시켰던 '중요한 사건'을 발견하게 된다. 그 사건이 푸에블로호 사건(USS Pueblo Incident)이다. 이 사건은 1968년 1월 23일 한반도 동해에서 정보수집 임무를 수행 중이던 미국 군함 푸에블로호를 북한 해군이 나포한 사건이다. 83명의 승무원 중 1명이 나포 과정에서 사망하고, 82명이 11개월간 북한에 억류되다 12월 23일 판문점을 통해 송환되었다.

푸에블로호 사건이 일어나기 전까지 북미관계는 한국전쟁을 통해 형성된 적대적 관계가 단조롭게 지속되고 있었다. 북한과 미국간 정부차원의 공식적인 접촉은 전무하였다. 예외적으로 정전협정에 의해 탄생한 판문점 군사정전위원회(이하 '군정위'로 약칭)에서 공산군(북한 · 중국)측과 유엔군측의 일

3) 이수혁, 『전환적 사건』(서울: 중앙북스, 2008).

원으로 만나는 것이 유일한 접촉 기회였다. 북한은 군정위 회의장에서 미국을 상대로 정치선전 공세를 수시로 전개했고, 미국은 이러한 북한을 철저히 무시했다. 미국의 입장에서 군정위는 정전협정이 규정한 군사문제에 한정된 회담일 뿐이었다. 유엔의 결의로 한반도의 합법정부는 남한뿐이고 북한을 한국전쟁의 침략자로 규정한 상황에서 미국은 북한을 국가로 인정조차 하지 않았다.[4)]

한국전쟁 이후 지속되었던 북미관계의 '단조로움'을 변화시킨 것이 바로 푸에블로호 사건이었다. 이 사건은 미국 군함이 1815년 영국 해군에게 나포된 이후 150여 년 만에 처음으로 나포된 사건이었다. 그것도 자신들이 '4등급 국가'로 간주했던 북한에게 나포된 것이었다. 미국은 경악했다. 그러나 미국이 선택한 해결책은 북한과의 협상이었다. 북한을 국가로 인정하지도 않고 시종일관 무시했던 세계 최강대국 미국이었지만, 베트남전쟁의 '늪'에 빠져있던 미국에게 한반도에서의 새로운 전쟁은 좋은 선택이 되지 못했다. 결국 억류당한 승무원들의 안전이 확보되지 않은 상황에서 군사적 대응을 접고 북한과의 협상을 선택하게 된 것이다. 이것은 판문점에서 유엔군과 공산군의 일원으로 지속되던 북미관계가 새로운 전환점을 맞이하게 되는 순간이었다.

푸에블로호 사건을 통해 북한은 건국 이후 처음으로 '미국정부'와 협상을 성사시켰다. 특히 공고하게 보이던 한미동맹의 틀 속에서 남한을 철저히 배제시키고, 미국과의 양자 비밀 회담을 진행하게 되었다. 북한과 미국의 군

---

4) 1948년 12월 12일, 제3차 유엔총회는 한반도에서 유일한 합법정부는 대한민국 뿐(this is the only such Government in Korea)이라고 결의했다. "대한민국 승인과 외군철수에 관한 결의문(유엔총회 1948년 12월 12일자 결의 제195호-Ⅲ)," 정일형 편, 『유엔과 한국문제』(서울: 신명문화사, 1961), 6~9쪽. 한편 1950년 6월 27일 유엔안전보장이사회는 북한을 한국전쟁의 '침략국'으로 결정했다. "한국군사원조에 관한 결의문(안전보장이사회 1950년 6월 27일자 결의 S/1511호)," 정일형 편, 위의 책, 166~167쪽.

정위 수석대표간 회담이었지만 이들은 양국 정부를 대표했다. 양국은 11개월 동안 29차례의 협상을 진행했다. 협상 결과 미국은 승무원만 송환 받았다. 푸에블로호를 비롯한 장비는 돌려받지 못한 채 사건은 일단락되었다. 미국 대표는 승무원들을 송환받기 위해 북한이 제시한 문서에 '미합중국 정부대표의 자격'으로 서명했다. 북한이 제시한 문서에는 미국이 푸에블로호의 간첩행위를 인정하고 북한 당국에 사과와 재발방지를 약속함과 더불어 관대한 처분을 요청하는 내용이 담겨 있었다.

푸에블로호 사건은 세 가지 측면에서 북미관계의 '중대한 사건'으로 평가될 수 있다. 첫째, 푸에블로호 사건은 약소국의 강대국에 대한 적대적 도발의 측면에서 평가될 수 있다. 비록 한국전쟁을 통해 적대적 관계가 형성되었고 휴전선을 중심으로 적지 않은 수의 분쟁이 있었지만, 푸에블로호 사건의 강도와 영향력에 비교할 수는 없었다.

일반적으로 약소국은 강대국의 위협에 직면했을 때 다른 국가와 동맹을 맺어 위협국가에 대해 균형(balancing)을 취하거나, 위협하고 있는 강대국에 굴복하거나 양보하는 편승(bandwagoning) 정책을 취하며 생존을 추구한다고 한다.[5] 국가의 국력을 비교하는 것은 상대적인 개념이다. 비교 대상에 따라 강대국과 약소국의 위치는 변할 수 있다. 그러나 1968년 북한과 미국을 단순 비교하더라도 북한이 약소국이고, 미국이 강대국이라는 주장에 특별한 이의는 없을 것이다.[6] 그런데 약소국 북한은 강대국 미국을 상대로 균

5) 약소국의 균형과 편승에 대한 논의는 Eric Labs, "Do Weak State Bandwagon?," Security Studies, vol 1(1992, Spring); Stephen M. Walt, The Origin of Alliances (Ithaca&London: Cornell University Press, 1987); 이석호, "약소국 외교정책론," 이상우 · 하영선 공편, 『현대국제정치학』(서울: 나남, 1992), 445-473쪽; 김태현, "세력균형이론," 우철구 · 박건영 공편, 『현대 국제관계이론과 한국』(서울: 사회평론, 2004), 81~117쪽; M. Handel 저, 김진호 역, 『약소국 생존론』(서울: 대왕사, 1995) 참조.

6) 1968년 북한 인구는 1,327만 명 정도였고 1인당 국민총생산(GNP)은 195$정도였다. 이것은 같은 시기 미국 인구의 1/15이었고, 1인당 국민총생산은 1/24이었으며, 국토 면적은 1/80에 불과한 것이었다. 무엇보다 당시 미국은 핵보유국이었다.

형과 편승이 아닌 적대적인 도발을 감행했다. 이 사실만으로도 푸에블로호 사건을 '중대한 사건'으로 평가할 수 있다.

둘째, 푸에블로호 사건이 한국전쟁 이후 지속되었던 북미관계의 '단조로움'을 변화시킴과 동시에 사건 이후 새로운 북미관계를 형성시켰다는 점이다. 적대적 관계는 지속되었지만, 북한은 이후 이른바 '대미 인민외교'를 거쳐 유엔외교를 전개하는 등 적극적인 변화의 모습을 보여주었다. 북한의 적극적인 대미 접근은 비록 미·중 데탕트에 영향을 받은 측면이 강하다고 할 수 있겠지만, 북미 정부간 협상의 경험을 만들어준 푸에블로호 사건의 영향도 적지 않았다고 평가할 수 있다.

셋째, 푸에블로호 사건의 영향이 현재에도 지속되고 있다는 점이다. 북한에게 푸에블로호 사건은 과거의 잊혀진 사건이 아니다.[7] 북한은 1999년부터 푸에블로호를 평양 대동강에 전시했다. 김정일이 1998년 12월 초 반미교양 강화를 위해 위치까지 일일이 정해주고 푸에블로호의 대동강 전시를 지시했다는 것이다.[8] 1968년 미국으로부터 나포한 배를 30여 년이 지나 수도 평양에 전시한 것이다. 북한은 푸에블로호 사건이 김정일 선군정치의 시작이라고 선전하고 있다.[9] 북한은 이 사건을 자신들의 기억 속에서만 상기시키는 것이 아니라 미국에게도 '푸에블로호의 교훈을 잊지 말라'고 강조

북한연구소, 『북한총람』(서울: 북한연구소, 1983), 597~599쪽; 국회도서관 입법조사국, 『세계각국편람(하)』(서울: 국회도서관, 1967), 202쪽; 『매일경제』, 1973년 1월 23일.

7) 이 점은 물론 미국도 마찬가지이다. 미 해군은 푸에블로호를 아직 미귀환 선박으로 관리중이라고 한다. 이점에서 푸에블로호는 미 해군 역사상 최장기간 임무 수행중인 군함이기도 하다.

8) 『로동신문』, 1999년 10월 8일.

9) 2008년 2월 3일자 『로동신문』은 "선군정치사의 갈피에 빛나는 불멸의 군사적 업적"이라는 개인필명의 기사를 통해 푸에블로호 사건을 김정일의 업적으로 선전하면서 "1960년대 초에 시작된 위대한 장군님의 선군 혁명 령도는 1960년대 말에 이르러 선군정치로 심화 발전되어 선군혁명의 새로운 단계를 열어놓았다"고 강조하였다.

하고 있다.[10)]

푸에블로호 사건은 약소국의 강대국에 대한 일반적인 행태에서 설명하기 어려운 사건이다. 푸에블로호 사건은 관련 당사자가 매우 특별할 뿐만 아니라 사건의 종결 이후 전개되는 양상 또한 독특하다.

푸에블로호 사건은 북한과 미국 모두에게 큰 영향을 미친 사건이었다. 특히 북한에게는 미국과의 첫 단독 협상경험을 주었을 뿐만 아니라 북한이 주장하는 한국전쟁의 승리에 이어 또 하나의 대미승리 경험을 안겨주었다는 점에서 단순한 사건 이상의 의미가 있는 것이다. 이런 점에서 푸에블로호 사건은 북한에게 매우 '중대한 사건'으로 평가될 수 있다.

그러나 푸에블로호 사건에 대한 기존 연구들은 북한의 나포동기에 초점을 맞출 뿐 이 사건의 영향에 대한 논의는 찾아보기 힘들다. 푸에블로호 사건이 한미관계에 미친 영향에 대한 연구는 일부 시도되었지만, 이 사건이 북한에 미친 영향을 다룬 연구는 찾아보기 힘들다. 북한의 대미인식과 협상에 대한 연구들은 많이 있었지만, 시기적으로 한국전쟁 이후 등장하며 북미관계의 새로운 변화를 주었던 푸에블로호 사건과의 관계를 규명하고자 한 시도는 찾아보기 힘들다. 북미관계의 '중대한 사건'이라고 할 수 있었던 한국전쟁과 북한의 핵 개발에 대한 연구는 많았지만 푸에블로호 사건이 한국전쟁과 핵 개발 사이에 발생했던 중대한 사건이었음에도 불구하고, 연구가 미진했던 것은 깊이 고민해 볼 문제이다.

이 연구는 이런 문제인식에서 시작되었다. 푸에블로호 사건은 냉전시기 북한과 미국간에 발생했던 작은 사건이 아니었다. 이 사건으로 양국은 이전까지 경험해 보지 못했던 새로운 관계를 경험하게 되었고, 이것이 양국에 미친 영향은 매우 컸다는 점에 주목하고자 한다.

국제적으로 탈냉전의 시기가 도래했음에도 북한과 미국의 관계는 '탈냉

---

10) 『로동신문』, 2003년 1월 23일.

전속의 냉전'이라는 표현처럼 적대적 관계가 지속되고 있다.[11] 사건이 발생한지 40여년이 넘게 지났지만 아직까지 이 사건이 북한과 미국의 관계에서 논의되고 있다는 점은 이 사건의 영향력이 아직도 지속되고 있음을 반증하는 것이라 할 수 있다. 그러나 이런 중요성에 비해 기존 연구가 없다는 점이 이 연구를 시작하게 된 배경이다.

2. 연구 목적

이 연구의 목적은 푸에블로호 사건이 북한에 미친 영향을 분석하는 것이다. 이 연구는 푸에블로호 사건이 한국전쟁 이후 지속되었던 북미관계의 '단조로움'을 변화시킨 '중대한 사건'으로 간주한다. 그리고 이 사건을 통해 북한은 미국에 대한 인식이 변화되었고, 미국과의 협상전략을 재형성시킨 계기가 되었음을 규명하고자 한다.

이런 목적 하에서 이 연구가 규명해야 할 세부대상은 두 가지이다.

첫째, 푸에블로호 사건이 북미관계의 '중대한 사건'이었음을 규명하는 것이다. 이것은 푸에블로호 사건이 갖고 있는 북미관계의 역사성, 즉 양국 정부간 첫 번째 공식회담이란 점과 협상 결과 북한이 '승리'했다는 점에 중점을 둘 것이다.

둘째, 푸에블로호 사건이 북한에 미친 영향을 규명하는 것이다. 이것은 푸에블로호 사건 자체에 대한 고찰과 함께 사건 이전과 이후의 변화를 비교함으로써 확인할 것이다. 그리고 이 변화가 사건 이후 어떻게 전개되고 있는지 확인할 것이다. 변화의 영향은 대미인식과 협상전략에 한정짓도록

---

11) 이런 점에서 서보혁은 북미관계를 적성국관계, 강대국-약소국관계, 체제 이질적 관계, 정치군사문제 중심의 관계로 규정하고 있다. 서보혁, 『탈냉전기 북미관계사』(서울: 선인, 2004), 100~107쪽.

한다. 북한이 푸에블로호 사건을 통해 얻게 된 북한의 대미승리가 대미인식에 어떤 변화를 가져왔으며, 푸에블로호 협상의 경험이 대미 협상전략에서 어떻게 활용되었고 지속되고 있는지 규명하는 것이다.

연구의 대상 시기는 푸에블로호 사건이 발생하는 1968년부터 현재까지의 기간을 대상으로 한다. 그러나 푸에블로호 사건이 북미관계의 중대한 사건임을 규명하기 위해 사건발생 이전 북한의 대미인식과 대미 협상경험을 살펴보고 이것이 사건 이후 어떻게 변화했는지를 비교한다는 점에서 북한의 건국 이후부터 현재까지의 기간을 망라한다고 할 수 있다. 그러나 이 시기의 국가 전체 내용을 망라하는 것은 아니며 북한의 대미인식과 협상에 한정하여 살펴볼 것이다.

대미 협상전략 연구는 협상전술은 제외하고, 보다 상위 개념인 전략에 초점을 맞추고 있다. 전술은 매번 협상마다 변화하지만 전략은 일정한 패턴이며 지속 유지 된다는 점에서 중요한 차이가 있다.

이 연구를 통해 푸에블로호 사건이 북한에 미친 영향을 규명함으로써 푸에블로호 사건이 현재의 북미관계를 본격화시킨 출발점이었음을 확인할 수 있을 것이다.

제2절

기존 연구의 검토

지금까지 북한의 대미 인식과 협상전략에 대한 연구들은 계속해서 있어 왔다. 북한의 대미인식에 대한 연구는 많았다고 할 수 없지만 북한의 협상전략에 대한 연구는 양적으로 헤아릴 수 없이 많았다. 그러나 북미관계의 중대한 사건으로 평가할 수 있는 푸에블로호 사건이 북한의 대미 인식과 협상전략에 미친 영향을 규명하고자 한 시도는 없었다. 연구자들이 푸에블로호 사건과 그 영향을 간과한 것은 북미관계 연구의 공백으로 남겨져 있었다고 할 수 있다. 중대한 사건일수록 인식과 정책에 미치는 영향의 강도와 밀도가 높다고 할 수 있다. 그러나 푸에블로호 사건과 북한의 대미 인식, 그리고 정책의 한 부분으로써 협상전략의 관계를 규명하고자 한 시도가 없었다는 점은 연구자의 입장에서 아쉽게 생각된다.

이 절에서는 지금까지 푸에블로호 사건과 북한의 대미 인식 및 협상전략에 대한 기존연구 경향을 확인하고자 한다. 서술의 편의상 푸에블로호 사건, 대미인식, 그리고 대미 협상전략 등 세부분으로 나누어 살펴볼 것이다.

첫째, 푸에블로호 사건에 대한 연구이다. 지금까지 푸에블로호 사건에 대한 연구는 많지 않았다. 특히 국내 연구자에 의한 연구는 적다고 할 수 있다. 미국정부에서 2000년 이전까지는 사건 관련자료를 비밀로 관리해 일반 학자들의 접근을 막았었던 점이 가장 큰 요인이었을 것이다. 또한 이 사건을 북한과 미국 간의 사건이라는 인식도 연구가 적은 이유라 할 수 있다.

푸에블로호 사건에 대한 기존 연구는 연구의 주 대상별로 사건 자체에 대한 연구와 사건의 영향을 다룬 연구 등 두 가지 범주로 나누어 볼 수 있다.[12)]

첫 번째 범주로 푸에블로호 사건 자체에 관한 논의의 측면이다. 여기에는 푸에블로호 탄생부터 수행 임무, 나포과정, 협상전개와 종결의 전 과정과 북한의 푸에블로호 나포 동기를 규명하고자 하는 연구들이 해당된다.[13)] 이들 연구의 대부분은 미국 학자들에 의해 이루어졌다.

미첼 러너(Mitchell B. Lerner)의 연구는 이 범주의 대표적 사례이다. 러너는 미국의 역사학자로서 미국 정부자료 및 관련자 인터뷰 등 방대한 자료를 토대로 푸에블로호의 탄생부터 송환까지 사건의 전 과정을 심도 깊게 재구성하였다.[14)] 그러나 러너는 역사학자답게 역사적 접근을 채택하고 있어 가설과 검증 등 이론적 접근을 강조하는 측면에서는 한계를 제기하기도 한다. 또한 러너를 비롯해 대다수 미국 학자들의 연구는 미국 정부 문서를 주로 활용하여 미국의 입장에서 사건을 기술한 한계도 갖고 있다.

---

12) 두 개의 연구 범주 외에 푸에블로호 승무원들의 회고록이 여러 편 출간되었다. 회고록은 연구서라고 할 수는 없으나 나포에서부터 송환까지의 과정을 기술하고 있어 연구의 중요한 참고자료로써 가치가 있다. 대표적인 것으로 Lloyd Bucher, *Bucher: My Story* (Garden City, N.Y.: Doubleday, 1970); Edward R. Murphy, *Second in Command* (New York: Holt, Rinehart and Winston, 1971) 등이 있다. 국내에 번역서로 Don Crawford, 『북한 335일』(서울: 서광문화사, 1970)이 있다.

13) 푸에블로호 사건 자체에 대한 연구로는 Mitchell B. Lerner, *The Pueblo incident : a spy ship and the failure of American foreign policy* (Lawrence, Kan. : University Press of Kansas, 2002); Narushige Michishita, *North Korea's Military-Diplomatic Campaigns, 1966-2008* (London: Routledge, 2010); Richard A. Mobley, *Flash Point North Korea : The Pueblo and EC-121 Crisis* (Maryland: Naval Institute Press, 2003); Ed Brandt, *The Last Voyage of USS Pueblo* (New York: Norton Company, 1969) 등이 있다.

14) 이 책은 푸에블로호 사건에 관한 한 최고의 저서로 평가받고 있으며, 2002년 출간 당시 미 해군 역사상 최고 작품(John Lyman Book Award)으로 선정되기도 하였다.

푸에블로호 사건을 미국적 시각에서 벗어나 새로운 연구를 시도한 것은 미국 우드로 윌슨 센터(Woodrow Wilson International Center for Scholars)이다. 우드로 윌슨 센터는 푸에블로호 사건에 대해 사건 당시 북한에 주재하고 있던 외국 대사관의 전문 내용을 토대로 사건의 실체를 파악하고자 하였다.[15] 이들 연구 중 번드 새퍼(Bernd Schaefer)와 세르게이(Sergey S. Radchenko)의 연구가 주목할 만하다.

번드 새퍼는 푸에블로호 사건을 중국의 문화혁명과 베트남 전쟁의 상황에서 북한이 아시아 공산주의의 리더가 되기 위한 의도에서 일으켰다고 주장하고 있다. 세르게이는 이 사건이 소련의 조종 또는 북한과 소련의 공모에 의해서 이루어진 것이 아니라, 북한이 독자적으로 저지른 것이며, 소련이 오히려 북한에 조종당했다고 평가하고 있다. 그러나 이들 연구들도 상당부분 북한의 나포동기에 집중하고 있음은 부인할 수 없다.

미치시타(Narushige Michishita)의 연구도 소개할 만하다. 미치시타는 푸에블로호 사건을 당시 남북한 군사력, 베트남전쟁, 미국 국내정치, 북 · 중 · 소 동맹 등 여러 측면에서 분석하였다. 그는 북한이 푸에블로호 사건을 통해 한미 간의 갈등을 유발시키고, 미국의 정찰활동을 방해했으며, 베트남 전쟁으로부터 미국과 한국의 역량을 분산시켜 결과적으로 북한의 위상과 김일성의 입지를 강화시켰다고 평가하고 있다.

푸에블로호 사건에 대한 두 번째 연구범주로는 사건의 영향에 대한 논의의 측면이다. 이것은 푸에블로호 나포 당시 미국의 위기관리정책, 나포로 인한 남 · 북 · 미 3국 관계 변화 등에 대한 연구들이 해당된다.[16] 국내연구

---

15) 이들 연구로는 Mitchell B. Lerner, "Mostly Propaganda in nature: Kim Il Sung, the Juche Ideology, and the Second Korea War," *Working paper #3* (Dec. 2010); Sergey S. Radchenko, "The Soviet Union and the North Korean Seizure of the USS Pueblo: Evidence from the Russian Archives," *CWIHP Working Paper #47* (Jul. 2011); Bernd Schaefer, "North Korean 'Adventurism' and china's long Shadow, 1966-1972," *CWIHP Workng Paper #44* (Oct. 2004) 등이 있다.

들의 대부분은 두 번째 범주에 속한다.

류길재는 푸에블로호 사건을 통해 북한의 도발에 대한 미국의 분리대응 방식을 분석하고, 비대칭적인 동맹관계에서 오는 한미 간의 갈등을 규명하였다. 홍석률은 푸에블로호 사건 당시 한미 간의 갈등과 봉합과정을 비롯해 남·북·미 삼각관계의 변화를 고찰했다. 사건의 해결을 위해 미국이 북한에 접근하는 상황에서 1·21사태 이후 대북 보복을 계획하는 박정희 정부와의 갈등과 봉합의 과정을 구체적으로 보여주었다.

정성윤과 임재학은 푸에블로호 사건이 군사보복으로 이어지지 않고 외교적으로 해결된 것을 미국의 위기관리정책 및 국내·외 억제요인의 측면에서 규명하고자 하였다. 정성윤은 미국 정부 자료를 활용하여 북한의 푸에블로호 나포 당시 미국의 위기정책결정을 당시 국제정세와 미국내 상황 변수를 활용하여 고찰하였다. 임재학은 미국의 대북한 군사개입 억제요인을 푸에블로호 사건과 8·18사건을 사례로 분석하였다.

이상에서 살펴본 바와 같이 기존 푸에블로호 사건에 대한 연구에서 이 사건이 북한에 미친 영향에 대한 연구는 시도되지 않았다. 푸에블로호 사건이 약소국 북한의 강대국 미국에 대한 도발행위이며, 11개월 동안 북미 양국이 협상을 지속했고, 사건이 북한의 '승리'로 종결되었다는 점에서 이 사건은 미국뿐만 아니라 북한에 많은 영향을 미쳤을 것이다. 특히 북한이 1999년부터 푸에블로호를 대동강에 전시하면서 1968년에 발생했던 사건을 현재로 호명呼名하는 현실을 감안하면 더욱 그렇다고 할 수 있다.

16) 푸에블로호 사건과 그 영향에 주목한 연구들로는 홍석률, "1968년 푸에블로 사건과 남한·북한·미국의 삼각관계," 『한국사연구』, 제113호(2001) 179~208쪽; 류길재, "1960년대 말 북한의 도발과 한미관계의 균열," 『박정희시대 한미관계』(서울: 백산서당, 2009), 185~242쪽; 정성윤, 『북한의 푸에블로호 나포사건과 미국의 위기정책결정』(고려대학교 박사학위 논문, 2007); 임재학, 『미국의 대북한 군사개입 억제요인 분석: 푸에블로호 사건과 8·18 사건을 중심으로』(경북대학교 박사학위 논문, 2011) 등이 있다.

둘째, 북한의 대미인식에 대한 연구이다. 지금까지 북한의 대미인식 연구는 양적으로 많았다고 할 수 없다. 인식과 정책의 상호관계에서 인식에 대한 연구가 점점 더 중요시되고 있는 데 반해 북한의 대미인식 연구가 양적으로 많지 않은 것은 인식연구의 어려움과 함께 북한이라는 연구대상의 접근성 제한에 기인한다고 생각된다. 또 북한의 대남인식에 대한 연구에 비해 대미인식의 연구가 상대적으로 부족한 것은 분단구조하에서 학자들의 관심이 자연스럽게 대남인식에 집중했기 때문으로 보여진다. 이런 가운데 대미인식 연구들로 김영수, 이미경, 정영철의 연구가 대표적이다.17)

김영수는 북한이 언제부터 미국을 '철천지 원쑤'라는 부정적 시각으로 보기 시작하였고, 북한은 미국에 대한 부정적인 시각 속에서 왜 미국과 관계개선을 하려는 것일까? 라는 데 답을 구하고자 하였다. 김영수는 북한 대미인식 연구의 결론으로 세 가지를 제시하고 있다. 첫째, 북한의 대미인식이 쉽게 변할 가능성이 매우 적다는 것이다. 둘째, 대내외 정책의 연계성이 낮은 폐쇄 체제 특성을 감안할 때 대외적 측면에서 북한의 태도변화나 입장변경을 대미인식의 변화나 변경으로까지 확대해석하는 것은 피해야 한다는 점이다. 셋째, 북한의 '미제'에 대한 공식적인 입장과 함께 대외적 입장의 변화, 북한 인민들의 대미인식 등을 종합적으로 분석하고 각각의 연관성을 설명할 수 있을 때 비로소 북한 대미인식의 실체를 파악할 수 있다고 강조하고 있다. 김영수의 주장처럼 대미인식이 매우 공고화되어 있고 쉽게 변화할 가능성이 적다는 주장은 타당해 보인다. 그러나 북한 대외정책의 변화를 대미인식의 변화 또는 변경으로까지 확대해석하는 것을 피해야 한다는 주장은 이견이 있을 수 있다. 정책은 인식의 산물이라는 점에서 대외

17) 김영수, "북한의 대미인식," 『현대북한연구』, 6권 2호 (2003), 9~52쪽; 이미경, "북한의 역사서술 속의 대미인식의 특징과 함의," 『한국정치외교사논총』 제25집 1호 (2003), 265~299쪽; 정영철, "북한의 반미: 이데올로기, 문화 그리고 균열," 『신아세아』, 제18권 2호(2011년), 146~170쪽 등이 있다.

인식의 변화가 일시적이든 영구적이든 정책 변화와 상호관계에 있다고 할 수 있으며, 조심스러운 접근은 필요하되 무의미한 것으로 볼 수는 없다고 생각된다.

이미경은 『역사과학』, 『조선전사』 등 북한의 역사서를 중심으로 역사서술 속 대미인식의 특징을 살펴보았다. 이미경에 의하면 북한 역사 서술 속에는 정치적 필요성에 의해 은폐, 강조, 조작 등의 가능성을 배제할 수 없으며, 다분히 사후적인 해석의 경향을 띠고 있다고 평가하였다. 그러면서 북한 역사 서술 속에 담긴 대미인식은 시종일관 '적대적'이라고 분석하였다. 그리고 이것은 북한에게 미국은 주적의 대상이든 협상의 대상이든 대내통합과 체제유지를 위해 관계할 수밖에 없는 국가라는 점에서 당연한 귀결이라는 것이다. 이미경의 연구는 북한의 대미인식을 역사서 속에 보여지는 변화를 통해 살펴보았다는 데 의미가 있다. 그러나 역사서라는 것이 체제 내 결속을 목표로 하고 인민들에게 '교육'을 목적으로 한다는 점에서 북한 지도부의 대미인식으로 확대하기에는 무리가 있을 것이다.

정영철은 북한의 대미인식을 '반미'의 측면에서 규명하고자 하였다. 정영철은 북한의 반미는 제국주의론에 기초한 이데올로기적 성격을 띠면서 동시에 분단과 전쟁의 경험에 기초한 역사적 성격도 띠고 있다고 분석했다. 북한의 반미는 1970년대 현실의 정책적 필요에 따라 '도구적 반미'로 변화하였고, 1990년대에는 '실용적 반미'가 등장하였다고 주장한다. 또 현재 외부정보의 침투와 경제적 위기의 지속 등으로 과거와 같은 위로부터의 정치사회화에 많은 어려움이 있는 만큼 '반미의 균열' 가능성을 제기하고 있다. 정영철의 연구는 북한의 반미가 시작부터 지금까지 일정했던 것이 아니라 상황에 따라 성격이 부분적으로 변화했음을 시사하고 있다는 점에서 주목된다.

북한의 대미인식에 대한 기존연구들은 대미인식의 실체를 확인하고 그 변화를 규명하고자 하는 시도들이었다. 특정사건을 기준으로 대미인식의 변화를 규명한 시도는 아니었다. 특히 냉전시기 북미관계의 중요한 사건이었던 푸에블로호 사건이 대미인식에 미친 영향에 주목한 연구는 없었다.

셋째, 북한의 대미 협상전략에 대한 연구이다. 지금까지 북한의 대미 협상전략 또는 협상행태에 관한 연구는 양적으로나 질적으로 많이 이루어져 왔다. 이것은 북한과 미국의 협상이 중요한 현안문제화 되는 한국과 미국의 현실적인 필요성에 기인한 것으로 볼 수 있다.[18] 북한의 협상에 대한 연구 중 대미협상에 대한 연구는 크게 두 가지 범주로 구분이 가능하다. 하나는 북핵 문제라는 특정사안과 시기를 연구대상으로 삼은 것과 다른 하나는 휴전협상 이후 북한의 대미 협상사례를 역사적으로 분석한 연구들이다.

국내 학계에서 진행된 북한의 대미협상에 대한 연구는 거의 대부분이 첫 번째 범주에 속한다고 볼 수 있다.[19] 휴전협상 이후 북한과 미국의 협상이 1990년 초 1차 북핵 위기를 시작으로 본격화 되었다는 점과 남한이 북한 핵의 직접적인 당사자라는 면에서 자연스러운 관심의 반영이라 보여진다. 이

---

18) 북한의 협상 태도에 대한 첫 연구는 휴전회담 유엔군측 대표였던 조이(Charles Turner Joy) 제독에 의해 이루어졌다. 조이는 자신의 휴전협상 경험을 토대로 공산군측의 협상태도를 분석하였다. 비록 북한만의 협상은 아니지만, 조이의 연구는 이후 북한의 협상을 분석할 때 중요하게 참고 되고 있다. 북한의 협상에 대한 본격적인 연구는 1970년대 남북회담이 시작되면서 본격화되었다. 대미 협상은 1990년 초 북미 회담이 본격화되면서 이루어지기 시작했고 북일 수교회담이 개시되면서 북한의 대일협상 행태에 대한 연구도 부분적으로 있어 왔다.

19) 북미 핵협상을 대상으로 북한의 협상행태를 연구한 연구서들은 수적으로 헤아릴 수 없이 많다. 이들 연구 중 일부를 소개하면, 오삼교, "6자회담과 북한의 협상전략," 『국제정치연구』, 제8집 2호(2005), 57~79쪽; 김도태, "북한의 핵협상 관련 전략 · 전술연구," 『협상연구』, 제5집 1호(1999), 135~169쪽; 김수민 · 윤황, "북한의 6자회담 협상전략 · 전술: 평가와 전망," 『세계지역연구논총』, 제26집 3호(2008), 105~128쪽; 전인영, "북한의 대미 협상행태의 특징," 『북한의 협상행태와 한국의 대응방안』, 광복 50주년 기념 대토론회(1995); 사뮤엘 김, "북미협상과 북한의 전략," 곽태환 편, 『북한의 협상전략과 남북한 관계』(서울: 경남대 극동문제연구소, 1997), 163~186쪽; 이수석, "2차 북핵위기에서 나타난 북한과 미국의 협상전략," 『북한연구학회보』, 제7권 2호(2003), 79~97쪽; 차재훈, "약소국의 대강대국 협상: 특징과 과제," 『협상연구』, 제5권 2호(1999), 63~98쪽; 차성덕, 『북한외교정책의 결정요인에 관한 연구 - 탈냉전기 대미 핵정책변화를 중심으로』(서울대학교 박사학위논문, 1998) 등이다.

련 관심을 반영하듯 1991년부터 2010년까지 20년 동안 이루어진 북핵 협상에 관한 연구는 무려 1,605건이나 된다고 한다.[20] 그러나 차재훈은 이들 연구에 대해 비판적인 평가를 제기하고 있다. 상당수의 연구가 단순 일지 정리식, 합의서 해설식이라는 지적은 차치하고서라도, 대다수가 다분히 한국과 미국적 시각만을 중심으로 분석했다는 한계를 지적했다.[21] 협상의 당사자인 북한의 입장과 상황 변화에 따른 연구가 부족하다는 것이다.

북한의 대미협상에 대한 또 다른 범주의 연구들은 휴전회담 이후 북한의 대미 협상 사례를 역사적으로 고찰하고, 분석하고자 했던 시도들이다.[22]

척 다운스(Chuck Downs)의 연구는 이 범주의 대표적인 사례이다. 척 다운스의 연구가 돋보이는 이유는 휴전회담부터 1994년 제네바 합의에 이르기까지 다양한 사례분석을 통해 북한의 협상전략을 규명하고자 시도했다는 점이다. 그러나 척 다운스는 공산진영과 자유진영간의 회담인 휴전협상에 치중한 반면 '북미정부'간 첫 협상이었던 푸에블로호 사건에 대해서는 협상경과만을 중심으로 기술하고 구체적인 분석은 시도하지 않은 아쉬움을 보였다.

스나이더(Scott Snyder)도 북한 협상연구에서 역사적 접근을 시도하였다. 그는 연구대상 시기를 1992년부터 1997년까지로 한정하였으나, 북한의 문화적 요인이 협상과정에 어떠한 영향을 미치는지를 분석하면서 빨치산 전통부터 주체사상까지의 과정을 역사적으로 고찰하고, 이를 통해 형성된 북한의 세계관이 북한의 협상방식으로 전개되고 있음을 규명하고자 하였다. 정치문화와 협상전략의 상호관계에 착안한 연구로 의미가 있으나, 이 역시 푸

---

20) 차재훈, "북핵 협상 20년: 연구 쟁점과 과제," 『국제정치논총』, 제51집 3호(2011), 137쪽. 1,605건의 연구는 석사 342건, 박사 38건, 학술지 1,225건이다.

21) 위의 글, 143~144쪽.

22) 이들 연구 범주의 대표적인 사례들로는 척 다운스 저, 송승종 역, 『북한의 협상전략』(서울: 한울, 1999); 스코트 스나이더 저, 안진환 · 이재봉 역, 『벼랑끝 협상』(서울: 청년정신, 2003); 홍양호, "북한의 대미협상 행태와 분석," 『군사』 제81호(2011), 199~244쪽 등이 있다.

에블로호 사건이 북미협상에 미친 영향에 대한 논의는 다루고 있지 않다.

지금까지 북한의 대미협상에 대한 연구들은 1990년대 이후 북핵 협상을 주로 다루었고, 북한의 입장이 배제된 가운데 남한과 미국의 입장에서 이루어진 연구가 다수였다. 또 협상전략과 전술이 혼재된 연구들이 많았다고 할 수 있다. 북한의 대미협상을 역사적으로 고찰한 척 다운스 등의 연구는 북미 간 첫 양자회담인 푸에블로호 협상의 경험을 제대로 다루지 못했다고 할 수 있다.

이 점에서 문순보의 시도는 의미가 있다고 할 수 있다. 문순보는 기존의 푸에블로호 사건에 대한 연구가 사건 발발의 원인 및 미국의 위기관리측면에 치중되어 있음을 비판하면서 당시 29차례의 북미회담에 주목하였다. 문순보는 당시 북미협상에 대한 연구가 현재의 북미협상을 분석하는 데 좋은 시사점을 준다고 강조하고 있으나, 소논문으로 분석의 질과 양에서 한계가 있었다.[23)]

이상에서 살펴본 바와 같이 기존 연구들 중 푸에블로호 사건에 대한 연구, 북한의 대미 인식과 협상전략에 대한 각각의 연구들은 계속해서 이루어져 왔었다. 이들 연구가 푸에블로호 사건의 실체를 파악하고, 북한의 대미 인식과 협상전략을 규명하는 데 기여한 소중한 연구 성과들임에는 틀림없다. 그러나 기존연구들 중 푸에블로호 사건이 북한에 미친 영향에 착목한 연구는 없었다. 북한의 대미인식과 협상전략을 규명하고자 한 연구 중 푸에블로호 사건과의 관계에 주목한 연구도 없었다.

북한이 푸에블로호 사건을 미국에 대한 '승리'로 규정하고 있는 상황에서 이 사건이 북한에 미친 영향을 연구하는 것은 앞으로의 북미관계를 예측해 볼 수 있다는 점에서 필요한 작업이라 생각된다. 본 연구는 이러한 노력의 일환으로 푸에블로호 사건이 북한에 미친 영향에 대해 규명하고자 한다.

---

23) 문순보, "북미협상에 관한 사례연구: 푸에블로호 나포사건을 중심으로," 『본질과 현상』 제9호(2007), 122~164쪽.

제3절
이론적 논의 및 분석틀

1. 사건의 개념

지금까지 '사건'에 대해 학자들의 여러 논의가 있어왔다. 여기서는 대표적으로 페르낭 브로델(Fernand Braudel), 해리 엑스타인(Harry Eckstein), 탈레브(Nassim Nicholas Taleb), 그리고 역사적 제도주의 학파들의 논의를 중심으로 사건의 개념과 중요성에 대해 살펴보고자 한다.

프랑스의 역사학자인 브로델은 1900년대 초 정치 · 외교사 중심의 구체적인 사건에만 치중하던 당시 전통적인 역사학자들의 경향을 거부하였다. 그러면서 브로델은 사건보다는 시간지속의 개념을 강조했다. 그리고 역사를 시간지속의 길이에 따라 세 가지로 구분하였다.[24)]

첫째, 장기지속 역사이다. 이것은 '구조사(l'histoire stmcturelle)'라고도 하는데,

---

24) 페르낭 브로델의 장기지속에 대한 논의는 페르낭 브로델 저, 강주헌 역, 『지중해의 기억』(파주: 한길사, 2012); 페르낭 브로델 저, 이정옥 역, 『역사학 논고』(서울: 민음사, 1990); 이정옥, "브로델의 사회사: 시간과 공간의 변증법에 입각한 전체사," 『사회와 역사』, 6호 (1987), 123~145쪽; 김응종, 『페르낭 브로델: 지중해 · 물질문명과 자본주의』(파주: 살림출판사, 2006); 손호철, 『현대 한국정치: 이론, 역사, 현실, 1945-2011』(서울: 이매진, 2011), 35~38쪽; 정윤수, 『20세기 인물 100과 사전』(서울: 숨비소리, 2008), 282~283쪽을 주로 참고하였음.

오랜 시간을 거치면서 거의 변화하지 않고 인간 생활을 제약해온 거대한 구조를 의미한다. 브로델이 연구한 지중해의 지리적 구조가 여기에 해당된다. 브로델은 이것을 가장 중시하였다. 둘째, 중기지속 역사이다. 이것은 '복합국면사(l'histoire conjoncturelle)'라고 하는데 경제 · 국가 · 사회 · 문명 등이 여기에 속한다. 중기지속 역사는 주기 또는 경향을 발견하여 보다 본질적인 역사의 의미를 설명하는 데 도움이 되는 역사이다. 셋째, 단기지속의 역사이다. 이것은 '사건사(l'histoire evenementielle)'라고 하는데, 시간지속 개념에서 가장 짧고 급격하다. 발생했다가 곧 사라지는 사건 중심의 역사를 말한다. 누가 언제 황태자를 살해했는가 류의 사건이 여기에 속한다. 그러나 브로델은 이것을 먼지와 같고, 지중해의 파도가 육지에 왔다가 부딪치는 정도의 순간의 일로써 평가하며 실제 역사 서술에는 중요하지 않다고 보고 있다.

브로델이 역사 서술에 중요하지 않다고 주장한 단기지속 역사, 즉 사건사가 역사전개에 영향을 주지 않는다는 것에는 여러 논란이 있다. 사건을 단순히 사건사적 측면에서 이해한다면 단기지속 역사는 중요하지 않을 수도 있다. 그러나 사건이 구조적 상황과 결부된다면 그 지속이 짧다고만 할 수 없기 때문이다.

한 가지 예로써 10 · 26사태를 들어보자. 1979년 10월 26일 당시 중앙정보부장 김재규는 박정희 대통령을 시해하였다. 김재규의 행위는 브로델의 관점에서는 하나의 사건에 불과한 것이며 단기지속의 역사에 속한 것으로 중요하지 않은 것이다. 그러나 이것은 하나의 사건으로만 끝나지 않았다. 계엄이 선포되고, 전두환 보안사령관의 등장, 12 · 12 군사 쿠데타, 그리고 5공화국의 출범으로 이어졌다. 5 · 18 광주 민주화 운동의 원인도 10 · 26이라는 사건의 연장선상에서 발생했다고 볼 수 있다. 10 · 26 사태는 박정희와 김재규라는 두 행위자 차원에서는 브로델의 설명처럼 단기지속의 사건으로 분류될 수 있다. 그러나 유신체제라는 구조적 요인과 유신체제 통치자의 시해라는 사건적 요인이 결합되면서 단기지속 사건 이상의 큰 파급력을 갖게 된 것이다.

또 다른 예로써 1968년 1·21사태를 들 수 있다. 이 사건은 비록 시간상으로는 단기지속 사건에 해당되겠지만, 그 영향력은 대단했다. 이 사건 이후 우리 사회에는 여러 변화가 나타났다. 가장 대표적인 것 중 하나가 1968년 4월 1일 향토예비군 창설이었다. 사실 향토예비군 설치법은 1961년 12월 27일 제정됐다. 그러나 시행령과 시행규칙이 만들어지지 못하는 등 진전이 없었다. 그러나 1·21사태 이후 총 166만여 명의 조직 편성을 완료하고, 4월 1일 대전공설운동장에서 창설식을 하게 된 것이다.[25]

또한 1968년 4월 5일에는 전국 고교·대학생 전원에게 군사훈련을 실시키로 결정했다. 정부 차원의 전시 대비훈련의 필요성에 따라 현재 매년 시행되고 있는 을지연습도 1·21사태로 생긴 것이다. 주민등록증 발급도 마찬가지다. 1962년 법이 제정됐으나 이 또한 별다른 진전이 없다가 이 사건을 계기로 주민등록번호와 주민등록증이 도입된 것이다.[26]

결국 브로델의 시간지속의 개념은 중요한 설명 도구가 될 수 있지만, 사건의 구조적 요인과 사건적 요인이 결합되었을 때 오는 사건의 영향을 설명하기에는 부족함이 있다.[27]

이에 반해 엑스타인은 사건 자체의 중요성에 주목하였다. 엑스타인은 사례연구의 한 종류로 결정적 사례연구(crucial-case studies)를 제시하였다. 엑스타인은 비록 숫자적으로는 하나의 사건이지만 사건의 성격이 역사적 전환을 가져올 정도의 영향력을 갖게 되는 결정적인 사례가 존재한다고 주장한다. 결정적 사례연구는 인식과 정책에 큰 영향을 주는 사건이라고 할 수 있다.

---

25) 국방부, 『국방사 3집』(서울: 국방부 전사편찬위원회, 1990), pp.243~244; 국방군사연구소, 『국방정책변천사(1945-1994)』(서울: 국방군사연구소, 1990), p.135.

26) 『국방일보』, 2015년 1월 26일자.

27) 손호철은 이 사례에 대해 사건사적 분석을 절대화시키는 '사건사적 편향'과 높은 추상성의 구조사적 분석만을 강조하는 '구조사적 편향'을 모두 경계하였다. 대신 양측의 결합의 필요성을 강조하고 있다. 손호철, 앞의 책, 37쪽.

특히 거시적 관점의 정치학 연구에서 선호된다. 사례분석방법은 일반화 작업의 측면에서 제한사항도 있지만, 결정적 사례들은 사건에 대한 면밀한 연구를 통해 단일사례로도 이론을 명백하게 반박할 수 있다고 주장하고 있다.[28)]

사건에 대한 연구에서 탈레브는 사건의 영향을 서로 다른 두 종류의 세계 속에서 제시했다. 그에 따르면 세계는 '평범의 왕국'과 '극단의 왕국'으로 양분된다. '평범의 왕국'은 일상적이고 작은 사건이 지배할 뿐 충격적인 대사건은 결코 일어나지 않는 곳이다. 여기서는 과거의 경험에 의존한 판단이 곧 법칙을 구성한다. 반면에 '극단의 왕국'은 희귀하고 비일상적인 사건이 '검은 백조'처럼 느닷없이 발생함으로써 전체를 바꿔버리는 곳이다. '극단의 왕국'에서는 작은 변수 하나의 변화가 엄청난 폭풍을 몰고 오는 '나비효과'가 발휘된다고 한다.[29)] 우리 주위에서 발생하는 사건의 대부분은 '평범의 왕국'에서 발생하는 사건이다. '극단의 왕국'에서 사건이 발생할 때, 그 영향력에 학자들뿐만 아니라 정책결정자들은 관심을 갖게 되는 것이다.

역사적 제도주의(historical institutionalism)에서도 사건은 중요하게 다뤄진다. 역사적 제도주의는 제도의 모습이 근본적으로 변화하게 되는 '결정적 전환점(critical junctures)'과 사건의 관계에 주목하고 있다. 여기서는 제도 변화의 근본적인 요인을 외적인 충격에 의한 위기상황으로 설명한다. 역사적 제도주의는 하나의 사건이 제도변화를 이끌어 내고, 이렇게 형성된 제도는 경로의존(path dependency)의 성격을 갖게 된다고 보고 있다. 그리고 이러한 변화를 통해 역사적 발전과정이 새로운 경로 속에서 지속된다고 보고 있다. 이점에서 이후의 경로를 구조화하는 최초 사건의 특성을 중요시 한다. 역사적 제도주의에서는 개별 독립변수의 영향력이 아니라 변수들의 결합이 인과관계를 설명하는 데 중요하다고 보고 있는데, 동일한 변수들의 결합이라

28) Harry Eckstein, *Op. cit.*, pp.79~138.
29) 나심 니콜라스 탈레브 저, 차익종 역, 『블랙스완』(서울: 동녘사이언스, 2008), 8~9쪽.

할지라도 이들 요인들이 결합되는 역사적 시점(timing)과 상황(circumstance)에 따라 결과가 전혀 다르게 나타날 수 있다고 보고 있다.[30]

사건에 대한 학자들의 논의는 사건의 영향에 주목하고 있다는 점에서 공통점을 찾을 수 있다. 그러나 그 영향력에 대해서는 브로델과 같이 지속시간을 중요시 하는 시각이 있는 반면, 사건이 발생하는 구조적, 상황적 맥락속에서 영향력에 관심을 갖고 있는 시각이 공존하고 있다. 그러나 사건에 대한 보다 실증적인 연구를 위해서는 사건과 사건의 중요성을 인정하는 입장에서 접근해 가는 것이 타당할 것으로 생각된다.

2. 사건, 인식, 정책의 상호관계

모든 사건은 발생과 동시에 사건과 관련된 대상(그것이 사람이든 자연이든)에게 영향을 미친다. 앞서 살펴본 바와 같이 중요한 사건, 결정적 전환점을 제공하는 사건은 매우 큰 영향력을 발휘한다. 사건의 영향은 사건이 발생했던 구조적 상황에 따라 그 범위와 정도의 차이가 발생한다.

사건의 영향에 대해 학자들은 주목하였다. 그러나 구체적으로 사건이 영향을 미치는 대상으로써 사건과 인식, 그리고 정책의 상호관계를 규명한 연구는 찾아보기 힘들다. 사회과학의 특성상 사건이 인식과 정책에 미치는 영향을 구체적으로 규명하는 것은 매우 어려운 작업이기 때문일 것이다. 여기서는 사건이 인식과 정책에 미치는 영향에 대한 일반적인 논의를 진행하고자 한다. 그리고 논의의 편의를 위해 사건, 인식, 정책의 상호관계를 사건과 인식, 사건과 정책, 인식과 정책, 그리고 사건의 호명으로 구분하여 살펴보고자 한다.

---

30) 정용덕 외 공저, 『신제도주의 연구』(서울: 대영문화사, 1999), 27~31쪽.

첫째, 사건과 인식의 관계이다. 인식(認識, perception)이란 학문분야와 학자들마다 상이하게 정의하고 있다. 그러나 그것의 공통적인 내용은 외부의 대상과 그것을 수용하는 사람과의 관계에서 설명하고 있다는 점이다. 이 연구에서는 이런 공통점을 토대로 인식을 "현상, 대상, 문제를 수용하고 바라보는 시각(觀)"으로 개념 정의하고자 한다.[31] 인식은 외부 세계의 자극없이는 이루어질 수 없다. 그러나 인식하려는 노력 없이도 이루어지지 않는다. 인식자의 인식노력은 그의 선험적 또는 문화적 인식관의 영향을 받으므로 주관적일 수밖에 없다.[32] 또한 인식은 인식자의 가치정향(價値定向)과도 자유로울 수 없다. 인간의 가치정향은 현상을 보는 시각을 결정해주며, 관심영역 선택에 영향을 주고 나아가 질서구축의 기준을 정해주기 때문이다.[33]

사건은 외부 세계의 자극으로 작용하면서 기존에 갖고 있던 인식을 변화시킨다. 중요한 사건일수록 자극의 강도가 강하기 때문에 인식에 미치는 영향도 크다. 탈레브가 제시한 '극단의 왕국'과 '평범의 왕국'이라는 각각의 세계를 구분하지 않더라도 사건의 영향력에 따라 받아들이는 자의 인식에는 차이가 있게 된다. 탈레브가 말하는 '극단의 왕국'에서 벌어진 사건이 인식에 미치는 영향력은 더 크다고 할 수 있다.

---

31) 인식은 정치, 경제, 철학, 심리 등 여러 학문분야에서 사용하는 용어이다. 따라서 학문분야와 학자별로 다 상이한 정의를 내리고 있다. 이중에서 국제정치학자 럼멜(R.J.Rummel)은 인식을 외부에 존재하는 현실과 그것을 수용하려는 사람의 관심의 힘이 합쳐져서 만들어지는 것으로 설명하고 있다. 럼멜의 인식에 대한 정의를 옮겨보면 다음과 같다. "Perception is a dynamic conflict between the attempts of an outer world to impose an actuality on us and our efforts to transform this actuality into a self-centered perspective. Perception is a confrontation between an inward-directed vector of external reality compelling awareness and an outward-directed vector of physiological, cultural and psychological transformation. Where these vectors clash, where they balance each other, is what we perceive. R. J. Rummel, *Understanding Conflict and War*, vol. 1, part Ⅱ (Berverly Hills, CA: Sage Publication, 1975), p.82.

32) 이상우, 『국제관계이론』, 4정판(서울: 박영사, 2006), 351쪽.

33) 위의 책, 99~100쪽.

둘째, 변화된 인식은 정책에 영향을 미친다. 보통의 경우 사건을 통한 인식의 변화는 정책으로 표출된다. 이 점에서 정책은 사건으로 인한 영향의 구체적 산물임과 동시에 사건, 인식, 정책의 상호관계에서 최종적인 단계에 놓여있다고 할 수 있다.

정책에 대해서는 학자마다 다양한 정의를 내리고 있다. 데이비드 이스턴(David Easton)은 정책을 정치체제가 사회전체를 위해 내린 권위적 배분이라고 하였다.[34] 라스웰(Harold D. Lasswell)은 정책을 사회변동의 계기로서 미래탐색을 위한 가치와 행동의 복합체이며 목표와 가치, 그리고 실제를 포함하고 있는 고안된 계획이라고 정의하였다.[35] 이들은 정책에 대해 공통적으로 정치체제가 내린 결정이자 계획이라는 점을 강조하고 있다.

정책이 결정되기 위해서는 일정한 과정을 거쳐야 하는데 이를 정책과정(policy process) 또는 정책순환(policy cycle)이라고 한다. 이스턴은 정책과정을 투입(input)과 산출(output), 환류작용(feedback)의 과정으로 설명한다.[36] 여러 요구들 중에서 어떤 요구가 정책과정으로 투입되기 위해서는 그것이 정책의제로 설정되어야 한다. 정책의제 설정(agenda setting)은 정부가 여러 가지 사회문제들 중에서 정책문제로 채택하는 정치적 과정 또는 행위를 말한다. 어떤 사회문제가 정책의제가 되는 과정은 사회문제 ⇒ 사회적 쟁점화 ⇒ 쟁점의 공중의제화 ⇒ 쟁점의 공식의제화의 순으로 진행된다. 그러나 국가형태와 사회문제의 사안에 따라 중간 과정을 거치지 않고 공식의제화 되는 경우도 있다.[37] 국가형태 측면에서 민주주의 국가 보다는 권위주의 국가, 또는 독

34) David Easton, *The Political System* (New York: Alfred A. Knopf Inc., 1953), p.129.

35) Harold D. Lasswell, The Policy Orientation, in Daniel Lerner and Harold D. Lasswell, eds., *The Policy Sciences* (Stanford University Press, 1959), pp.11~13; Harold D. Lasswell and Abraham Kaplan, *Power and Society : a framework for a political inquiry* (New Haven: Yale University Press, 1970), p.71.

36) David Easton, *A Framework for Political Analysis* (Englewood Cliffs, N.J.: Prentice-Hall., 1965), pp.110~142.

37) 노화준, 『정책분석론』(서울: 박영사, 2010), 98~102쪽.

재 국가에서 중간과정을 거치지 않고 공식의제화 되고 정책으로 연결되는 경우가 높다. 이 과정에는 지도자의 사건에 대한 인식이 크게 작용한다고 볼 수 있다. 따라서 정책의 성격은 기본적으로 문제해결을 지향하고, 현재의 문제를 인식하고 변화를 추진하는 변동대응성과 어떤 원인에 대한 대응으로써 인과성, 그리고 공식성을 지닌다.[38)]

사건이 인식과 정책으로 연결되는 것은 개인보다는 공공 정책을 결정하고 집행하는 수준에서 더 강한 상관성을 갖게 된다. 개인도 인식이 정책(개인 결정)으로 연결된다. 그러나 그 범위와 정도는 공공정책(국가정책 등)의 결정과정에서 범위적으로 더 넓고 정도도 높다고 할 수 있다.

로버트 저비스(Robert Jervis)는 국제정치에서 인식과 정책의 밀접한 상호관계를 연구하였다. 저비스에 따르면 국가 정책결정자의 오인(misperception)이 전쟁과 같은 국가정책에 중요한 영향을 미친다고 한다.[39)] 아이켄베리(G. John Ikenberry)의 연구도 인식과 정책의 상호관계를 잘 보여준다. 그는 주요한 전쟁에서 승리를 거둔 국가가 수중에 획득한 새로운 힘(power)을 어떻게 사용하는가에 주목했다. 그의 주장에 따르면 국가는 획득한 힘을 이용해 타국을 지배하거나 그 힘을 포기하거나 질서를 변화시키는 것 중 하나의 선택을 한다고 한다.[40)] 아이켄베리는 전쟁이라는 하나의 사건이 중대한 역사적 분기점으로 작용할 수 있음을 보여주고 있다. 또한 하나의 큰 사건의 영향을 정책이 어떻게 활용할 것인가를 고민한다는 측면에서 사건과 정책의 관계를 잘 보여준다고 할 수 있다. 그러나 모든 사건이 인식에 영향을 주어 정책으로 표출되는 것은 아니다. 인식에 영향을 줄 수도 있겠지만, 그 중요도와 영향력에 따라 정책으로까지 진전되지 못하는 사건도 있다.

---

38) 남기범, 『현대 정책학 강의』(서울: 한국학술정보, 2006), 36~37쪽.

39) 로버트 저비스 저, 김태현 역, "전쟁과 오인," 박건영 외 편역, 『국제관계론 강의 1』(서울: 한울, 1997), 295~324쪽; *Robert Jervis, Perception and Misperception in International Politics* (New Jersey: Princeton University Press, 1976).

40) 아이켄베리 저, 강승훈 역, 『승리 이후』(서울: 한울, 2008), 23쪽.

셋째, 인식과 정책은 상호영향을 주고받는다. 인식의 변화로 나타난 정책은 그 상태로 끝나지 않고 다시 인식에 재再영향을 준다. 정책에 대한 일종의 평가, 환류(feedback)의 개념으로 볼 수 있다. 정책의 실행이 인식에 영향을 미침으로써 인식은 정책의 성과를 점검하고 새로운 정책을 수립하거나, 진행 중인 정책을 수정하기도 한다.

미국의 9 · 11사건과 남한의 천안함 사건은 사건, 인식, 정책의 상호관계를 보여주는 적절한 사례라 할 수 있다. 2001년 미국에서 발생한 9 · 11사건은 이슬람 과격집단의 테러가 미국 본토에서 벌어진 사건이었다. 미국은 본토에서 이런 사건이 발생할 것으로 예상하지 못했었다.[41] 이 사건을 계기로 미국의 이슬람에 대한 인식은 변화하였고, 그 결과는 정책의 변화로 나타났다. 정보기관들간 정보소통의 문제가 제기되었고, 미국 본토 보호를 위한 새로운 정보기구인 국토안보부(DHS : Department of Homeland Security)가 2002년 신설되었다. 기존의 중앙정보부(CIA) 국장이 겸직하던 미국 정보공동체(Intelligence Community)의 수장직을 수행할 국가정보국장(DNI: Director of National Intelligence)직을 별도 신설하였다. 미국에 들어오는 입국자 및 수입물품들에 대한 심사도 강화되었다. 미국은 테러와의 전쟁을 선언하고 2001년 10월 아프가니스탄(Afghanistan)에 대한 전쟁을 개시하였다. 미국 내에서 진행된 변화는 주한미군의 성격을 신속대응군이라는 이름으로 변화시키는데 까지 영향을 미쳤다. 미국은 또 국민들에게 9 · 11사건을 상기시키며, 미국이 벌이는 테러와의 전쟁이 9 · 11사건 때문이라는 논리를 전개하였다. 정책이 사건을 활용하는 것이었다. 미국이라는 나라가 전 세계에서 차지하는 비중을 고려할 때 9 · 11사건은 전 세계 사람들에게 영향을 미쳤다고 할 수 있다.

2010년 3월 발생했던 천안함 사건도 중대한 사건으로 평가할 수 있다. 휴전 이후 남한의 군함이 해상에서 침몰되어 다수의 전사자가 발생한 것은

41) 미 정보기관에서는 일부 가능성을 예측했었다고 한다. 그러나 실제 발생 가능성은 낮게 평가했고, 대책도 강구하지 않은 것으로 알려졌다.

1967년 1월 동해에서 당포함이 북한의 해안포 공격을 받고 침몰해 39명이 사망한 사건 이후 가장 큰 규모였다.

천안함 사건 이후 남한 국민들의 대북 인식은 변화하였다. 통일부 여론조사 결과 천안함 사건 이후 북한을 '적시대상'으로 보는 국민들은 사건이 전 11.3%에서 이후 21.7%로 두 배 가까이 늘었고, '지원 대상'으로 보는 국민들은 19.5%에서 13.4%로 줄었다. 우리나라의 군사안보 상황이 위험하다고 보는 국민들은 47.8%에서 사건 이후 63.5%로 늘었다.[42] 천안함 사건은 정부의 대북정책에도 변화를 가져왔다. 정부는 2010년 5월 24일 이른바 '5·24조치'라는 대북 경제제재 조치를 단행했다. 결과적으로 천안함 사건은 남한의 대북인식과 정책에 변화를 준 사건이었다.

마지막으로, 정책과 사건의 관계이다. 정책은 사건의 결과물이기도 하지만, 사건에 따라서는 정책이 역으로 사건을 호명하기도 한다. 정책의 당위성을 입증하고 효율성을 제고시키기 위해 정책은 시간적으로 과거인 사건을 불러오는 작용을 한다. 정치체계는 정책 수행 중 특히 상징적 과업(symbolic performance)을 통해 사건을 호명呼名하곤 한다.[43] 상징적 과업의 예로는 정치지도자의 커뮤니케이션, 기념물, 기념일 등을 들 수 있다. 정치지도자에 의한 대부분의 커뮤니케이션은 역사, 용기, 국가의 과거 위대성에 대한 호소 등의 형태를 취한다. 정부가 기념물을 건축하거나, 공공퍼레이드를 행하는 것, 또는 학교에서 교육을 실시하는 것도 간접적으로 그 정당성을

42) 『통일뉴스』, 2010년 10월 11일.

43) 정치체제의 정책수행은 추출(extraction), 분배(distribution), 규제(regulation) 및 상징적 과업(symbolic performance)이라는 범주들로 구분될 수 있다. 추출적 정책은 국내 및 국제 환경으로부터 인적, 물적 자원을 추출하는 정책을 말한다. 분배정책은 정부의 기구들이 돈, 재화, 서비스, 명예, 기회 등의 가치를 개인과 집단에게 나누어주는 일과 관계된다. 규제적 정책은 개인과 집단의 행동에 대한 통제에 관한 것이다. 상징적 과업의 예로써 정치지도자의 커뮤니케이션, 기념물, 기념일 등을 들 수 있다. 최명·김용호, 『비교정치학서설』, 전정판(서울: 법문사, 1993), 314-321쪽.

고양하기 위한 상징적 과업인 것이다.[44)]

무엇을 기억하고 무엇을 호명할 것인가는 대체로 그것을 정하는 정치가들의 손에 달려있다. 정치가들은 필요에 따라 집단의 기억을 역사라는 이름으로 조작하고, 변신시킨다. 정치가들은 승리를 획득한 사건에 새롭게 증폭요인(여기서는 '발화요소'라 칭한다)을 투입한다. 발화요소가 투입됨으로써 지속 중인 사건은 더 오래 지속되고, 소멸된 사건은 다시 살아날 수 있다. 발화요소는 대체로 인위적이며 정책적인 성격을 띠게 된다. 북한같이 폐쇄된 사회, 정부 이외의 자유언론 및 시민사회 등이 존재하지 않는 사회에서 발화요소는 더욱 더 인위적이며 정책적인 성격을 띨 수밖에 없다. 발화요소의 투입으로 사건은 지속되거나 부활하게 된다.

정치가들이 불러오는 기억의 호명은 현재와 관련이 있다. 사회학의 집단기억 연구 중 하나인 '현재주의'에 따르면 과거의 기억과 이미지는 현재의 필요에 따라 현재에 만들어진다고 한다. 따라서 과거 기억과 이미지는 과거에 어떤 일이 일어났으며 그 일이 현재에 무슨 영향을 미치는지가 아니라 현재의 관심과 필요가 어떤 구조인지 우리에게 보여준다고 하였다.[45)]

정책이 사건을 호명하는 것은 현재가 그것을 필요로 하고, 활용가치가 있을 때 이루어지는 것이다. 물론 사건의 호명이 승리한 사건만을 호명하는 것은 아니다. 패배한 사건도 호명된다. 북한이 미국의 소행이라고 주장하는 '신천 대학살 사건'이 그런 범주에 속할 것이다.

3. 연구 방법

이 연구는 푸에블로호 사건을 통해 북한의 대미 인식과 협상전략의 변화

---

44) 최명 · 김용호, 앞의 책, 322쪽.

45) 제프리 K. 올릭 저, 강경이 역, 『기억의 지도』(서울: 옥당, 2011), 22쪽.

를 살펴보고자 한다. 그러나 푸에블로호 사건이라는 단일사례를 통해 북한의 대미 인식과 협상전략의 변화를 보는 것에 대해서는 논의가 분분할 수 있다. 이것은 사례연구, 특히 단일 사례연구가 가지고 있는 연구 방법론적 특징에서 충분히 제기될 수 있는 문제라고 생각된다.

사례연구 방법은 다양한 사회과학 연구방법 중 하나이다. 사례연구에 대한 정의는 학자들마다 약간의 차이가 있지만, '소수의 사례를 대상으로 그 사례의 전반적인 측면을 있는 그대로, 깊이 있게 연구하여, 그것을 기술 또는 설명하는 방법'이라고 정의할 수 있다.[46] 사례연구는 연구의 대상이 되는 사례의 숫자에 따라 단일사례(single-case)연구와 다중사례(multiple-case)연구로 구분된다.[47]

그동안 사례연구는 실증적 연구의 고유한 형태임에도 불구하고, 많은 연구자들이 사례연구를 평가 절하해 왔다. 그 이유는 사례연구가 다른 연구방법보다 연구의 표준화가 되지 않아 연구자의 편견이 더 자주 등장할 수 있고,[48] 소수의 사례로부터 도출된 결론을 어떻게 일반화할 수 있는가에 대한 비판이었다.[49] 그러나 사례연구는 연구방법으로서의 비판에도 불구하고 사회과학의 거의 전 분야에서 폭넓게 활용되고 있다.[50] 이것은 사례

46) 김병섭, 『편견과 오류줄이기-조사연구의 논리와 기법』, 2판(서울: 법문사, 2010), 341쪽.

47) 로버트 K. 인 저, 신경식 · 서아영 역, 『사례연구방법』, 4판(서울: 한경사, 2011), 47쪽; 조성남 외 공저, 『질적 연구방법과 실제』(서울: 그린, 2011), 181쪽. 이밖에 연구목적에 따라 본질적(intrinsic) 사례연구, 도구적(instrumental) 사례연구, 집합적(collective) 사례연구로, 연구대상에 따라 개별(individual) 사례연구, 조직(organization) 사례연구, 공동체(community) 사례연구로 구분된다. 사례연구의 종류에 대한 자세한 설명은 조성남 외 공저, 위의 책, 182~183쪽을 참고할 것.

48) 로버트 K. 인 저, 신경식 · 서아영 역, 위의 책, 38~39쪽: 김병섭, 위의 책, 343~345쪽.

49) 김병섭, 위의 책, 343~345쪽.

50) 한국학술정보 시스템에서 '사례연구'라는 제목이 들어간 연구를 검색하면 2012년 12월말 현재 그 수가 약 15,000건에 이르는 것으로 나타나고 있다. 또한 최근 사회과학 분야에서 우수한 저작 활동의 대다수가 심층적인 사례분석을 바탕으로 하고 있다. 이영철, "사회과학에서 사례연구의 이론적 지위," 『한국행정학보』 제

연구가 특정사례가 갖는 다양한 속성을 깊이 파악하여 포괄적인 인과관계를 조사할 수 있는 성격이 있을 뿐만 아니라,[51] 계량적 연구로는 수행하기 어려운 해석적 연구를 가능하게 하는 장점을 가지고 있기 때문일 것이다.[52]

일반적으로 사례연구에서는 다중 사례연구가 단일 사례연구보다 더 설득력이 있으며 더 공고한 연구로 인정되지만 단일사례 연구가 꼭 필요한 경우도 존재한다. 로버트 인(Robert K. Yin)은 단일 사례연구는 한 번의 실험과 유사한 것으로, 한 번의 실험이 정당화될 수 있는 조건과 단일 사례연구가 정당화될 수 있는 조건은 동일하다고 강조한다.[53] 그러면서 단일 사례연구가 적당한 경우에 대해 다섯 가지 조건을 제시했다.

그가 제시한 첫 번째 조건은 이미 잘 알려진 이론을 검증하는 데 매우 중요한 하나의 사례가 있는 경우이다. 중요한 하나의 사례가 이론을 검증할 수 있는 대표성이 있다는 것이다. 이론을 검증하기 위해 필요한 모든 조건을 갖추고 있다면, 하나의 사례로도 잘 알려진 이론을 다시 한 번 확인하거나, 그 이론을 반박하거나, 혹은 그 이론을 확장할 수 있다는 것이다. 이런 단일사례연구의 대표 사례로 엘리슨(Graham T. Allison)의 쿠바 미사일 사건에 대한 연구를 제시하고 있다.[54] 이러한 단일 사례연구는 향후의 연구과제에 다른 연구자들의 관심을 유도하는 역할을 하기도 한다. 두 번째 조건은 사례가 매우 독특하거나 극단적인 경우이다. 이러한 경우는 임상심리학 분야에서는 매우 보편적인데, 환자의 부상이나 장애가 너무나 특이해서 이러한 단일사례가 분석과 보고로 충분한 가치를 지니는 상황이다. 세 번째 조건은 하나의 사례가 대다수의 사례들을 대표하거나 매우 전형적인 특징을 가

40권 제1호(2006년 봄), 88쪽.

51) 이경서, 『조사방법론』(서울: 학문사, 2001), 152쪽.

52) 강은숙 · 이달곤, "정책사례연구에 대한 방법론적 논의," 『행정논총』, 제43권 4호(2005년), 115쪽.

53) 로버트 K. 인 저, 신경식 · 서아영 역, 앞의 책, 90~96쪽.

54) 그래엄 앨리슨 · 필립 젤리코 공저, 김태현 역, 『결정의 엣센스: 쿠바 미사일 사태와 세계 핵전쟁의 위기』(서울: 모음북스, 2004).

진 경우에도 사례연구가 적당하다. 네 번째 조건은 과거에는 과학적 조사가 불가능했던 현상을 하나의 사례를 통하여 관찰하고 분석함으로써 새로운 정보를 획득할 수 있는 기회를 갖게 되는 경우이다. 다섯째 조건은 같은 사례에 대하여 두 개 이상의 시점을 대상으로 연구하는 경우이다. 특정조건이 시간에 따라 어떻게 변화하는가에 이론의 초점이 맞추어지며, 시간의 간격을 어떻게 설정할 것인가는 변화의 단계를 어떻게 나타낼 것인가에 따라 결정된다.[55)]

엑스타인도 결정적 사례연구를 통해 개별 사례연구에서 제기되는 문제점을 극복할 수 있다고 주장하고 있다. 이 점에서 엑스타인과 로버트 인의 단일 사례연구에 대한 주장은 일치한다고 볼 수 있다.

단일 사례연구로서, 이 연구에서 다루고자 하는 푸에블로호 사건은 매우 중요한 사례이다. 그 이유는 로버트 인이 주장한 단일 사례연구가 적당한 다섯 가지 조건에 푸에블로호 사건은 대체로 적합성을 갖고 있기 때문이다.[56)] 뿐만 아니라 엑스타인이 주장한 결정적 사건에도 속한다고 볼 수 있기 때문이다. 푸에블로호 사건 연구는 단일사례이지만, 사건의 상징성과 역사성, 그리고 지속성의 측면에서 '중대한 사건'으로 평가될 수 있고, 사건의 영향에 대한 연구 측면에서는 충분히 가치가 있는 단일사건 사례라 할 수 있다.

푸에블로호 사건이라는 단일사례 연구를 위해 문헌분석 위주의 접근법을 사용하였다. 이를 위해 접근 가능한 미국 및 한국정부 자료와 북한의 공

---

55) 로버트 K. 인 저, 신경식 · 서아영 역, 앞의 책, 90~91쪽.

56) 로버트 인이 주장한 단일 사례연구가 적합한 다섯 가지 조건을 푸에블로호 사건에 적용해 볼 때, 푸에블로호 사건은 첫째, 통상적인 약소국의 대 강대국 행태에 대한 국제정치이론의 예외적 사례이고, 둘째, 미 해군 역사상 150여년 만에 첫 나포 사례이며, 셋째, 북한의 대미도발과 대미승리의 상징적 사례이고, 넷째, 사건이 북한에 미친 영향에 대한 기존연구가 없었으며, 다섯째, 11개월간 지속된 사건이자 사건 이후 40여 년간 해결되지 않고 유지되면서 그 영향력을 꾸준히 발휘하고 있다는 점 등에서 유용한 사례라 평가할 수 있다.

간물公刊物, 그리고 국내 · 외 단행본과 각종 연구 자료를 활용하였다.

대표적인 자료들을 소개하면, 먼저 미국 정부자료로는 미국 존슨 대통령 시절 푸에블로호 사건과 관련된 대외관계 자료인 『Foreign Relations of the United State 1964-1968 Volume XXIX, Part 1, Korea(2008.8)』을 주로 활용하였다.[57] 미국 국립문서보관청(The U.S. National Archives and Records Administration : NARA)에서 관리하고 있는 국무부 대외문서 중 푸에블로호 사건에 대한 내용[58]과 우드로 윌슨센터에서 진행 중인 국제 냉전사연구 프로젝트의 주요 연구 성과들도 활용하였다. 푸에블로호 퇴역군인 협회(USS Pueblo Veteran's Association)의 인터넷 사이트(http://www.usspueblo.org)에 있는 승무원들의 각종 체험과 증언도 활용하였다.

다음으로, 한국 정부자료는 군사정전위원회 자료와 외무부의 외교문서를 주로 활용하였다. 군사정전위원회에서 생산한 『군사정전위원회 본회의 회의록』은 정전협정 이후 진행된 유엔사측과 공산군측간 대화 내용을 잘 담고 있다. 그러나 이 자료는 2012년 현재 일부분만 공개되어 있다.[59] 한국

57) 『FRUS』는 미국 정부의 주요 외교정책 결정과 중요한 외교활동의 공식적인 다큐멘터리 역사기록이다. 케네디 행정부 이후 『FRUS』 시리즈는 시대 순으로 발간되었으며, 발간 단위가 행정부별로 모아져 있고, 그 안에 서브시리즈로 각 국가/지역별, 특정 주제별로 구성되어 있다. 존슨행정부는 34권으로 묶여져 있다. 이상민, "미국의 외교문서집 발간사례: Foreign Relations of the United State(FRUS) 시리즈," 『외교안보연구소 주최 2012년 외교문서 공개와 외교사연구 발표 자료』(2012.5.3), 72쪽. 『FRUS』 시리즈는 미국 국무부 역사편찬실(Office of Historian) 웹사이트에서 열람할 수 있는데, 존슨 행정부인 1964-1968년 자료 중 푸에블로호 관련 대외관계 자료의 웹사이트 주소는 'http://history.state.gov.historicaldocuments/frus1964-68v29p1'이다.

58) 『NARA』의 미 국무부 문서군은 분류법에 따라 중앙파일(Central Files), 부처별 문서파일(Lot Files), 주제별 번호 파일(SNF, Subject Numeric Files), 문서철 파일(Binder Files) 등 네 가지로 구분된다. 현재 한국의 국립중앙도서관에서는 푸에블로호 사건 관련 문서들을 포함하여 『NARA』에서 보유중인 한반도 관련 문서들을 수집 관리하고 있다. 국립중앙도서관에 소장된 푸에블로호 관련 문건들은 주제별 번호 파일(SNF)에 따라 수집, 구축되어 있다.

59) 군사정전위원회 본회의 회의록은 3개 언어(한글, 영어, 중국어)로 작성되었다. 작

외교부 문서는 『공개외교문서』를 활용하였다. 매년 외교부에서 생산한 대외관계 문서 중 북한과 미국관련 자료들이 대상이었다.[60] 국내 신문들의 당시 보도내용도 매우 유익한 자료였다. 일자별로 보도된 기사들은 당시 사건의 구체적 내용을 이해하는 데 도움이 되었다.

다음으로, 북한 자료는 대다수의 북한연구에서 직면하는 바와 같이 북한 내부자료의 활용이 불가하였다. 이런 제한성을 극복하기 위해 우선 조선로동당의 기관지인 『로동신문』 보도내용을 기본적으로 활용하였다. 그리고 『김일성전집』, 『김일성저작집』, 『김정일선집』, 조선중앙통신사에서 매년 발간하는 『조선중앙년감』, 『정치사전』 등의 사전류 및 기타 공간물을 참조하였다. 그리고 부족한 자료를 보완하기 위해 탈북자 회고록과 북한에서 푸에블로호 사건을 대상으로 한 영화, 소설 등 문학 예술작품을 통해 부족한 부분을 채우고자 하였다.[61]

성된 회의록은 판문점에 나가 있는 군사정전위원회 한국군 대표단(단장: 소장 계급)에 의해 중앙정보부, 국토통일원, 외무부, 합참, 육 · 해 · 공군본부, 외무부로 배포되었다. 현재 회의록은 일부분만 공개되어 있다. 공개된 부분은 1969년 8월 14일 291차 회의부터 1975년 12월 10일 369차까지이다. 또 제97차부터 제115차 본회의 내용도 국사편찬위원회에서 확인할 수 있다. 공개된 회의록은 외무부에서 관리 중이던 자료이다. 군정위 회의록은 원문이 공개된 자료이외에 국방부 국방정보본부에서 회의록 내용 중 중요내용을 발췌해서 『군사정전위원회 편람』을 6집까지 제작하였다. 부분적으로 당시 군정위 본회의 내용을 확인할 수 있는 자료이다.

60) 필자는 이 자료들을 국사편찬위원회에 소장된 마이크로필름을 활용하였다. 시기적으로는 1965년부터 1970년대 말까지 북한의 대외행태 및 북미관계에 대한 자료들을 활용하였다.

61) 이런 자료로는 강명도, 『평양은 망명을 꿈꾼다』(서울: 중앙일보사, 1997); 고영환, 『평양 25시』(서울: 고려원, 1993); 김진계 구술 · 기록, 김응교 보고문학, 『조국-어느 '북조선 인민'의 수기』, 상 · 하(서울: 현장문학사, 1990); 려정, 『붉게 물든 대동강』(서울: 동아일보사, 1991); 성혜랑, 『등나무집』(서울: 지식나라, 2000); 정창현, 『곁에서 본 김정일』(서울: 김영사, 2000); 황일호, "극비, 북한의 제2의 6 · 25작전," 『월간중앙』, 4월호(1993); 황일호, "비화, 25년만에 밝혀진 1 · 21 청와대 기습사건 전모," 『월간중앙』, 2월호(1993); 황장엽, 『황장엽 회고록』, 3판(서울: 시대정신, 2010); 사회과학출판사, 『조선민주주의인민공화국 대외관계사 2』(평양: 사회과학출판사,

이밖에 본 연구와 내용적으로 관련된 국내·외 단행본 및 연구논문 등을 활용하였다.

4. 분석틀

이 연구는 사건, 인식, 정책의 상호관계에 대한 분석틀을 중심으로 진행하였다. 사건의 영향에 대한 논의를 토대로 푸에블로호 사건과 대미인식, 그리고 대미정책으로서 협상전략의 상호관계를 도식하면 〈그림 1-1〉과 같이 나타낼 수 있겠다.

〈그림 1-1〉 분석틀 : 사건, 인식, 정책의 상호관계

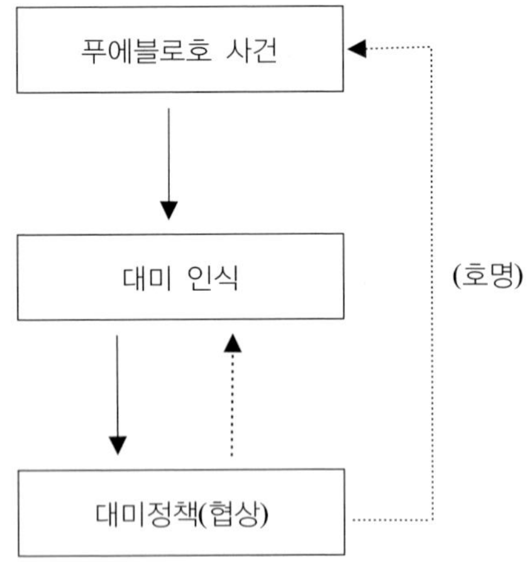

1985);『기록영화-미제 무장간첩선 푸에블로호의 말로(20분)』(평양: 조선중앙방송위원회 기록영화촬영소 편집, 2000);『예술영화-대결(74분)』(평양: 조선2·8예술영화촬영소, 1992) 등을 들 수 있다.

사건은 인식에 영향을 미친다. 사건을 통한 인식의 변화는 정책으로 형성된다. 정책은 인식의 영향으로 표출되지만, 다시 인식에 재再영향을 준다. 인식과 정책은 상호영향을 주고받는다.

사건 · 인식 · 정책의 관계 속에서 때로는 정책이 거꾸로 사건을 불러오기도 한다. 여기서는 이것을 사건의 '호명'으로 칭한다. 사건의 '호명'은 보통의 경우에는 발생하지 않는다. 이것은 큰 승리(또는 심각한 패배)를 경험한 중대한 사건의 경우에 주로 나타난다.

중대한 사건의 경우 일반적인 사건, 인식, 정책의 상호관계와는 두 가지 점에서 차이가 있다. 첫째, 사건이 인식에, 인식이 정책에 미치는 영향의 강도가 일반적인 경우보다 훨씬 크다. 사건에 대한 강한 인식 수준은 반드시 정책을 통해 형성되게 된다. 승리의 경우 그 에너지를 이어가기 위해, 패배의 경우 그 '상처'를 치유하기 위해 정책적 수단을 강구한다. 둘째, 정책이 사건을 호명한다는 점이다. 정책의 당위성을 입증하기 위해 사건, 인식, 정책의 상호체계를 거슬러 시작점인 사건을 역으로 불러오는 작용을 하는 것이다.

제4절

책의 구성

이 책은 총 6개장으로 구성되어 있다. 크게 서론(Ⅰ장), 결론(Ⅵ장) 이외에 푸에블로호 사건(Ⅲ장)을 기준으로 사건 이전의 상황(Ⅱ장)과 이후의 변화(Ⅳ장, Ⅴ장)를 기술하였다.

구체적인 구성 내용을 기술하면, 제Ⅰ장은 서론이다. 1절에서는 이 연구의 문제제기와 연구목적에 대해 기술하였다. 2절은 기존연구를 푸에블로호 사건, 대미인식, 대미 협상전략에 대한 연구로 구분하여 검토하였다. 3절은 사건의 개념과 영향에 대한 이론적 논의와 연구방법 및 분석틀을 소개하였다.

제Ⅱ장은 푸에블로호 사건이 발생하기 이전 북한의 대미 인식과 협상경험을 고찰하였다. 1절은 푸에블로호 사건 이전 대미인식이다. 대미인식과 대미승리의 개념 정의 및 한국전쟁을 통해 형성된 북한의 '철천지 원쑤'라는 대미인식과 소극적인 대미 승리인식의 형성, 냉전구조 속에서 대미인식의 지속과정에 대해 살펴보았다. 2절은 푸에블로호 사건 이전 북한이 미국과 경험했던 협상의 세 가지 사례를 고찰하였다. 사례로는 휴전협상, 군사정전위원회 회담, 제네바 정치회담이다.

제Ⅲ장은 푸에블로호 사건의 발생과 북미 양국의 협상과정을 다루었다. 1절에서는 푸에블로호의 사건을 개괄적으로 살펴보았다. 2절에서는 29차례의 협상과정을 양측의 주요 주장을 중심으로 상세하게 살펴보았다. 3절은 북미 협상과정의 주요 특징을 인질 활용, 통미봉남通美封南, 인정투쟁이라는 3가지 측면에서 살펴보고, 북한이 이전에 경험했던 대미 협상 사례와 비교하였다.

제Ⅳ장과 제Ⅴ장은 푸에블로호 사건이 북한에 미친 영향에 대해 기술하였다.

먼저 제Ⅳ장에서는 푸에블로호 사건으로 변화된 북한의 대미인식을 살펴보았다. 1절에서는 푸에블로호 사건의 위기 속에서 승리를 성취한 북한의 대미인식이 대미 대결의 자신감으로 변화하는 모습을 살펴보았다. 2절에서는 북한이 푸에블로호 사건의 승리를 대내적으로 활용하는 사례를 살펴보았다. 3절에서는 푸에블로호 승리의 경험이 사건 이후뿐만 아니라 1990년대 김정일 체제의 등장 이후 호명되면서 대미 승리인식의 제도화 수준으로 공고화되는 과정을 살펴보았다.

제Ⅴ장은 푸에블로호 사건의 영향으로 북한의 대미 협상전략이 재형성되고 사건 이후 대미 협상과정에서 지속적으로 전개되는 과정을 사례 중심으로 기술하였다. 1절에서는 푸에블로호 사건의 협상경험이 이후 북한의 대미 협상전략으로 재형성되는 내용을 기술하였다. 2절에서는 푸에블로호 협상 당시 승무원이라는 인질을 활용한 전략이 이후 비대칭적인 북미관계에서 대미 관심유인 전략으로 형성되었음을 기술하였다. 3절에서는 통미봉남 전략에 대해 남·북·미 3자구도 속에서 통미봉남의 의미와 전개사례에 대해 살펴보았다. 4절에서는 북한의 대미 인정투쟁 전략에 대해 기술하였다.

제Ⅵ장은 이 책의 결론이다. 이후 관련자료를 부록으로 실었다.

제11장

푸에블로호 사건 이전 대미인식과 협상경험

제1절
북한의 대미인식

1. 대미인식과 대미 승리인식

인식이란 어떤 현상, 대상, 문제를 수용하고 바라보는 시각이다. 북한의 대미인식은 북한이 미국을 어떻게 보고 있는가의 문제이다. 승리인식은 인식의 대상을 승리로 한정시킨 개념으로 승리에 대한 시각이라 할 수 있다. 승리인식은 인식의 하위개념으로 볼 수도 있지만, 그 구분을 명확히 하기는 어렵다. 인식과 승리인식은 매우 유사한 개념이면서 동시에 상호영향관계에 있다고 할 수 있다. 이런 점에서 북한의 대미 승리인식은 북한이 미국을 승리의 관점에서 어떻게 보고 있는가에 대한 개념이라 할 수 있다.

북한의 대미 승리인식을 보다 구체적으로 살펴보는 방법으로 북한이 정의하는 승리의 개념을 기준으로 접근하는 방법이 있을 것이다. 북한의 사전에는 승리에 대해 "승리 : (혁명투쟁과 건설사업, 전쟁, 경쟁 등에서) 이기는 것"[1]이라고 정의하고 있다. 구체적인 설명으로 "(혁명투쟁과 건설사업에서) 난관을 극복하고 소기의 목적, 계획을 훌륭히 달성함으로써 큰 성과를

1) 과학백과사전출판사, 『현대조선말사전』, 제2판(평양: 과학백과사전출판사, 1981), 1547쪽.

이룩하는 것을 비겨 이르는 말"이라고 되어 있다. 그 예로써 "우리 당 경제 정책의 빛나는 승리"를 들고 있다.[2)]

북한에서 혁명투쟁이란 "근로 인민대중의 자주성을 실현하기 위한 투쟁"[3)]으로 정의되어 있다. 건설사업은 "일정한 조직체나 기구를 조직하여 튼튼히 꾸리고 발전시켜 나가는 일, 또는 어떤 사업을 이룩하거나 실현하기 위하여 그 토대를 튼튼히 마련하고 잘 꾸리며 발전시켜 나가는 일"[4)]로 정의하고 있다. 그 예로 당건설, 국가건설, 사회주의 건설, 경제건설을 들고 있다.

남한의 사전이 '승리'를 "겨루어 이김"[5)]이라고 간략히 정의한 것에 비하면 북한은 승리의 종류를 구체적으로 명시했다는 점에서 구별된다. 그렇다면 북한이 정의한 승리의 개념 속에서 승리를 획득하기 위해 경쟁해서 이겨야 하는 대상은 누구인가?

북한은 승리의 개념에 특정한 대상으로부터 승리를 획득해야 한다고 규정하고 있지는 않다. 그러나 사전적 정의에서 유추해 볼 때 혁명투쟁, 건설투쟁 그 자체가 승리의 대상일 수도 있겠지만, 이 투쟁을 반대하는 세력과의 대결에서 겨루어 이기는 것을 승리로 보고 있는 것이다. 이 점에서 북한의 승리 대상은 자본주의와 제국주의가 되며, 미국은 주 대상에 포함되게 된다. 결과적으로 북한의 승리인식 속에서 대미 대결은 구조적으로 필연적이라 할 수 있다.

북한의 승리 인식은 과거, 현재, 미래를 모두 포괄하고 있다고 볼 수 있다. 한국전쟁이라는 실재적實在的 전쟁을 통해 미국과 승부를 겨루어 보았고, 현재 승리를 향해 진행 중이며, 앞으로 혁명이 성공적으로 완수되었을 때 비로소 미래의 승리를 완성한다는 내용을 담고 있다. 북한이 생각하는

2) 사회과학원언어학연구소, 『조선말대사전』, 1권(평양: 사회과학출판사, 2005), 1882쪽.
3) 과학백과사전출판사, 앞의 책, 2334쪽.
4) 위의 책, 107쪽.
5) 민중서림 편집부 편, 『국어사전』, 제6판(파주: 민중서림, 2006), 1558쪽.

승리는 과정적 측면도 있지만, 결과적 성격이 강한 것이다.[6] 따라서 북한은 승리를 향해 나아가는 과정에 있다는 표현이 적절할 것 같다.

이하에서는 한국전쟁을 통해 '철천지 원쑤'[7]로 대표되는 북한의 대미인식과 소극적 대미 승리인식이 형성되는 과정과 냉전의 대결구조 속에서 일시적 변화는 있었지만 지속되는 상황에 대해 상술하고자 한다.

2. 한국전쟁과 대미인식의 형성

1) '철천지 원쑤'의 대미인식

북한의 정치사전에서 '미제국주의'에 대한 설명에는 '침략자', '략탈자', '공동의 원쑤', '철천의 원쑤' 등 미국을 지칭하는 여러 용어가 등장한다.[8] 북한이 미국을 지칭한 이들 용어들은 미국이 북한 또는 인류를 침략하고 약탈하여 인류 공동의 '원쑤'이고, 북한과는 100여 년 전 제너럴셔먼호 사건 이후 지속된 '철천지 원쑤'라는 점을 내포하고 있다.

한국전쟁은 북한이 미국을 '철천지 원쑤'로 인식하게 하는 데 가장 결정적 영향을 미친 사건이었다. 한국전쟁을 통해 북한의 대미인식은 형성되고 공고화되었다고 할 수 있다.

---

6) 북한은 소위 주체 100년 첫날인 2011년 1월 1일 『로동신문』 1면에 악보 하나를 게재했다. 통상 1월 1일 1면은 신년 공동사설이 보도되는데 신년 공동사설은 2면에 게재되었다. 악보의 제목은 '승리의 길'이었다. 노래에는 '폭풍이 사납다 해도 이 땅에 다른 길은 없다 백두의 붉은기 높이 끝까지 가야할 이 길'이라는 가사와 함께 후렴구에 '수령님 따라서 시작한 이 혁명 기어이 장군님 따라 승리 떨치리'라며 아직 종국적 승리가 완성되지 않았음을 보여주고 있다.

7) 북한은 원수를 '원쑤'로 표기한다. 이 논문에서는 원수의 북한식 표현 '원쑤'를 인용부호를 첨부하여 표기한다.

8) 사회과학출판사, 『정치사전』(평양: 사회과학출판사, 1973), 413~415쪽.

1972년 5월 26일 김일성은 북한을 방문한 미국 『뉴욕타임스(The New York Times)』와 회견을 했다. 건국 이래 김일성과 미국 언론사가 처음 만나는 순간이었다. 김일성은 회견에서 미국 기자를 상대로 북한의 반미 감정에 대해 발언하였다. 김일성은 "미국에 대한 조선인민의 감정은 좋지 않습니다"라고 했다. "조선인민이 미국에 대하여 나쁜 감정을 가지고 있는 것은 당연한 일"이라고도 했다. 그러면서 그 이유로 "한국전쟁시기 많은 피해를 당했기 때문"이라고 했다. 김일성은 한국전쟁시기 미국에 당한 피해를 반미감정의 큰 요인으로 지적한 것이다.[9]

한국전쟁은 북한에게 큰 피해를 안겼다. 국가가 건립되고 5년이 채 되지 않은 상태에서 직면한 전쟁의 피해는 북한을 낭떠러지로 떨어지게 했을 것이다. 한국전쟁 중 북한군은 약 50여만 명이 사망한 것으로 알려졌다. 한국군 전사자에 대한 공식 통계가 137,899명[10]인 것과 비교할 때 4배나 많은 수치이다. 민간인의 피해도 150만 명이 죽거나 부상당한 것으로 추정된다. 이는 남한의 민간인 피해규모가 990,968명[11]인 것과 비교할 때 약 1.5배 이상 많은 수치이다.

〈표 2-1〉 한국전쟁 기간 북한 인명 피해현황

(단위: 명)

출처문헌	총계	사망	실종/포로	비전투손실	비고
한국전란 4년지	607,396	508,797	98,599	-	
군사정전위편람	640,000	520,000	120,000	-	
미군 자료	801,000	522,000	102,000	177,000	사망에 부상포함

* 출처: 양영조 · 남정옥, 앞의 책, 144쪽.

9) 『로동신문』, 1972년 6월 2일.

10) 양영조 · 남정옥, 『알아봅시다! 6 · 25 전쟁사』, 3권(서울: 국방부 군사편찬연구소, 2005), 144쪽.

11) 피해 세부 내역은 사망/학살: 373,599명, 부상: 229,625명, 납치/행불: 387,744명이다. 양영조 · 남정옥, 위의 책, 144쪽.

한국전쟁으로 형성된 북한의 '철천지 원쑤'라는 대미인식에는 미국에 의해 입었던 현실적 피해 이외에 다른 요인도 포함되어 있을 것이다. 그것은 낙동강 전선까지 확보한 한반도 무력 통일의 꿈이 유엔군의 참전으로 무산되었던 데에서 찾을 수 있다.

유엔군의 참전과 이어진 인천상륙작전은 북한군을 궤멸시키다시피 하였다. 전세는 역전되었고, 파죽지세로 유엔군은 북진하였다. 북한군은 당시 3개 사단만을 보유하면서 북한 지도부끼리 연락도 어려운 상황을 맞고 있었다.[12] 김일성은 이 시기 '패배주의적 경향'이 나타나고 있었다고 회고했다.[13]

이런 상황은 중국인민지원군中國人民志願軍의 참전을 불러왔다. 전쟁 전 김일성은 중국의 마오쩌둥毛澤東에게 남침계획을 알려주었었다. 마오쩌둥은 병력과 군수물자의 지원을 제의했었지만 김일성은 이를 받아들이지 않았었다.[14]

김일성에게 중국군의 참전은 국내정치에서 복잡한 문제를 만드는 계기가 되었다. 전쟁 당시 북한의 국내정치는 김일성의 만주파 이외에 중국 연안파, 갑산파, 소련파 등으로 분리된 상황이었다. 비록 김일성이 최고사령관이었지만 중국의 지원은 국내정치에서 친 중국계인 연안파의 위상을 제고시킴으로써 김일성의 위상을 흔들 수 있는 사건이 될 수 있었다. 김일성은 이것을 우려하였다.[15] 중국은 전쟁이 끝난 후에도 1958년까지 인민지원

12) 1950년 10월 19일 중국인민지원군 사령관 펑더화이(彭德懷)는 박헌영과 신의주에서 만났으나 김일성과는 연락이 닿지 않고 있었다. 이후 중국대사관을 통해 덕천 대유동에 머물고 있던 김일성을 만날 수 있었다고 한다. 이종석, 『북한-중국관계 1945-2000』(서울: 중심, 2000), 162쪽.

13) 김일성, "조선로동당은 조국해방전쟁승리의 조직자이다-조선로동당 중앙당학교 교직원, 학생들 앞에서 한 연설(1952년 6월 18일)," 『김일성 전집』, 제15권(평양: 조선로동당출판사, 1996), 27쪽.

14) 션즈화, 『마오쩌뚱 스탈린과 조선전쟁』(서울: 선인, 2010), 369~370쪽.

15) 이 당시 중국군의 참전과 조중연합사령부의 형성, 그리고 김일성의 이들에 대한 견제장치 구축 등에 대해서는 이신재, "조선인민군 총정치국 설치배경에 대한 연구," 『군사』 제83호(2012년 6월)을 참조할 것.

군을 북한에 주둔시켰다. 이것은 김일성에게는 내정간섭으로까지 받아들여졌을 것이다.

김일성은 한국전쟁으로 인한 북한의 피해와 북한 내부 정치의 혼란이 초래된 원인을 미국의 참전에서 찾고자 했을 것이다. 자연스럽게 북한에게 '철천지 원쑤'라는 획일적이고 단면적인 대미인식이 형성되게 된 이유가 되었다.

2) 한국전쟁과 소극적 승리인식

한국전쟁은 북한의 선제공격과 급속한 남하, 유엔군의 참전과 인천상륙작전, 한반도 통일을 목전에 두고 벌어진 중국인민지원군의 참전, 그리고 전쟁개시 전의 38도선과 유사하게 군사분계선이 설정되면서 휴전되었다. 그렇다면 한국전쟁은 누가 승리한 전쟁이었나?

한국전쟁은 무승부였다는 것이 국내·외에서 정설로 받아들여지고 있다.[16] 그러나 북한은 전쟁 개시자로서 심각한 피해를 받았음에도 무승부 대신 자신들이 승리한 전쟁으로 규정하고 있다. 승리의 대상은 미국이었다.

북한은 한국전쟁을 '조국해방전쟁'으로 칭하고, 휴전협정 조인일인 1953년 7월 27일을 '조국해방전쟁 승리기념일'로 성대히 기념하고 있다. 북한은 정전 이후 곧바로 승리를 강조하기 시작하였다. 김일성은 1953년 7월 27일 최고사령관의 "조국해방전쟁의 위대한 승리를 축하한다"[17]라는 발표를 통해 전쟁을 승리로 규정하였다. 김일성은 정전일이 하루 지난 7월 28일 전체 인민을 대상으로 한 방송연설에서는 "정전의 실현은 외래 제국주의 련합세력과 미제의 앞잡이 리승만 매국도당을 반대하며 조국의 자유와 독립을 수호하기 위한 우리인민의 3년간에 걸친 영웅적 투쟁의 결과이며 우리 인민

16) 한관수, "6·25 전쟁의 승패인식 재조명," 『군사』, 제81호(2011년 12월), 228쪽.
17) 김일성, "조국해방전쟁의 위대한 승리를 축하한다-조선인민군 최고사령관 명령 제470호(1953년 7월 27일)," 『김일성 저작집』, 제7권(평양, 조선로동당출판사, 1980), 521쪽.

이 쟁취한 력사적 승리"[18]라며 정전이 곧 북한의 승리임을 강조하였다.

북한은 계속해서 한국전쟁을 승리로 평가하는 데 몰입했다. 1953년 8월 13일 북한 최고인민회의 상임위원회는 전쟁을 기념하기 위한 정령을 채택했다. 내용은 조국해방전쟁 기념 메달 제정, 전쟁승리기념탑 건립, 중국인민지원군들의 공훈기념 추모탑 건립 등에 관한 것이었다.[19]

1953년 8월 15일에는 '해방 8주년 기념 평양시 경축대회'를 거행했다. 이 자리에서 인민군과 중국군 사령부는 공동으로 한국전쟁에서 자신들이 이룩한 종합 전과를 공개적으로 발표했다.[20] 1954년 8월 13일에는 조국해방전쟁승리기념관도 개관했다.[21]

〈표 2-2〉 북한이 주장한 한국전쟁 종합전과

조선 인민군 최고사령부와 중국 인민지원군 사령부의 공동보도 (1950년 6월 25일-1953년 7월 27일까지)
조선 인민군은 중국 인민지원군과의 협동 작전하에 미영무력 침략군들과 그의 주구 리승만 괴뢰군을 반대하는 위대한 조국 해방 전쟁의 3년 1개월간에 다음과 같은 종합 전과를 거두었다. 1. 살상 및 포로 1,093,839명, 그중 미군 397,543명, 리승만 괴뢰군 667,293명, 기타 영국, 호주, 카나다, 토이기, 태국, 필립핀, 불란서, 화란, 베루기, 희랍, 콜럼비야, 남아프리카 등의 추종군 29,003명 2. 로획한 전투 기재 비행기 11대, 땅크 374대, 자동차 9,239대, 장갑차 146대, 선박 12척, 각종포 6,321문, 각종 저격무기 119,710정, 화염방사기 117정, 각종 통신기재 5,788대, 각종 포탄 489,260발, 각종 탄환 21,245,071발, 수류탄 224,123발, 지뢰 14,449발 3. 격추한 적 비행기 5,729대, 격상한 적 비행기 6,484대 4. 격파 및 격상한 전투기재

18) 김일성, "정전협정체결에 즈음하여-전체 조선인민에게 한 방송연설(1953년 7월 28일)," 『김일성 저작집』, 제7권(평양: 조선로동당출판사, 1980), 524쪽.

19) 국토통일원, 『북한연표(1945-1961)』(서울: 국토통일원, 1980), 267쪽.

20) 『로동신문』, 1953년 8월 15일.

21) 국토통일원, 위의 책, 296쪽.

땅크 2,690대, 자동차 4,111대, 장갑차 45대, 기중기 5대, 각종포 1,374문 5. 격침한 적 함선 164척, 격상한 적 함선 93척 격침한 적 선박 163척, 격상한 적 선박 132척

* 원문에는 숫자 표기를 아라비아 숫자 대신 한자로 표기.
* 출처: 『로동신문』, 1953년 8월 15일 3면.

북한은 한국전쟁을 "≪불패의 거인≫으로 알려졌던 미제에게 력사상 처음으로 최대의 패배를 안겨주었으며 조선인민은 세계 력사에서 첫 번째로 미제를 타승한 영예로운 영웅적 인민으로 되였다"[22]고 주장하고 있다. 특히 정치 도덕적 측면에서는 제2차 세계대전 이후 처음으로 사회주의가 제국주의를 타승한 전쟁이었으며 민족해방운동의 모범으로 되는 전쟁이라고 평가한다. 군사적 측면에서는 두 차례의 세계대전을 제외하고는 규모와 치열성에 있어서 사상최대의 전쟁이며, 당시까지는 가장 현대화된 전쟁이었다고 평가한다.[23] 그러면서 한국전쟁은 "≪상승≫을 자랑하던 미제를 처음으로 넘어뜨리고 그 ≪강대성≫의 신화를 산산이 깨뜨려버린 위대한 혁명전쟁이였다"라고 강조한다.[24] 전쟁을 미국에 대한 북한의 승리로 단정 짓고 있는 것이다.

한국전쟁에 대한 북한의 승리인식은 휴전회담 과정에서 특히 강조되고 있다. 북한은 휴전을 먼저 제의한 것이 유엔군측임을 강조한다.[25]

> 지금에 와서 적들은 이 전쟁이 ≪이길 수 없는 전쟁≫이라는 것을 확신하게 되었으며 ≪잘못된 장소에서 잘못 고른 시기에 잘못 고른 적에 대한 전쟁≫이라는 비명이 울려 나오게 되였다. 남은 유일한 길은 세 번째 길, 정전을 실현하는 것밖에 없었다.[26]

---

22) 허종호, 『미제의 극동정책과 조선』(평양: 사회과학출판사, 1987), 394쪽.
23) 위의 책, 395~398쪽.
24) 위의 책, 402쪽.
25) 휴전협상과정에 대해서는 이 책의 제Ⅱ장 2절 북한의 대미 협상경험을 참조할 것.
26) 허종호, 위의 책, 350쪽.

그렇다면 막대한 피해를 입고도 전쟁을 승리했다고 주장하는 북한의 승리인식은 온전하다고 할 수 있는가?

전쟁을 미국의 북침이라고 주장하는 상황에서, 비록 중국의 도움은 받았지만 세계 최강 미국을 상대로 휴전을 맺은 것은 승리라고 선전하기에 충분했을 것이다. 반면 북한 지도부 입장에서는 패배 인식도 있었을 것이다. 전쟁의 목표를 달성하지 못했고, 절대적인 해 · 공군 전력의 열세 속에서 북한 지도부가 갖게 된 공포감은 여러 문헌을 통해 확인되고 있다.

그러나 결과적으로 전쟁 이전의 38도선과 유사한 군사분계선을 갖게 됨으로써 패배인식은 소극적인 수준에서 승리인식으로 전환될 수 있었을 것이다. 북한에게 한국전쟁은 건국 이후 가장 큰 대미 승리로 평가될 수 있지만, 그것은 소극적 승리인식이라고 평가하는 것이 적절할 것으로 보인다.

3. 냉전구조와 대미인식의 지속

1) 북한의 대외활동 제약과 대미인식

북한은 건국 이후 유엔에 의해 국제사회에서 정상적인 활동을 제한받고 있었다. 1948년 12월 12일, 제3차 유엔총회는 한반도에서 유일한 합법정부는 대한민국뿐(this is the only such Government in Korea)이라고 결의했다.[27] 이 말은 1948년 당시 남과 북에 존재했던 두 개의 정부 중 대한민국만이 합법정부이고 조선민주주의인민공화국, 즉 북한은 '불법' 정부가 되는 것이었다.

북한은 자신들의 체제 정당성을 주장하기 위해 1948년 10월 7일 유엔총

27) "대한민국승인과 외군철수에 관한 결의문(유엔총회 1948년 12월 12일자 결의 제195호-Ⅲ)," 정일형 편, 『유엔과 한국문제』(서울: 신명문화사, 1961), 6~9쪽.

회 참가를 신청했다.[28] 1949년 2월 9일에는 외무상 박헌영 명의의 전문을 보내 유엔가입을 신청하기도 하였다.[29] 그러나 남한은 유엔에 초청되어 한반도 문제에 대한 입장을 표명할 수 있었던 데 반해 북한은 초대되지 않았다.

〈표 2-3〉 북한의 유엔 가입신청서 전문(電文)

February 9. 1949
Pyeongyang

To: The Secretary-General of the United Nations
Sir,
The Government of the Democratic People's Republic of Korea representing the will of the Koran people is willing to cooperate with other peace loving states in the work of maintaining peace and international security. The Korean Republic fully upholds the principles and purpose of the United Nations organization and is ready to accept the obligation to cooperate with all the countries, members of the United Nations, in effecting these principles and purpose in accordance with the charter of the United Nations. The Government of the People's Democratic Republic of Korea is hereby requesting to admit the Republic to membership in the United Nations.
Please accept, Sir, the assurances of my highest consideration.

(sign) Pak Heun Yung
Minister of Foreign Affairs
The People's Democratic Republic of Korea

* 동아일보사 편, 『북한 대외정책 기본자료집 Ⅱ』(서울: 동아일보사, 1976), 461쪽.

---

28) 동아일보사 편, 『북한 대외정책 기본자료집 Ⅱ』(서울: 동아일보사, 1976), 456~457쪽.
29) 북한의 유엔 가입신청서 전문(電文)은 동아일보사 편, 『북한 대외정책 기본자료집 Ⅱ』(서울: 동아일보사, 1976), 461쪽 참조. 북한의 유엔가입은 한국의 신청을 따라한 측면도 있었다. 그러나 한국의 가입신청이 소련에 의해 거부된 것처럼 미국 등 서방측의 반대로 성사되지 않는다. 북한은 이후 4차례 더 유엔가입을 신청한다. 한편, 한국도 1949년 1월 19일 첫 유엔 가입 신청 이후 1975년까지 5번의 직접 가입 신청, 우방국에 의한 9번의 가입권고 결의안 제출 등 14차례 가입을 신청했었다. 그러나 소련의 거부권 행사로 좌절되었다. 성재호, 『국제기구와 국제법』(서울: 한울, 2004), 44쪽.

북한은 1950년 6월 27일 유엔안전보장이사회로부터 한국전쟁의 '침략국'으로 결정되었다.[30] 유엔의 북한에 대한 '불법국가'와 '침략자'의 낙인은 북한을 태생적으로 국제사회의 '이단아'로 만들고 북한의 국제사회 진출을 제한하였다.

미국은 한국전쟁이 발발한 직후부터 대북 제재조치를 취했다. 〈표 2-4〉는 1950년 이후 미국이 북한에 대해 취한 제재 조치를 보여주고 있다.

〈표 2-4〉 미국의 대북 제재조치 현황(1950-1992)

일자	관련근거	제재조치 내용
1950.6.28	수출관리법	대북수출금지
1950.11.27	적성국교역법 (해외자산통제규정)	미국내 북한 자산 동결, 대북교역 및 금융거래금지
1951.9.1	무역협정연장법	대북 최혜국 대우(MFN) 부여 금지
1955.8.26	국제무기거래규정	북한과의 방산물자 및 용역의 수출입 금지
1962.8.1	대외원조법	대북 원조제공 금지
1975.1.3	통상법(1974)	대북 일반특혜관세(GSP)공여 금지
1975.5.16	수출관리법	북한을 제재대상 국가그룹 Z에 포함, 포괄적 금수
1986.10.5	수출입은행법	미국 수출입은행의 대북 여신 제공 금지
1988.1.20	수출관리법	북한을 테러지원국가로 지정하여 무역, GSP 공여, 군수통제품목상의 품목판매, 대외 원조 및 수출입은행의 여신 제공 금지
1988.4.4	국제무기거래규정	북한에 대한 방산 및 용역 판매와 수출입 금지
1992.3.6	군수통제품목	이란·시리아에 대한 미사일 기술 확산에 관여한 것으로 판명된 북한에 대해 군수통제 품목상의 품목에 대한 수출입 및 2년간 미 정부 계약 금지

* 서주석·김창수, 『북·미관계 변화에 따른 전략적 대응방향』(서울: 국방연구원, 1996), 42~43쪽.

30) "한국군사원조에 관한 결의문(안전보장이사회 1950년 6월 27일자 결의 S/1511호)," 정일형 편, 앞의 책, 166~167쪽.

유엔과 미국의 대북 제재는 북한의 국제사회 참여를 여러 면에서 제한하고 있었다. 대표적인 사례가 올림픽 참가 문제였다. 북한의 올림픽 참가 시도는 건국 이후부터 시작되었다. 그러나 북한이 올림픽에 참가한 것은 1972년 뮌헨 올림픽이 처음이었다. 북한의 올림픽 참가 시도는 '1국가 1국가올림픽위원회'라는 국제올림픽위원회(IOC)의 원칙에 따라 좌절되었었다. 한국은 1947년 스웨덴 스톡홀름 IOC 총회결정에 따라 한반도의 유일한 IOC 회원국 자격을 획득했었다. IOC의 원칙과 한국의 IOC가입은 북한의 IOC 가입뿐 아니라 올림픽 참가도 불가능하게 했던 것이다.[31]

1957년 9월 불가리아 소피아에서 개최된 제54차 IOC총회는 북한 국가올림픽위원회(NOC)의 활동범위를 북한 지역으로 한정하고, 올림픽 참가도 대한올림픽위원회(KOC)의 일원으로서만 참가할 수 있도록 하는 조건부 승인을 결정했었다.[32] 그 결과 북한의 올림픽 참가는 KOC를 통하지 않고는 불가능했던 것이다. 따라서 북한으로서는 남한에 단일팀 구성을 위한 회담을 제의할 수밖에 없었다.[33]

북한은 공산권 국가들의 지원을 받아 1964년 제18회 도쿄 올림픽에 참가할 수 있었다. 그러나 북한은 대회에는 참가했으나 곧 선수단을 철수시켰다. 표면적인 이유는 북한의 국호문제였다.[34] 1968년 올림픽은 멕시코에서 개최되었다. 북한은 참가를 희망했지만 이번에도 북한의 국호 문제가 불거졌다. IOC는 북한의 국호를 '조선민주주의인민공화국(DPRK)'이 아닌 '북조선(North Korea)'으로 부르기로 결정한 것이었다. 이에 항의하던 북한은 결국 이

31) 이학래, 『한국체육사연구』(서울: 국학자료원, 2003), 711쪽.
32) 박주한, 『남북한 스포츠교류의 사적 고찰과 전망』(한국체육대학교 박사논문, 1997), 17쪽.
33) 이학래, 『한국체육사연구』, 712쪽. 1957년 6월 북한은 1960년 로마올림픽대회에 단일팀으로 참가할 것을 제의했다. 당시 남측은 북한의 제의에 회답조차 보내지 않았다.
34) 이학래, 『한국현대체육사』(용인: 단국대학교출판부, 2008), 539쪽.

국호 결정이 철회되지 않자 IOC를 비난하는 성명을 발표하고 대회 참가를 거부했다.[35)]

북한은 1969년 6월 IOC 총회에서 자신들의 요구대로 '조선민주주의인민공화국(DPRK)'이란 국가 호칭을 정식 승인받은 뒤 올림픽에 참가하게 된다.[36)]

국제적 냉전구조와 유엔에 의해 씌워진 '불법국가'이자 '침략자'의 낙인은 북한의 정상적인 대외 활동을 제약했다. 그리고 구조적 제약은 한국전쟁을 통해 형성된 북한의 '철천지 원쑤'라는 대미인식과 소극적 승리인식을 큰 변화 없이 지속시킨 요인이었다.

2) 승리인식의 일시적 변화와 지속

한국전쟁으로 형성된 소극적 대미 승리인식은 냉전의 대결구조와 연동하여 일시적으로 변화하는 양상을 보였다. 국제정세가 공산진영에 유리할 경우 대미 승리인식이 긍정적으로 표출되었고, 그렇지 못할 경우 부정적으로 표출되었다. 그러나 전반적으로는 한국전쟁 이후 큰 변화 없이 지속되었다.

1957년 12월 10일과 11일자 『로동신문』에는 "미국은 종이범이다"라는 제하의 기사가 게재되었다. 이 기사는 미국의 인공위성 발사 실패에 대한 각국의 논평을 종합한 것이었다. 당시 소련 인공위성 발사 기술의 우위와 계속되는 미국의 인공위성 발사 실패로 북한은 미국을 종이호랑이로 불러볼 수 있었다.[37)]

『로동신문』에는 이 같은 논조의 기사들이 자주 등장했다. 미국의 과학실험이 실패하고, 소련이 성공하는 경우 예외 없이 소련의 과학적 우세를 강조했다. 더불어 미국의 실체는 강하지 않다는 논조의 기사들을 내 보냈다.

---

35) 『로동신문』, 1968년 7월 18일. 북한은 10월에 이 주장을 반복했다. 『로동신문』, 1968년 10월 14일.

36) 이학래, 『한국현대체육사』, 860쪽.

37) 소련의 인공위성 발사 기간에 김일성은 소련을 방문 중이었다.

1959년 1월 4일 『로동신문』 1면에는 "쏘련이 달을 향해 우주 로케트 발사"라는 제하의 기사가 1면 전체에 걸쳐 보도되었다. 그러면서 이것은 "쏘베트 과학이 달성한 위대한 력사적 승리"라고 평가했다. 다음 날에는 이것을 "사회주의 제도의 승리"라고 강조하며 "미국은 완전히 압도되였다"라고 평가했다. 1월 6일자 보도에서는 "미국은 쏘련보다 뒤떨어졌다"며 "미국은 완전히 무릎을 꿇었다"라고 하였다.

소련의 과학기술 성공은 북한에게 일종의 대리만족이었다. 미소 냉전의 구조 속에서 소련의 과학기술이 미국을 앞지른다는 것은 북한에게 만족스러운 일이었던 것이다.

북한의 대미인식은 1960년대 초 북한의 긍정적 대외 인식 속에서 지속되고 있었다. 경제부문에서 사회주의 진영은 1957년부터 1962년까지 70%의 성장을 보였는데, 이는 자본주의 세계보다 3배 이상 빠른 것이라고 평가했다.[38] 군사부문에서는 1962년 9월 9일 중국 공군의 미군 U-2 정찰기 격추를 예로 들며, 제국주의가 주장하는 군사적 우세도 이제 영원한 과거가 되었다고 주장했다.[39] 제국주의 쇠퇴와 몰락의 촉진으로 프랑스가 '미국의 온갖 권고와 협박에도 불구하고 사회주의 강국인 중국을 승인하고 외교관계를 설정하였다'면서 이를 미국에 대한 '또 하나의 치명적 타격'이라고 표현했다.[40]

그러나 1960년대 전반기 낙관적 대외인식은 1960년대 중반 이후 '복잡함'으로 변화를 보이게 된다. 복잡한 정세인식은 1966년 제2차 조선로동당 대표자 대회에서 표출되었다.[41]

---

38) 조선중앙통신사, 『조선중앙년감 1963』(평양: 조선중앙통신사, 1963), 369쪽.
39) 조선중앙통신사, 『조선중앙년감 1963』, 369쪽.
40) 조선중앙통신사, 『조선중앙년감 1965』(평양: 조선중앙통신사, 1965), 267쪽.
41) 당대표자회란 당중앙위원회가 당대회와 당대회 사이에 소집 할 수 있는 회의로 당의 노선과 정책 및 전략전술에 관한 긴급한 문제들을 토의 결정하며 자기의 임무를 수행하지 못한 당 중앙위원회 위원, 후보위원 또는 준후보위원을 그 성원으로부터 소환하고 중앙위원회의 성원을 새로운 위원, 후보위원 및 준후보위원으로 보선하는 기능을 한다. 조선로동당 규약(1970년 11월 5차 당대회 개정 30조).

당시 김일성의 연설 속에는 북한의 대외인식이 잘 나타나 있다.[42] 연설에서 김일성은 "오늘 우리 혁명의 국제적 환경은 매우 복잡"[43]하다고 했다. 그러면서 복잡한 내용으로 '미제를 괴수로 하는 제국주의자들의 탄압이 더욱 발악하고 있고, 사회주의 진영과 국제공산주의 운동 내부에서 많은 복잡한 문제들이 제기되고 있으며, 공산당 및 노동당들은 통일을 이룩하지 못했다'고 하였다.[44] 김일성은 혁명의 과정에서 일정한 곡절이 없을 수는 없으나 전반적 정세는 사회주의가 승리하는 쪽으로 가는 것이 우리 시대의 기본 추세라고 강조는 했지만 제국주의는 자진하여 물러가지 않는다고 하였다.

이 시기 북한의 대미인식에 중요한 영향을 미친 사건 중 하나가 인도네시아 사태였다.[45] 김일성도 1966년 당 대표자회의 연설에서 "최근의 인도네시아 사태에 대하여 주목하지 않을 수 없다"[46]라며 입장을 밝혔다. 이 사건으로 당시 소련과 중국 다음으로 규모가 컸던 인도네시아 공산당(PKI)은 몰

국토통일원, 『북한개요』(서울: 국토통일원, 1978), 217쪽.

42) 김일성, "현정세와 우리 당의 과업-조선로동당 대표자회에서 하신 조선로동당 중앙위원회위원장 김일성동지의 보고," 『조선중앙년감 1966-1967』(평양: 조선중앙통신사, 1967), 99~130쪽.
김일성의 연설은 첫째, 국제정세와 국제공산주의운동에서 제기되는 몇 가지 문제에 대하여, 둘째, 사회주의 건설을 촉진하며 우리의 혁명기지를 강화할 데 대하여, 셋째, 남조선정세와 남조선인민들의 투쟁에 대하여 등 세부분으로 구성되어 있다.

43) 김일성, 위의 글, 99쪽.

44) 위의 글, 99쪽.

45) 인도네시아 사태란 1965년 9월 30일, 수카르노(Soekarno) 대통령을 지지하는 소수의 장교들이 친 인도네시아 공산당 부대들을 동원하여 일으킨 쿠데타를 말한다. 그러나 이 쿠데타는 반쿠데타군에 의해서 하루 만에 진압된다. 쿠데타 이후 공산당은 불법화되었다. 이 사건에는 미국 CIA가 개입되었으며, 인도네시아는 이 사건을 계기로 친미정부가 들어서게 된다. 양승윤, 『인도네시아』(서울: 한국외국어대학교 출판부, 2003), 31쪽; 김재천, 『CIA 블랙박스』(서울: 플래닛미디어, 2011), 131쪽.

46) 김일성, "현정세와 우리 당의 과업-조선로동당 대표자회에서 하신 조선로동당 중앙위원회 위원장 김일성동지의 보고," 『조선중앙년감 1966-1967』(평양: 조선중앙통신사, 1967), 104쪽.

락했다.[47] 김일성이 다녀간 지 불과 5개월[48]만에 인도네시아는 혼란을 거쳐 친미정권으로 변화된 것으로 김일성에게는 상당한 충격이었을 것이다.

급변하는 대외 상황 속에서 북한은 1967년 5·1절 기념행사를 매우 큰 규모로 개최했다. 세계 각국에서 80여개의 대표단과 대표들을 초청했다고 한다.[49] 북한은 5·1절 행사를 국제적인 범위에서 연대성을 강화하고 반제공동행동을 이룩하며 반제반미투쟁을 앙양시켜 나가는데서 커다란 의의를 가지는 계기가 되었다고 평가했다.[50]

김일성의 긴장된 대미인식과 국제 정세 인식은 1967년 8월 김일성이 3대륙(아시아, 아프리카, 라틴아메리카) 인민단결기구의 기관지 창간호에 게재한 글 "반제 반미투쟁을 강화하자"[51]를 통해 강력한 투쟁을 제시하고 있다.

북한의 변화된 모습은 1960년대 중반 이후 휴전선을 중심으로 군사적 도발의 증가로도 나타나기 시작했다. 특히 1966년 10월 미국 존슨 대통령의 한국 방문을 즈음하여 충돌사건이 주목할 만큼 증가하고 있었다.[52]

---

47) 김재천, 위의 책, 123~124쪽.

48) 김일성의 인도네시아 방문은 1964년 11월 1일-4일, 수카르노 인도네시아 대통령의 방북에 대한 답방의 성격과 반둥회의 10돐 기념행사 참석에 목적이 있었다.

49) 사회과학출판사, 『조선민주주의인민공화국 대외관계사 2』(평양: 사회과학출판사, 1987), 51쪽.

50) 사회과학출판사, 앞의 책, 53쪽.

51) 김일성, "반제반미투쟁을 강화하자-아세아아프리카라틴아메리카인민단결기구 기관리론잡지 ≪뜨리꼰띠넨딸≫ 창간호에 발표한 론설(1967년 8월 12일)," 『조선중앙년감 1968』(평양: 조선중앙통신, 1968), 30~33쪽.

52) James P. Finley, *The US Military Experience in Korea, 1871-1982: In the Vanguard of ROK-US Relations* (San Francisco: Command Historian's office, Secretary Joint Staff, Hqs, USFK/EUSA, 1983), p.116. 1953년부터 1982년까지 북한의 적대행위로 인한 사상자 중 미군은 58명이 사망하였고 133명이 부상을 당하였다. 이중 1966년-1969년까지 사망자가 44명(전체 기간의 76%)이었고, 부상자는 111명(전체기간의 83%)이었다. 1953년 이후부터 1963년까지 7명이 사망하고 8명이 부상했다. 1964년부터 1965년은 사망자나 부상자가 없었다. 1970년부터 1973년까지는 사망 및 부상자가 없다 1974년부터 1982년까지 7명이 사망하고 14명이 부상당했다. James P. Finley, *Op. cit.*, p.220.

북한은 한국전쟁에서 강대국 미국에게 승리하였다고 평가하였다. 그러나 그 승리는 막대한 피해가 함께 했고, 중국의 개입에 크게 기인한 것이었다. 전쟁이 끝난 뒤 한반도에 미군이 주둔하고 있는 상황에서 대내 · 외적으로 반미투쟁을 강조하면서도 북한 스스로는 자랑할 만한 대미 투쟁 실적이 없었다. 이 점은 북한의 소극적 대미 승리인식을 적극적으로 전환시킬 만한 계기를 만들지 못했다고 할 수 있다.

이 시기 북한의 대미 승리인식은 한국전쟁으로 형성된 소극적 대미 승리인식이 냉전의 양극구조 속에서 북한의 대외인식과 연동하여 부분적으로 작은 변화를 보이긴 했지만 큰 변화 없이 지속되었다고 볼 수 있다.

제2절
북한의 대미 협상경험

북한은 1968년 푸에블로호 사건을 통해 미국과 첫 단독 협상을 성사시켰다. 그러나 푸에블로호 협상 이전까지 북한은 한국전쟁 휴전회담, 군사정전위원회 회담, 제네바 정치회담 등 세 가지 종류의 대미 협상을 경험하였다. 푸에블로호 사건 이전의 대미 협상은 북한과 미국의 단독회담은 아니었지만, 북한의 입장에서는 미국과의 협상경험을 쌓을 수 있었던 중요한 기회였다.

이 절에서는 북한이 경험했던 세 가지 종류의 대미 협상경험에 대해 살펴볼 것이다. 각각의 협상을 성사과정, 진행과정, 북한의 협상경험으로 구분하여 살펴보자.

1. 한국전쟁 휴전회담

1) 휴전회담 성사과정

한국전쟁의 휴전회담을 처음 제시한 측은 소련이었다. 소련은 1950년 10월 초 북한군이 유엔군의 반격에 의해 패주할 때 38도선에서 휴전을 하자고 제의하였었다. 그러나 이 제의는 외국군의 즉각 철수를 조건으로 달고 있어 유엔군측이 수용할 수 없었다. 뿐만 아니라 국군과 유엔군의 38도선 돌파 지연 및 중국군의 참전 준비를 위한 시간벌기용에 불과하였다.[53] 이후 휴전회담의 제안은 국제사회에서 나왔다. 그러나 유엔군과 공산군의 일치된 반응을 이끌어내지는 못했다.

1951년 들어서면서 유엔군측 내부에서 휴전회담이 논의되기 시작했다. 그리고 1951년 3월 공산군측에 먼저 휴전을 제의했다. 3월 중순 유엔군이 중국군을 격퇴하고 38도선을 다시 회복할 무렵 유엔군 사령관 맥아더(Douglas MacArthur)가 공산군 사령관 펑더화이(彭德懷)에게 휴전회담을 제의한 것이다. 그러나 공산군측은 이 제의를 묵살하였다.[54]

양측은 1951년 4-5월, 중국군의 춘계공세로 모두 최악의 인명손실을 입은 후 무력으로 승리를 얻으려는 정책을 포기하고 전쟁을 평화적으로 해결하려는 정책을 택하게 된다.[55] 유엔군측에서는 유엔의 역할을 대행하고 있는 미국이 전쟁이전 상태에서의 휴전정책을 확정한데 이어, 공산군측에서도 소련이 중심이 되어 1951년 6월 13일 모스크바 조·중·소 회담에서 "38도선의 경계선을 복구하는 조건에서 휴전이 유익하다"는 결론을 내리게 된다.[56]

1951년 6월 30일, 유엔군 사령관 릿지웨이(Mathew B. Ridgeway) 대장은 한 라디오 프로를 통해서 공산군 사령관에게 휴전을 제의한다. 원산항에 위치한 덴마크 병원선에서 회합할 것을 제의한 것이다.[57] 이에 대해 공산측은 1951년 7월 1일 방송을 통하여 유엔군측의 휴전 제의에 수정 제의를 하게 된다. 공산군측은 회담장소를 38도 선상의 개성으로 하며 7월 10일에서 15일 기간 중 쌍방대표가 회합하자고 역제의하였다. 공산군측의 제안을 유엔군측

53) 양영조·남정옥, 앞의 책, 51쪽.
54) 위의 책, 51쪽.
55) 위의 책, 52쪽.
56) 위의 책, 53쪽.
57) 국방정보본부, 『군사정전위원회편람』, 제2집(서울: 합동참모본부, 1993), 12~13쪽.

이 수용하여 양측은 1951년 7월 8일 예비회담을 가지는 것에 합의하게 된다.[58)]

유엔군측은 당시 우세한 전력에도 불구하고, 휴전회담을 먼저 제의하였다. 유엔군은 당장은 우세한 해 · 공군 전력을 앞세워 평양-원산선까지 진격할 수 있었으나 그럴 경우 중국군의 추가 개입을 불러올 수 있다고 생각하였다. 이 점에서 전쟁 이전 38도선과 유사한 1951년 6월의 군사대치상태를 휴전회담의 최적기로 판단하고 있었다. 이에 반해 공산군측은 일단 전선을 교착시킨 상태에서 전력을 회복한 다음 8월 이후에 공세로 전환한다는 방침을 세우고 있었다. 이 점에서 휴전회담은 대단히 유익한 것으로 판단되었다.[59)]

〈표 2-5〉 유엔군과 공산군의 휴전회담 수용 이유

구분		이유
미국		· 유엔군이 평양-원산으로 진격 시, 공산측 휴전회담 불응 우려 · 전쟁 계속 시 미군 병력 20만명 및 예산 9억 달러 추가 소요 · 미군의 막대한 인명 손실, 1951년 6월 현재 78,000명 피해
공산군	중국	· 춘계 공세 시 10만 명 피해로 사기저하 및 화력열세 인식 · 소련 60개 사단분 전투장비 미지원
	소련	· 미국과의 확전 회피 · 명예로운 휴전 모색(38도선 확보 목적)
	북한	· 북한 전 지역 초토화로 체제 위기, 승리해도 전후복구 곤란 · 제2의 인천 상륙작전 시 전세 만회 더욱 곤란

* 출처: 양영조 · 남정옥, 앞의 책, 72쪽.

2) 휴전회담 진행

양측은 1951년 7월 8일 예비회담을 통해 회담의 안건과 대표단 구성을 논의했다. 확정된 안건은 군사분계선 설정, 외국군 철수, 휴전실현을 위한

58) 국방정보본부, 앞의 책, 13쪽.
59) 양영조 · 남정옥, 앞의 책, 53쪽.

협정, 전쟁포로 협정 등이었다.[60)]

첫 휴전회담은 1951년 7월 10일 오전 11시 개성 내봉장來鳳莊에서 개최되었다. 유엔군측에서는 미 해군 중장 조이(Turner C. Joy)를 단장으로 5명의 대표가, 공산군측에서는 북한 인민군 총참모장 남일을 단장으로 하는 5명의 대표가 참석했다.

대표단 구성의 특징은 유엔군측은 순수한 군 지휘관 및 참모요원으로 구성되었고 미군장교가 수석대표를 맡은 데 반하여, 공산군측은 모두 정치경력을 가진 정치군인들로 구성되었다는 점이다. 그리고 공산군측 협상의 실질적 권한을 중국의 등화鄧華가 행사함에도 불구하고 형식상으로는 북한의 대표가 수석에 임명되었다는 점이다.[61)]

〈표 2-6〉 한국전쟁 휴전회담의 양측 대표단 명단

구분	유엔군측	공산군측
수석 대표	미 해군중장 조이 (Turner C. Joy) (극동 해군사령관)	북한 육군대장 남일 (인민군 총참모장 겸 부수상)
대표	미 해군소장 호데스 (Henry H. Hodes) (제8군 참모부장)	북한 육군소장 이상조 (인민군 정찰국장)
	미 공군소장 크레이기 (Laurence C. Craigie) (극동공군 부사령관)	북한 육군소장 장평산 (인민군 제1군단 참모장)
	미 해군소장 버크 (Arleigh A. Burke) (극동해군 참모부장)	중국군 중장 등화(鄧華) (중국지원군 부사령관 겸 부정치위원)
	한국 육군소장 백선엽 (제1군단장)	중국군 소장 세팡(謝方) (중국지원군 참모장)

* 국방군사연구소, 『한국전쟁(하)』(서울: 국방군사연구소, 1997), 44~45쪽 이용 작성.

60) 양영조 · 남정옥, 앞의 책, 55쪽.

61) 국방군사연구소, 『한국전쟁(하)』(서울: 국방군사연구소, 1997), 45~46쪽.

휴전회담 장소는 처음에는 개성이었으나 1951년 7월 13일 이후 유엔군측의 지속적인 요구로 1951년 10월 27차 회담부터는 판문점으로 장소가 변경되었다. 유엔군측은 최초 휴전회담을 제의하면서 원산 앞바다에 있는 덴마크 병원선을 회담장으로 제의하였다. 그러나 공산군측이 개성을 제안하면서 이를 받아들였다. 당시 개성은 공산군측의 군사통제하에 있는 지역이었다. 유엔군측으로서는 적지敵地였던 것이다. 이런 지리적 위치는 회담의 외적 환경에 적지 않은 영향을 주고 있었다. 예를 들면 회담장에 들어오는 유엔군 대표 차에 백기白旗를 부착하라고 하던가, 회담장 탁자 위의 북한 기旗를 유엔군측 기보다 높게 설치함으로써 심리적 우위에 서려고 했던 것 등이다.[62]

회담의 쟁점 중 가장 큰 이견은 군사분계선 획정 문제였다. 군사분계선에 대해 유엔군측은 현 군사대치선을, 공산군측은 38도선을 주장하였다.[63] 결국 1951년 11월 26일 합동분과위원회에서 쌍방 수석대표는 30일 이내 휴전협정이 조인될 것이라는 가정하에 현 전선을 잠정적 군사분계선으로 정하는 데 합의하였다.

외국군철수에 대해 공산군측은 철수를 주장한 반면, 유엔군측은 정전 이후 한국이 완전한 평화상태가 유지될 때까지 계속 주둔할 것임을 밝혔다. 군사분계선과 외국군 철수문제로 초기 회담은 공전되기도 했다.

포로문제는 휴전회담을 오래도록 지속시킨 주요 쟁점 중 하나였다. 포로문제는 포로의 원 소속 문제와 납북자 포함여부가 쟁점이었다. 일반적으로 포로는 자신의 원 소속으로 송환되는 것이 원칙이지만, 인민군 포로 중 반공포로의 문제가 등장한 것이었다. 인민군 소속이었지만 다시 북한으로 돌아가기를 거부하는 포로들의 처리가 문제였다.

---

62) 국방정보본부, 앞의 책, 14쪽.

63) 유엔군측은 1951년 7월 30일 제14차 본회담에서는 해·공군이 우세함을 이유로 군사분계선을 현 지상군 경계선에서 북방 20마일로 설정할 것을 제의하기도 했다.

유엔군과 공산군은 예비회담 1회, 본회담 159회, 분과위원회 회담 179회, 참모장교 회담 188회, 연락장교 회담 238회 등 총 765회의 회담을 개최하였다. 한국전쟁의 휴전회담은 1951년 7월 8일 첫 예비회담 이후 2년만인 1953년 7월 27일 정전협정을 체결한 세계 역사상 가장 긴 휴전회담이었다.[64]

3) 휴전회담과 북한의 협상경험

북한은 휴전회담을 통해 처음으로 미국과 협상장에서 만났다. 정부수준의 협상이나 북한과 미국만의 단독회담은 아니었다. 그러나 북한이 건국 이후 처음으로 미국과 만난 회담이며 2년간 765회 동안 지속되었다는 점에서 매우 의미 있는 회담이었다.

휴전회담이 북한의 협상경험에 미친 영향은 세 가지 측면에서 살펴볼 수 있다. 첫째, 공산주의 협상 전술을 체득할 수 있는 기회였다. 휴전협상의 명목상 대표는 남일 대장이었으나, 실제 권한은 중국군 장군에게 있었다. 공산군측 남일은 미국을 공격하는 장광설(長廣舌)을 시작할 때마다 세팡(謝方) 장군이 고개를 끄덕여 동의한다는 신호를 보내줄 때까지 조심스럽게 기다리곤 했다고 한다.[65] 중요한 안건을 협상 할 때는 대개 중국 대표들이 논의를 주도했고, 북한 장군이 주도할 때도 중국 장군의 지시나 개입이 수시로 있었다.[66] 협상의 주도권이 중국에 있었던 만큼 중국식 협상전술, 즉 전형적인 공산주의 협상전술을 북한은 체험하고 습득했다고 할 수 있다.[67]

둘째, 자유민주주의 국가의 협상전술을 경험할 수 있는 기회였다. 유엔군측의 협상 주도권은 미국이 가지고 있었다. 북한은 미국과의 회담을 통

---

64) 양영조 · 남정옥, 앞의 책, 139쪽.

65) 터너 조이 저, 통일원 역, 『공산측의 협상태도』(서울: 통일원, 1993), 16쪽.

66) 이문항, 『JSA-판문점(1953-1994)』(서울: 소화, 2001), 300쪽.

67) 한국전쟁 휴전회담에서 북한의 협상행태를 연구한 글들은 대부분이 협상 전술에 대한 연구가 주를 이루고 있다.

해 자유민주주의 국가의 협상 전술을 체험할 수 있었다. 그것은 미국의 합리적 문화에 대해 공산주의의 비합리적이고 일관되며 지속적인 주장이 효과적이라는 것을 체험한 것이다. 일종의 '우기기 전략'이 통할 수 있음을 실증적으로 체험한 것이다. 실례로 공산군측은 첫 회담부터 군사분계선의 38도선을 주장했다. 1년간의 전투를 통해 전선이 변화되었음에도 1년 전의 군사분계선을 전쟁의 휴전선으로 주장하는 무모해 보이는 주장을 한 것이다. 이에 대해 미 해군 예비역 대장 리비는 한국전쟁 휴전협상에서 유엔군측이 많은 과오를 저질렀다고 밝히고 있다. 그러면서 그 이유를 '대공 협상에 경험이 없었고 또 인간이 그다지도 비인간적일 정도로 신의가 없을까 하는 것을 천성적으로 선뜻 믿으려 하지 않았다는 점'에서 원인을 찾고 있다.[68] 결국 북한은 휴전회담을 통해 공산주의 협상전술의 비합리성이 승리할 수 있음을 경험하게 된 것이다.

셋째, 협상 자체가 효과적 수단이 될 수 있다는 점을 확인했을 것이다. 유엔군측은 군사적으로 완승할 수 없다는 판단 아래 더 이상의 유혈을 회피하기 위하여 현 상태에서 전쟁 종결을 기대하면서 협상에 임했다. 그러나 공산군측은 전쟁으로 달성하지 못한 목적을 협상을 통해 이루겠다는 태도로 임했다. 때문에 협상의 지연은 불가피한 것이었다.[69] 양측의 상이한 회담목적은 회담 외적인 상황, 즉 전투 진행상황이 회담 진행속도에 큰 영향을 미치게 하였다. 회담 전 과정을 통해 공산군측은 상황이 유리할 때는 회담을 중단내지는 공전시키는 한편 군사적 공세로 실리를 추구하였으며, 상황이 불리할 때에는 적극적으로 회담에 임하여 전투력 재정비를 위한 시간도 벌고 협상을 통한 유리한 여건을 확보하려고 하였다.[70] 이런 과정을

68) 터너 조이 저, 통일원 역, 앞의 책, 3쪽.
69) 합참전략기획본부, 『북한의 협상행태: 휴전회담 사례를 중심으로』(서울: 합동참모본부, 1993), 10쪽.
70) 위의 책, 10쪽.

통해 북한은 협상 자체의 수단성과 함께 협상 외부요인의 영향력을 인식하는 기회가 되었을 것이다.

그러나 휴전협상은 북한에게 협상전략이라는 큰 틀에서의 경험을 제공하지는 못했다. 한국전쟁 휴전협상에 대해 유엔군측이 전략적 큰 틀 속에서 협상을 풀어 나갔다고 한다면 공산군측은 주로 그때그때의 상황에 따른 전술적 형태로 대응해 나갔다고 볼 수 있기 때문이다.[71] 전세의 불리함속에서 협상을 진행하는 공산군측에게는 협상의 목적을 휴전 보다는 전세의 일시적 호전에 두었다고 볼 수 있다. 협상을 공산혁명의 성공을 위하여 추진하는 '다른 수단에 의한 전쟁의 연속' 또는 '제국주의에 대한 투쟁의 한 형태'이며 최소한 그들의 생존을 보존하기 위한 전술적 책략에 불과하다고 보는 공산권의 협상관을 고려해 볼 때[72] 이 같은 평가는 적절할 것이라 할 수 있다. 또 휴전협상이 양자적 구도지만 회담 참가는 다국적이었기 때문에 북한만의 독자적인 협상전략과 전술을 형성하고 전개하지는 못했다. 휴전협상의 구도는 1953년 7월 27일 정전협정 체결 이후 군사정전위원회 회담으로 이어지게 된다.

2. 군사정전위원회 회담

1) 정전협정과 군정위 탄생

1953년 7월 27일 10시, 판문점에서는 유엔군측 수석대표 미 육군 중장 윌리암 K. 해리슨(William K. Harrison, Jr)과 조선인민군 및 중국인민지원군측 수석

71) 김선숙, "한국전쟁의 휴전협상 과정에 대한 연구," 『21세기 정치학회보』, 제12집 2호(2002년), 190쪽.

72) 송종환, "북한의 협상전략연구(1): 북한은 어떻게 협상을 하는가," 『북한』, 12월호(2002년), 123쪽.

대표 조선인민군 대장 남일에 의해 '정전협정'[73]이 조인되었다. 정전협정은 이날 밤 10시부터 효력을 발생했다.[74] 이로써 1950년 6월 25일 북한군의 남침으로 시작된 한국전쟁은 휴전상태에 돌입하게 되었다.

정전협정의 체결로 유엔군과 조선인민군 및 중국인민지원군(이하 '조중朝中측'으로 약칭) 간에는 '군사정전위원회(Military Armistice Commission, MAC)'라는 새로운 대화기구가 설치되었다. 군정위의 설치근거는 정전협정 제2조 『정화停火 및 정전停戰의 구체적 조치』에 있다.

정전협정에 규정된 군정위의 임무는 정전협정의 실시를 감독하며 정전협정의 어떠한 위반사건이든지 협의하여 처리하는 것이었다.[75] 정전협정에는 군정위 외에도 군정위를 보좌할 비서처와 공동감시소조 등의 기구 설립을 규정하고 있다. 〈그림 2-1〉은 군정위의 구조를 보여주고 있다.

---

73) '정전협정'의 정식 명칭은 『국제연합군 총사령관을 일방으로 하고 조선인민군 최고사령관 및 중국인민지원군 사령관을 다른 일방으로 하는 한국 군사정전에 관한 협정』이다. 정전협정의 체결권자는 양측의 군 최고사령관으로, 국제연합군 총사령관측은 미 육군대장 마크 W. 클라크(Mark Wayne Clark)이며, 공산군측은 조선인민군 최고사령관 겸 조선민주주의인민공화국원수 김일성과 중국인민지원군 사령관 펑더화이이다. 정전협정은 서언과 제1조 군사분계선과 비무장지대, 제2조 정화(停火) 및 정전의 구체적 조치, 제3조 전쟁포로에 관한 조치, 제4조 쌍방 관계정부들에의 건의, 제5조 부칙 등 총 5조 63항으로 이루어져 있다. 이하 '정전협정'으로 약칭함.

74) 『정전협정』 제63항에는 이 정전협정의 효력이 1953년 7월 27일 22시부터 발생한다고 규정하고 있다. 참고로 유엔군 클라크 사령관은 7월 27일 13시 문산극장에서, 김일성은 7월 27일 22시 평양에서, 펑더화이 중국인민지원군 사령관은 7월 28일 09:30분 개성에서 협정에 각각 서명하였다. 양영조 · 남정옥, 앞의 책, 138쪽.

75) 『정전협정』 제24항. 금기연은 군정위의 임무에 대해 정전협정의 내용을 보다 상세히 해석 · 분석하여 기술하였다. 그가 제시한 군정위의 임무는 정전협정에서 명시한 군정위의 임무 및 기능은 정전협정 이행감독, 정전협정 위반사건의 협의 및 처리, 군정위 본회의 및 기타회의 주관, 정전협정의 수정 및 증보에 관해 건의, 필요한 절차 및 규정 채택, 포로 및 유해 송환업무 처리, 공동감시소조 운영, 쌍방 최고사령관들간의 대화통로 유지 등이었다. 금기연, 『북한의 군사협상행태와 결정요인: 유엔사-북한군간 장성급 회담 사례 연구』(경남대학교 박사학위 논문, 2009), 212쪽.

〈그림 2-1〉 정전협정과 군정위 기구 현황

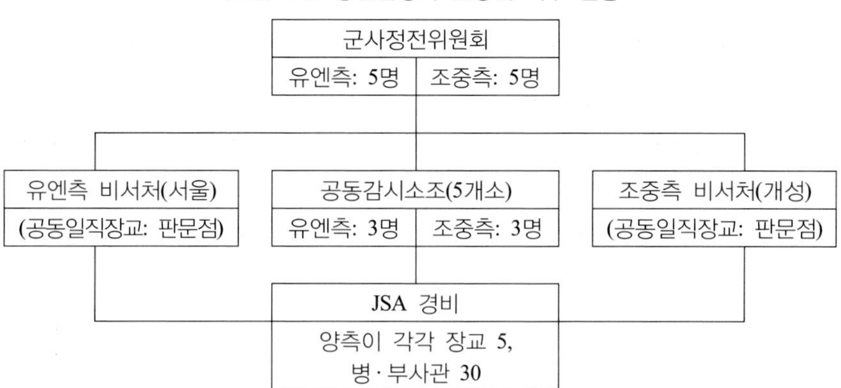

*국방정보본부, 『군사정전위편람』 제3집(서울: 국방정보본부, 1997), 21쪽.

2) 군정위 본회의 특징

군정위는 정전협정에 규정된 임무를 수행하기 위해 두 종류의 회의를 진행했다. 하나는 본회의이며 또 다른 하나는 비서장 회의였다. 양측의 수석대표가 참석하는 회의는 본회의였다. 비서장 회의는 양측의 비서처 대표가 만나 본회의 안건을 미리 토의하거나 본회의 안건 이외의 다른 사안을 논의하는 자리로 이용되었다. 실질적인 유엔군측과 조중측의 회담은 군정위 본회의인 것이다.

군정위 본회의 대표는 정전협정에 의해 양측이 각각 5명씩으로 구성되었다. 5명의 구성원들은 공산군측이 조선인민군과 중국인민지원군으로, 유엔군측은 미군, 한국군, 영국군 등으로 구성되었다. 회담의 구조는 양자회담이었으나, 대표 구성은 다국적이었다.

조중측의 수석대표는 북측이 맡았다. 북한은 중국군이 북중관계 악화 속에서 1966년 8월 5일 제228차 본회의 참석을 마지막으로 철수한 뒤 1971년 6월 재 파견할 때까지 약 5년간 단독으로 참가하기도 했다. 유엔군측은 미군 장성이 휴전 이후부터 수석대표를 계속 맡아왔다. 수석대표는 군정위 회의에서 유일하게 발언권을 가지며, 양측 사령관의 대변인 역할을 수행하였다.

군정위 회의는 공개된 상태에서 이루어졌다. 양측의 기자들도 참석하였다. 회담장에서 양측 대표의 발언 내용은 스피커를 통해 외부에서도 듣게 해 놓았다. 정전협정은 군정위 개최에 대해 어느 일방의 수석위원이든지 24시간 전의 통고로써 회의를 개최할 수 있다고 규정하고 있다.[76] 즉, 필요하면 하루 전에만 통보하면 회의는 개최되는 구조였다.

3) 북한의 정치선전과 군정위 회담의 한계

군정위 회담은 회담 대표 구성, 회의방식 등에서 실질적인 토의와 합의를 이끌어내기에는 구조적으로 한계를 내포하고 있었다. 양측간에 비무장지대 안에서 발생한 군사적 충돌문제를 제기하고 공동조사하고, 사과와 재발방지를 촉구하는 등의 내용은 공개된 회의에서 다루기에는 적합하지 않았다.

북한은 군정위의 이 같은 구조적 한계를 자신들의 정치선전의 장으로 활용하였다. 북한이 군정위를 자신들의 정치 선전장으로 이용한 측면은 회의 개최 요구 현황과 북한측 대표의 경력을 보면 확연히 나타난다.

군정위 회의 개최 요구는 조중측이 월등히 많았다. 군정위는 1953년 7월 28일 유엔군측의 요구로 1차 회의가 개최된 이후 1992년 5월 29일 제460차 회의를 끝으로 열리지 않았다.[77] 460차례의 회의 중 유엔군측은 121회(26%),

---

76) 『정전협정』 제31항은 "군사정전위원회는 매일 회의를 연다. 쌍방의 수석위원은 합의하여 7일을 넘지 않는 휴회를 할 수 있다. 단 어느 일방의 수석위원이든지 24시간 전의 통고로써 이 휴회를 끝낼 수 있다."라고 규정하고 있다.

77) 실제로 제460차 회의에 조중측은 참석하지 않았다. 북한은 군정위의 수석대표를 한국군 장성으로 임명하는 것에 대한 거부 표시로 군정위를 마비시켰다. 제459차 회의는 1991년 2월 13일 개최되었다.

조중측은 339회(74%)의 회의 개최를 요구했다. 푸에블로호 사건 발생 이전인 1967년까지 259차례 회의 개최 요구측을 살펴보면 유엔군측 73회(28%), 조중측 186회(72%)였다. 거의 모든 회담이 조중측의 요구로 이루어진 것이었다.

〈표 2-7〉은 군정위 공산측 수석대표 현황을 보여주고 있다. 유엔군측 수석대표들이 모두 순수 군인인 점과 비교할 때 북한 대표들은 대부분이 외교 또는 당기관의 근무 경험이 있는 일종의 정치군인들이었다.

〈표 2-7〉 군정위 북한측 수석대표 현황(1953-1972)

순서	계급	성명	재직기간	주요 경력
1	중장	리상조	1953.7-1955.7	정전협상 북측 차석대표 주소련 북한대사(망명)
2	소장	정극록	1955.7-1957.10	인민군 전투병과 출신
3	소장	강상호	1957.10-1959.3	북한 내무성 차관 1960년 소련으로 돌아감
4	소장	주창준	1959.3-1961.3	당 선전선동부 부부장 남북적십자회담 차석대표 조선방송위원장 노동신문 편집국장 주유고대사/중국대사
5	소장	장정환	1961.3-1964.9	주쿠바대사 조선인민군 부참모장(중장)
6	소장	박중국	1964.9-1969.2	북한 외교부 1국장 조선인민군 부참모장(중장) 주루마니아/몰타/쿠바대사
7	소장	리춘선	1969.2-1970.7	온화하고 외교관 같은 인상 별로 알려진 게 없음
8	소장	한영옥	1970.7-1972.2	인민군 총정치국 선전부국장 당 중앙위원회 후보위원

* 이문항, 앞의 책, 376~380쪽 참고 작성.

특히 1959년부터 1961년까지 북한 대표였던 주창준은 당 선전선동부 부부장 출신이었다. 또 푸에블로호 사건 당시 북측 대표였던 박중국은 모스크바 유학 후 북한 외교부에서 근무했으며, 군정위 대표를 마치고는 쿠바 대사를 역임하기도 했다. 1970년 7월부터 근무했던 한영옥은 인민군 총정치국 선전부국장 출신이었다.

이에 반해 유엔군측 군정위 수석대표는 전형적인 군인이었다. 미 국방성은 가능한 많은 장군들에게 공산군측과의 협상 경험을 제공하기 위해 육·해·공군 및 해병대 장군을 6개월 간격으로 순환시켰다.[78]

북한은 군사적인 문제에 한정된 회의를 하도록 되어 있는 본회의에서 대남 평화공세와 주한미군 철수 등 정치적 문제를 수시로 제기하였다. 북한은 군정위 개최 사실과 북한대표의 주장을 매번 『로동신문』에 보도하였고, 매년 『조선중앙년감』에 1년 동안 군정위에서 논의되었던 주요내용을 요약하여 게재하였다.

〈표 2-8〉은 1954년 이후 북한이 군정위에서 행한 평화공세의 내용 중 대표적 사례를 정리한 것이다. 군정위에서 북한의 정치 선전에 대한 유엔군측의 대응은 일관된 것이었다. 유엔군측은 정전협정 서언에 명시된 군정위 임무의 한계를 강조하였다. 서언에는 "이 조건과 규정들의 의도는 순전히 군사적 성질에 속하는 것"[79]이라는 문구가 있다. 유엔군측 수석대표는 북한의 선전에 대해 '이것은 군사적 성질에 속하는 것이 아니다'라는 취지의 발언으로 무시하는 태도를 보였다.

북한이 군정위를 통해 정치선전을 할 정도로 이 창구를 확대 이용한 방면, 유엔군측은 군사문제에 한정지으며 군정위를 제한적으로 활용했다고 볼 수 있다. 군정위에서 북한의 정치 선전과 유엔군측의 무시는 군정위의 구조적 한계에 기인한 것이었다.

---

78) 이문항, 앞의 책, 151~152쪽.
79) 『정전협정』 서언.

〈표 2-8〉 군정위를 통한 북한의 평화공세 사례(1954-1958)

차수	평화 공세 내용	유엔사측 대응
第50차 (1954.11.22) *최초 제의	남북한의 방문, 통상, 문화 교류문제 제의 - 남북한 거주자로 가족, 친척방문, 통상, 문화 교류 목적, 기타 비군사적 목적으로 왕래를 희망하는 자에게 비무장지대 및 군사분계선 통과의 편의 제공. 1955.1.1일 이전 개시	자체 검토 후 51차 군정위에서 정치적 이유로 거부
第52차 (1954.12.14)	남북간 우편물 교환 문제 제의 - 북한 통신상이 1954.12.17일 판문점에서 예비회담을 갖자고 남측 체신부장관에게 제의한 내용에 대해 군정위의 행정적 조치를 제안	정치적 이유로 거부 (군정위가 주권국가(남한)가 포함한 정치적 문제를 논의할 수 없음)
第59차 (1955.6.14)	북한 어장 개방문제 제의	정치적 이유로 거부
第78차 (1957.10.11)	철원, 개성을 물자교역소로 남북 물자 교환	정치적 이유로 거부
第81차 (1958.2.24)	외국군 철수, 경제문화 교류 및 중립국 감시하에 남북 총선거, 남한 내 원자무기 반입 항의	정치적 이유로 거부
第86차 (1958.8.26)	남한 실업자, 고아 및 학생 구제문제 - 내각결정 제96호에 따라 백미 15만석, 직물 500만 미터, 수산물 1만 톤 및 신발 400만 켤레 무상 제공, 고아 양육, 대학생 3000명에게 매월 1000원씩 항구적으로 제공	정치적 이유로 거부

* 군사정전위원회 대한민국 군대표단, "외무부 보고내용(1958.8.28)," 외무부, 『공개외교문서 (제1차)』 v.10.(마이크로필름), 2005 내용을 토대로 작성.

4) 군정위 회담과 북한의 협상경험

군정위 회담이 북한의 협상경험에 기여한 측면은 두 가지로 분석할 수 있다.

첫째, 주워진 협상환경의 적극적 활용이라는 점이다. 군정위 회담의 구조적 특성상 이 회담에서는 실질적인 협상의 결과물이 나오기 힘들었다. 미국이 회담 대표를 6개월마다 순환시킨 사례는 공산군측과의 협상경험과

함께 이 회담의 비중을 높게 보지 않고 있음을 반영한 것으로 볼 수 있다.[80)]

그러나 북한은 이러한 협상의 구조를 잘 이용하였다. 북한이 원하면 미국은 회담에 응해야 하는 특성상 미국을 수시로 회담장으로 불러냈다. 휴전 이후부터 1967년까지 평균 20일마다 1회씩 양측은 만났고, 이 만남의 72%를 북한이 요구하였다. 북한은 정치 · 외교적 지식을 구비한 정치군인을 2-3년에서 많게는 8년까지 군정위 수석대표로 보직시키며 군정위를 정치선전의 장으로 활용하였다.

둘째, 미국 정부의 협상자세 및 협상 마인드를 간접 체험한 기회였다. 군정위에 참가하는 미군 장성의 상급자는 유엔군 사령관이었다. 그러면 유엔군 사령관의 상급기관은 어디인가? 미군 장성의 임명권자는 미 국방장관이었다. 그러나 한반도에서 유엔군이 아닌 미국과 북한의 분쟁이 발생하게 되면 군정위 수석대표의 상급기관은 미 국무장관으로 변화되었다. 실제 푸에블로호 나포사건 당시 북한과의 협상계통은 미 국무부와 주한 미 대사, 그리고 군정위 수석대표였다. EC-121기 격추 사건이 발생했을 때도 상황은 같았다.[81)] 때론 유엔군과 북한군간에 발생한 문제에 대해서도 미 국무부가 관여했다. 1963년 5월 17일 미군 헬기의 북한지역 불시착 사건 시 유엔군 사령관은 북한과의 주요 협상상황을 미 국무장관 앞으로 전달하기도 하였다.[82)] 이 같은 사실은 군정위의 수석대표인 미군 장군이 미국 정부와 직 · 간접적으로 연결되어 있음을 의미한다. 비록 군사문제에 한정된 회담이었지만 간접적으로는 미국정부와 연결되어 있었던 것이다.[83)]

---

80) 이 점에서 케네스 퀴노네스는 군정위 회담을 '협상'이라고 부르는 것은 정확한 표현이 아니라고 지적했다. 적절한 지적이다. 케네스 퀴노네스 저, 노순옥 역, 『2평 빵집에서 결정된 한반도 운명』(서울: 중앙 M&B, 2000), 32쪽.

81) 헨리 A. 키신저 저, 『키신저 회고록: 백악관시절』(서울: 문화방송·경향신문, 1979), 101쪽.

82) 이문항, 앞의 책, 127쪽.

83) 이 점은 한국도 비슷했다. 군정위 한국군 대표단은 국방부 소속이었다. 그러나 한국군 대표단이 군정위 본회의 이후 회의록과 회의 주요내용을 보고하는 대상

이 같은 사실은 군정위를 통해 북한이 정치선전을 전개했지만 궁극적으로는 미국 정부와 대화채널을 비록 간접적이긴 하지만 유지하고, 상호탐지의 장을 갖고 있었다는 점에서 의미를 부여할 수 있을 것이다. 북한에게 군정위는 미국 정부의 협상자세에 대해 경험할 수 있는 기회가 되었던 것이다.

3. 제네바 정치회담

1) 회담 개최과정

제네바 회담은 1954년 4월 26일부터 6월 15일까지 50여 일간 개최되었다. 남한과 북한을 비롯해 미국, 영국 등 유엔 참전국 15개국(남아프리카공화국 불참)과 공산군측에서 소련, 중국 등이 참가했다.

제네바 회담의 개최는 정전협정에 근거를 두고 있었다. 정전협정 제4조 60항은 "한국문제의 평화적 해결을 위하여 쌍방 군사령관은 쌍방의 관계 각국 정부에 정전협정이 조인되고 효력을 발생한 후 삼 개월 내에 각기 대표를 파견하여 쌍방의 한급 높은 정치회의를 소집하고 한국으로부터의 모든 외국 군대의 철수 및 한국문제의 평화적 해결을 협의할 것을 이에 건의한다"고 되어 있었다.

은 국방부장관만이 아니었다. 군정위의 회의록은 3개 언어(영어 · 한글 · 중국어)로 작성토록 되어 있었다. 그리고 이중 한글 회의록은 군정위 한국군대표단에서 확인 후 육 · 해 · 공군본부 정보참모부, 중앙정보부, 그리고 외무부 북미국에 보내졌다. 군정위 회의록이 외무부에 전달되었다는 점은 여러 가지 의미를 담고 있다. 비록 참고적 성격일지라도 외무부에서는 이를 토대로 북한의 대미행태를 분석하는 자료로 활용하였다. 또 군정위와 중립국 감독위원회의 활동은 우리 정부가 외교적으로도 대단히 중요하게 생각하였다. 사안에 따라서 청와대까지 보고되기도 하였다.

그러나 제네바 회담은 개최되기까지 순탄하지 않았다. 1953년 10월 26일부터 판문점에서 예비회담을 개최하여 참여국 선정문제를 논의하였지만, 공산군측과 유엔군측의 갈등으로 성과 없이 끝났다. 결국 1954년 1월 25일부터 2월 19일까지 베를린에서 열린 미 · 영 · 불 · 소 4개국 외상회담에서 제네바회담의 개최가 결정되었다.[84)]

2) 회담 진행과정

제네바 회담은 남북한이 함께 참여한 첫 국제회의이자 한반도 통일문제가 논의된 처음이자 마지막 다자회담이었다. 회의에서는 한반도 통일문제와 관련하여 통일을 위한 선거의 범위 및 국제 감독, 외국군 철수, 유엔의 권위문제 등이 논의되었다. 회담 초기 한국은 유엔 감시 아래 북한만의 자유선거 실시와 선거 전 중국군 철수 완료를 주장했다. 이에 대해 북한은 외국군 동시 철수 및 남북한 동시 선거를 주장했다.[85)] 양측 주장이 너무도 상이하였다.

연합국 내부에서도 입장 차이가 노출되었다. 영국은 당시 상황에서 한반도 통일 방안 논의가 현실을 넘어서는 이상이라고 판단했다. 그러면서 분단을 기반으로 평화를 정착시킬 수 있는 방안의 도출을 강조했다. 호주는 남한 정부가 한국 전체 선거에 찬성할 것을 희망한다고 언급했고, 뉴질랜드 대표 역시 남한의 입장을 이해하지만 남한 정부의 양보를 주장했다.[86)]

반면 공산진영은 소련을 중심으로 단결을 유지하고 있었다. 서방측의 분열상을 노출하도록 유도하거나 이것을 즐겼다. 그리고 이것을 이용하여 선

84) 김연철, "1954년 제네바 회담과 동북아 냉전질서," 이내영 · 이신화 편, 『동북아지역질서의 형성과 전개』(서울: 아연출판부, 2011), 232쪽.
85) 위의 글, 248쪽.
86) 위의 글, 248쪽.

전의 효과, 즉 공산측이 회담의 지속을 바라는 반면에 서방측은 이를 서둘러서 종결하려 한다는 인상을 세계에 선전할 수 있었다.[87)]

북한은 제네바 회담에 적극적이었다. 북한 대표 남일은 회담이 시작되면서 미 제국주의를 시종일관 비판하기 시작했다. 6월 15일 폐막일에 남일은 외국군 동시 철수, 10만 명 수준으로의 군축, 남북평화협정 체결, 한·미 상호방위조약 파기, 남북 교류를 위한 전조선위원회 구성 등의 주장을 발표하였다.[88)]

북한은 제네바 회담에 '인물이 고운' 다섯 명의 여자수행원을 포함하여 대규모의 대표단을 보냈다. 숙소도 제네바 교외의 '호화로운 별장'을 본부로 사용했다. 회의 중에는 소련과 중국의 일사분란하고 적극적인 지원을 받으면서 한반도문제에 관한 자신들의 입장을 피력할 수 있었다.[89)]

미국에 의해 국제무대의 진출이 철저하게 봉쇄된 북한에게 제네바 회담은 국제사회에 자신들을 선전할 수 있는 좋은 기회였던 것이다. 북한은 이 기회를 '정치 선전의 장'으로 적극 활용한 것이다.

미국은 연합국측 내부에서 서로 다른 의견이 표출되자 회담종결을 서둘렀다. 변영태 외무장관과 협의를 통해 유엔 감시 아래 남북한이 토착 인구비례에 따라 자유총선거를 실시한다는 내용이 포함된 14개 항목의 통일 방안을 발표했다.[90)] 결국 50여 일간의 회담기간 동안 논쟁은 계속되었지만 아무런 합의도 이루지 못한 채 막을 내렸다.

제네바 회담은 휴전협정 이후 한반도의 통일 문제를 논의한 처음이자 마지막 다자회담이었다. 그러나 동서 냉전이 구조화되는 시기에 개최된 회의로 참여국 누구도 처음부터 합의를 기대하지 않은 회담이었다.[91)] 한반도가

---

87) 라종일, 『제네바 정치회담에 관한 연구』(성남: 일해연구소, 1988), 11~12쪽.
88) 김연철, 앞의 글, 243~244쪽.
89) 라종일, 위의 글, 13~14쪽.
90) 김연철, 앞의 글, 249쪽.
91) 김연철, 앞의 글, 232쪽.

분단된 상황에서 전쟁으로 이루지 못한 통일을 회담으로 이룬다는 것 자체가 유엔측과 공산측 모두 가능하다고 생각하지 않았을 것이다. 오히려 한반도를 분단된 채로 두는 것이 강대국들의 이익을 위해서 낫다고 생각했을 것이다.

제네바 회담이 실질적인 토의가 되지 못한 또 다른 이유는 회의가 진행 중이던 1954년 5월 7일 베트남 디엔비엔푸(Dien Bien Phu)에서 프랑스군이 패배하면서, 인도차이나 문제가 주요 강대국의 사활적 이해가 달린 현안으로 부상했던 측면도 있다.[92] 한반도 문제와 인도차이나 문제가 함께 다루어지게 된 것이다. 그러나 참가국들의 회의 참가 전 인식은 한반도 문제보다는 자신들의 국가이익에 중점을 두고 있었고, 그 결과가 회담 결과로 나타난 것이다.

결과적으로 한반도 문제에 관한 한 제네바 회담은 국토의 분단을 다시 한 번 확인하여 준 결과밖에는 내지 못하였다. 즉, 쌍방이 무력으로 이룰 수 없었던 통일은 회담을 통해서 해결될 수 없다는 것이 더욱 확실하게 된 것이었다.[93]

3) 제네바 회담과 북한의 협상경험

제네바 회담은 아무런 성과도 내지 못했다. 그러나 북한의 입장에서 제네바 회담은 '회담의 정치'를 실감할 수 있었던 기회였음에 틀림없다. 미국과 소련을 비롯해 영국, 중국, 프랑스 등 세계 강대국을 회담장에서 만났다는 사실 자체가 처음 있는 일이었다. 회의의 안건이 한반도 문제에서 인도

92) 김연철, 앞의 글, 233쪽. 따라서 김연철은 당시 한반도문제를 둘러싼 협상의 정치를 이해하기 위해서는 오히려 인도차이나 문제에 대한 각국의 협상전략을 분석할 필요가 있다고 강조한다.
93) 라종일, 앞의 글, 3~4쪽.

차이나 문제가 추가되었지만, 협상의 직접적 당사자로써 50여 일간 세계 강국과 함께 한 경험은 북한에게 큰 의미가 있었을 것이다.

그렇다면 북한이 제네바 회담에서 얻은 교훈은 구체적으로 무엇인가? 이 점은 크게 세 가지 측면에서 살펴볼 수 있을 것이다.

첫째, 강대국의 '회담의 정치'를 인식했다는 점이다. 한반도 문제의 당사자, 휴전협정의 당사자, 공산측 협상국의 일원으로 북한은 참가했다. 북한은 강대국들의 한반도 분단 문제에 대한 인식, 냉전구조 속에서 양측 진영의 대결 상황을 체험했다. 국제사회의 등장 무대로써, 강대국들의 관심사, 강대국들의 세계인식, 강대국들의 협상행태를 직접 경험한 기회였다.

회담을 통해 북한은 자신들의 우방이라 할 수 있는 중국의 회담 전략도 직접 체험했다. 북한은 제네바 회담 전략을 한반도 문제에 국한했지만, 중국은 인도차이나를 포함하는 포괄적인 전략을 세울 수 밖에 없었다.[94] 북한은 중국이 인민지원군 120만 명이 주둔하고 있는 한반도 문제보다 인도차이나 문제에 집중하는 것을 통해 중국의 협상전략이 자신들과 다를 수 밖에 없음을 실감했을 것이다. 또 공고할 것 같은 영국과 미국의 갈등도 목도하였을 것이다. 2차 대전 이후 강대국의 지위를 유지하려는 영국과 이를 저지하려는 미국의 국가이익, 그리고 자국의 국익을 성취하고자 하는 각국의 협상전략을 경험한 것이다.

둘째, 한・미 갈등을 확인한 기회였다. 한국전쟁 기간 미국은 남한을 지원했고, 휴전 후에는 한미안보조약을 체결하며 동맹관계를 형성하였다. 북한의 입장에서 남한과 미국의 동맹 강화는 큰 위협이었을 것이다. 그러나 남한과 미국이 제네바 회담에서 보여준 갈등은 북한에게 한미동맹에 대한 또 다른 시각을 갖게 하였을 것이다. 베를린 회담에서 제네바 회담 개최가 합의된 이후부터 한국이 참석을 선언할 때까지 2개월간의 기간은 한미 간

94) 김연철, 앞의 글, 243쪽.

에 팽팽한 외교적 줄다리기가 이어졌었다. 한국은 회담 개최 8일전까지 공식적으로 참여를 수락하지 않는 태도를 견지하였다. 결국 한국군 증강계획에 대한 미국의 원조약속을 받고서야 회담 참여를 결정했었다.[95]

셋째, 협상에서 정치선전의 효과에 대한 경험이다. 제네바 회담 참가를 거부했던 이승만과 달리 북한은 적극적인 태도를 보였다. 대규모 대표단을 파견했고, 정치선전의 장으로, 침략자이자 불법국가로 낙인찍힌 자신들의 입장을 국제사회에 선전하는 장으로 활용하였다. 회담의 합의안과는 별도로 정치선전의 기회로써 협상에 참가하였고, 그 효과를 충분히 경험할 수 있었다. 협상이 합의에 이르지 않더라도, 개최와 참여만으로도 새로운 효과를 갖게 될 수 있음을 제네바 회의는 북한에게 보여주었을 것이다.

제네바 회담은 회담의 성과 측면에서 결과물을 내놓지는 못했다. 그러나 북한의 입장에서 제네바회담은 강대국 간의 갈등과 강대국들이 자국의 국가 이익을 위해 협상을 어떻게 활용하는지를 경험한 기회였다. 공고해 보이는 한미 간의 갈등도 확인하였다. 협상이 일정한 합의를 목적으로 하지만, 때로는 협상에 참가하는 것만으로, 또는 협상장을 합의보다 선전의 목적으로 활용할 수 있음을 실증적으로 경험할 수 있는 기회였다.

95) 라종일, 앞의 글, 8~9쪽.

제III장

푸에블로호 사건과 북미 협상의 전개

제1절
푸에블로호 사건

1. 사건 개요

푸에블로호(The USS Pueblo)[1] 사건은 1968년 1월 23일 낮 2시경 북한 원산 '앞바다'[2]에서 83명의 승무원을 태우고 정보수집활동을 하고 있던 미 해군 소속의 전자정보함(electronic intelligence ship) 푸에블로호를 북한 해군이 나포한 사건이다.[3] 이 사건은 북한이 1968년 12월 23일 판문점을 통해 승무원 전원을 '송환'[4]하기까지 11개월 동안 지속되었다.

사건 초기 미국은 가능한 모든 수단을 동원하여 문제 해결을 강구하였다. 유엔에 제소하고 소련에 협조를 요청하는 등 외교적 조치와 항공모함 엔터프라이즈(Enterprise)호를 동해로 급파하는 등 군사적 대응을 병행하였다.

---

1) The USS Pueblo에서 USS는 United States Ship의 약자로 미국 해군군함을 뜻한다. Pueblo라는 이름은 미국 콜로라도주에 있는 도시 이름으로 아메리카 대륙에 살던 인디언 종족의 이름에서 유래한 것으로 알려져 있다. 푸에블로호의 성공적 임무수행을 기원하며 1967년 5월 11일 푸에블로 시장(mayor)이 전문을 보내기도 하였다(http://www.usspueblo.org/Background/images/comm_telegram.jpg, 2012년 8월 31일 검색).

2) 이 '앞바다'가 공해상이라는 것이 미국의 주장이고, 영해라는 것이 북한의 주장이다.

3) 미 합참에서 발행된 자료에는 푸에블로호를 전자정보 수집함으로 호칭하고 있다. James. P. Finney, *Op. cit.*, p.118.

4) 북한은 '송환'이라는 표현대신 '추방'이라는 표현을 사용한다.

그러나 북한과 미국은 비밀 접촉 이후 군사적 대응을 접고 29차례의 회담을 진행하게 된다.[5] 당시 비밀 회담은 양국 정부간 첫 외교 접촉으로 기록되고 있다.[6]

회담의 핵심 쟁점은 푸에블로호의 북한 영해 침범과 승무원 송환문제였다. 그러나 회담이 진행되면서 미국은 푸에블로호의 영해 침범과 간첩활동을 인정하기 시작했고, 이후 쟁점은 승무원 송환 문제로 모아졌다. 회담은 북한이 주도하는 분위기였다.

1968년 10월 이후 답보상태에 빠졌던 협상은 11월 미국 37대 대통령선거에서 닉슨(Richard Milhous Nixon)이 당선되면서 속도를 내기 시작했다. 승무원들을 크리스마스 전까지 데려오기 위한 미국과 닉슨 행정부까지 이 문제를 끌고 가고 싶지 않았던 북한의 의사가 일치하면서 협상은 타결되었다.

1968년 12월 23일 판문점에서 '미합중국 정부를 대신하여(On behalf of the Government of the United States of America)' 미 육군 소장 우드워드(Gilbert H. Woodward)가 북한이 제시한 이른바 사과문서에 서명함으로써 사건은 335일만에 종결되었다. 승무원 82명과 1명의 시신이 미국측에 송환되었다. 배는 북한에 몰수되어 2015년 현재까지 반환되지 않고 있다.

2. 푸에블로호의 탄생과 임무

푸에블로호는 첩보 수집을 위해 화물선을 개량해 만든 작은 배였다. 1944년 건조되어 미 육군 수송사령부에서 FS-344호라는 이름의 보급선으로 사

5) 29차례의 회담은 1968년 2월 2일 1차 회담을 시작으로 12월 23일 송환까지 계속되었다. 일부 자료는 12월 23일 최종 회담을 제외하고 28차례로 표현하기도 한다.

6) 북한은 이 접촉을 미국정부와 북한정부간의 회담이라고 규정하나, 미국은 이런 성격 대신 '사적 만남(private meeting)' 또는 '비밀 만남(closed meeting)'이라는 표현을 사용하였다.

용되었다. 10년간 사용되던 이 배는 1954년 퇴역한 후 사용되지 않고 방치되어 있던 것을 1966년 해군에서 인수 하였다. 해군에서는 이 배를 개조하여 첩보수집 임무에 활용하고자 했다.

푸에블로호의 함장은 미 해군 중령 로이드 피트 부쳐(Lloyd Pete Bucher)[7] 였다. 배에는 장교 6명을 포함 81명의 군인과 2명의 민간 해양학자가 탑승하였다. 선체길이는 50m를 조금 넘었고, 기본 장착된 무장으로는 50구경 기관총 2정이 전부였다.[8]

〈그림 3-1〉 푸에블로호 사진

7) 부쳐는 1927년 9월 1일 태어났다. 해군장교가 된 이후 2차 세계대전, 한국전쟁, 베트남전쟁 등에 참가하였고 주로 잠수함 부대에서 근무하였다. 푸에블로호는 그의 첫 함장 보직이었다. 『경향신문』, 1970년 12월 7일.

8) 북한은 이 배를 나포 후 배안에는 고사기관총을 비롯한 저격무기 수 십정과 각종 탄약 및 수류탄 수 만발이 있었다고 발표했다. 『로동신문』, 1968년 1월 25일.

〈표 3-1〉 푸에블로호 제원 및 구성

구 분	내용	비고
명 칭	GER-2	일반환경조사선
함 장	Lloyd Pete Bucher	미 해군 중령
탑승 인원	83명	장교 6, 사병 75, 민간해양학자 2
선체 크기	177ft(54m)×33ft(10m)	
배수량	550톤	총 배수량 : 895톤
주요 무장	50구경 기관총 2정	기타 : 기관단총 10, 45권총 7, 30구경 장총 등
건조/퇴역년	1944년/1954년	Kewaunee SB&Engr 社
최초 용도	일반 보급선	미 육군수송사령부 FS-344호
관리 전환	1966년 미 육군 → 해군	"Pueblo"로 재명명, 내부 개조
최고속도	13노트(24Km/h)	
추진장치	8기통 디젤엔진 2기, 프로펠러 2개	

* 푸에블로호 퇴역군인 협회(http://www.usspueblo.org); 미첼 러너 저, 김동욱 역, 『푸에블로호 사건: 스파이선과 미국 외교정책의 실패』(서울: 높이깊이, 2011), 18·49·69·74쪽 참조 작성.

이 배의 외부에는 'GER-2'라는 글자가 쓰여 있다. GER은 General Environmental Research의 약어로 일반 환경조사, 일반 해양 관측선의 의미로 사용된다.[9] 숫자 2는 이것이 2번째 선박이라는 의미이다.[10] 미국은 푸에블로호를 단순한 해양 조사 선박으로 보이려고 했던 것이다. 그러나 푸에블로호는 단순한 해양조사선박이 아니었다.

푸에블로호는 미국에서 시험과정을 거친 후 1967년 11월 전자정보 수집 임무를 위해 일본으로 출항하였다. 일본에 도착한 푸에블로호는 주일 미 해군사령부에서 작전준비를 마치고 1968년 1월 11일, 83명의 승무원을 태우고 사세보(Sasebo)항을 출항하였다.

9) GER앞에 A가 추가되어 AGER로 불리기도 하는데 A는 Auxiliary, 즉 보조라는 의미임.
10) GER-1은 배너(Banner)호이고, GER-3은 팜비치(Palm Beach)호였다. 미첼 러너 저, 김동욱 역, 『푸에블로호 사건: 스파이선과 미국 외교정책의 실패』(서울: 높이깊이, 2011), 25쪽.

푸에블로호의 임무는 북한과 소련의 전자정보를 수집 및 감청하고, 청진, 성진, 마양도, 원산 등 연안에서 북한 해군활동을 조사하는 것이었다. 임무를 마치면 2월 4일 다시 사세보에 도착할 예정이었다.[11]

그러나 1월 23일 원산 앞바다에서 북한 영해를 침범하였다는 이유로 북한 해군에 나포되었다. 나포 당시 총격전에 의해 1명이 사망하고 4명이 부상당했다.

3. 북한의 나포 의도성

북한이 푸에블로호를 나포하겠다는 계획을 오래 전부터 세웠는지, 아니면 나포 당일 즉흥적으로 결정된 것인지는 자세하게 알려지지 않고 있다. 그러나 북한 문헌과 탈북자 진술, 억류되었던 승무원 증언 등을 종합해 보면 나포는 사전에 계획된 것으로 보인다. 계획수립의 시점이 언제였는지는 정확히 확인되지 않지만 적어도 나포 1~2일 전에는 북한 지도부에서 푸에블로호의 존재를 알고 적극적으로 개입했을 가능성이 높다. 북한이 푸에블로호를 의도적으로 나포하였다는 증거는 다음과 같다.

첫째, 북한의 문헌에는 북한 해군이 나포 2일 전인 1월 21일 동해 마양도 해상에서부터 푸에블로호를 발견하고 그 움직임을 주시하고 있었다고 되어 있다.[12] 이것은 1월 23일 나포 전에 북한이 푸에블로호의 정체를 확인하고 대책을 논의했으며, 계획적으로 이 사건을 일으켰음을 입증하는 것이다.

둘째, 1970년대 노동당 선전선동부와 대남사업부서 부부장을 지낸 신경완은 푸에블로호 나포를 김정일이 주도했다고 주장한다. 그는 푸에블로호가 원산 앞바다에 나타났다는 보고를 받은 김정일이 즉각 군 작전회의를

11) 앞의 책, 45~81쪽.

12) 원영수 · 윤금철 · 김영범, 『침략과 범죄의 력사』(평양: 평양출판사, 2010), 342쪽.

소집해 토론을 거친 후 해군사령관에게 직접 포위 방법까지 일러주며 나포를 지시했다고 증언한다.[13)]

셋째, 승무원들의 증언에 따르면 승무원들은 원산항에 도착 즉시 야간 열차를 타고 평양으로 이동했다고 한다.[14)] 푸에블로호가 단순히 북한의 영해를 침범한 사건이고, 북한이 나포 의도가 없었다면 승무원들을 적어도 하루는 원산지역에 수용했어야 하는 것이 타당할 것이다.

넷째, 남파 공작원 출신인 김진계에 따르면 나포한 푸에블로호는 곧바로 검은색이던 배의 외부색을 회색으로 도장해서 청진항으로 옮겼다고 증언한다.[15)] 또 탈북자 장진성은 나포 다음날 곧바로 원산지역 각 고지에 고사포가 숲처럼 배치되었다고 증언한다.[16)]

이상의 내용들은 북한이 사전 계획에 따라 의도적으로 푸에블로호를 나포했고, 이후 적극적인 대비책을 강구했음을 보여주는 것이라 하겠다.

---

13) 정창현, 『곁에서 본 김정일』, 개정 증보판(서울: 김영사, 2000), 201쪽.

14) 돈 크로포드, 『북한 335일』(서울: 서광문화사, 1970), 87쪽.

15) 김진계 구술 · 기록, 김응교 보고문학, 『조국-어느 '북조선 인민'의 수기』, 하권(서울: 현장문학사, 1990), 133쪽.

16) MBC 프로덕션 편, 『이제는 말할 수 있다: 푸에블로 나포사건(51분)』(서울: MBC 프로덕션, 2006).

제2절
북미 접촉과 협상과정

1. 협상과정 개괄

1) 협상 전개과정

푸에블로호 사건을 다룬 북한과 미국의 협상은 나포 사건 다음 날인 1월 24일 군정위 본회의에서 처음 논의되었다. 그러나 구체적인 논의가 진행된 것은 2월 2일 시작되어 12월 23일 승무원 송환까지 진행된 북미 양국 간의 29차례 비공개 회담에서였다.

북한은 회담을 예비회담과 본회담으로 구분한다. 2월 2일 첫 회담부터 2월 10일 제5차 회담까지를 예비회담이라 부르고 이후 제6차 회담부터 12월 23일 마지막 회담까지를 본회담이라 부른다.[17] 미국의 경우에는 이 회담을 별도로 구분하지 않고 있다.

본 연구에서는 푸에블로호 나포 당시 북미 협상을 4개 시기로 구분하여 살펴볼 것이다. 첫째는 사전 협상단계로 양국이 상호 탐색 및 접촉을 통해 제1차 북미협상이 성사되기 이전의 기간이다. 나포사건이 발생한 1월 24일부터 북미 간 제1차 협상이 이루어지기 이전인 2월 1일까지이다.

---

17) 사회과학출판사,『조선민주주의인민공화국 대외관계사 2』, 65쪽.

둘째는 회담 조건에 대한 협상 시기인 협상 1단계이다. 북한이 구분하는 예비회담 시기이기도 하다. 시기적으로 2월 2일 제1차 회담부터 2월 10일 제5차 회담까지이다. 양측이 회담의제, 회담 인원, 장소, 회담 대표의 성격, 동해안에 전개된 군사력의 철수 등 회담조건을 협의하는 시기이다.

셋째는 문제 해결을 위한 구체적 안건 토의 시기인 협상 2단계이다. 2월 15일 제6차 협상부터 10월 31일 제25차 협상까지이다. 이 시기는 북미가 협상의 주요 쟁점을 해결해 가는 과정이다. 특히 가장 중요한 부분은 북측이 요구한 인정, 사과, 재발방지 약속이라는 내용을 어떤 형식으로 구체화할 것인가에 대해 양국이 이견을 좁혀가는 과정이다.

넷째는 협상의 타결과 종결 시기인 협상 3단계이다. 12월 17일 제26차 협상부터 12월 23일 승무원 송환까지의 기간이다. 미국의 마지막 제안을 북한이 수용하고, 송환의 구체적 안건들이 합의되는 기간이다.

2) 협상 쟁점

푸에블로호 사건의 쟁점은 영해침범, 간첩행위, 승무원 송환과 미국의 사과 등 세 가지였다. 가장 중요한 쟁점은 푸에블로호가 북한이 주장하는 12해리 영해를 침범했는가였다. 이것에서 나머지 쟁점들이 성립되는 것이었다.

북한은 푸에블로호의 나포 위치를 "북위 39도 17.4분, 동경 127도 46.9분 우리측 근해"[18]라고 주장했다. 그러나 미국은 북위 39도 25분 05초, 동경 127도 54분 09초의 국제수역(international waters)이라고 주장하였다.[19]

---

18) 『로동신문』, 1968년 1월 25일.

19) U.S. Department of State Office of the Historian, #216. Telegram From the Department of State to the Embassy in Korea(Washington, January 23, 1968, 2121Z), *FRUS 1964-1968 Volume XXIX, Part 1, Korea (2008.8)* (http://history.state.gov. historicaldocuments/frus 1964-68v29p1, 2012년 8월 31일 검색). 이하 '*FRUS 1964-1968 Volume XXIX, Part 1, Korea (2008.8)* (http://history.state.gov.historicaldocuments/frus1964-68v29p1, 2012년

〈그림 3-2〉는 북한과 미국이 주장한 좌표를 지도에 도식한 것이다.

〈그림 3-2〉 북한과 미국이 주장한 나포 위치

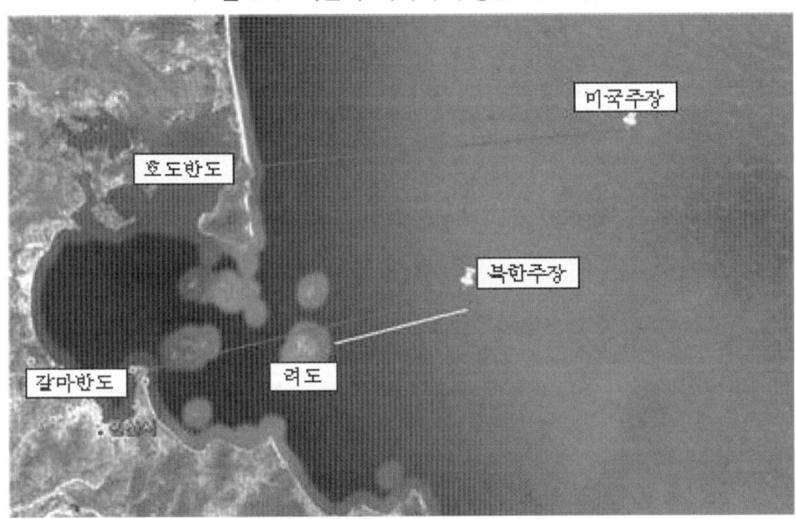

* 출처: 인터넷 좌표 입력프로그램(Google Earth) 이용 좌표 도식.

지도에서 '북한주장' 지점이 북한이 주장하는 푸에블로호 나포위치이다. 푸에블로호의 작전장교 슈마커(Carl F. Schumacher) 대위는 북한에서 실시한 기자회견에서 "나포되기 직전 전파탐지기로 측정한 거리는 가장 가까운 육지였던 원산까지 약 15마일, '려도'로부터는 7.6마일 거리에 있었다"고 진술했다.[20] 미국이 주장하는 나포지점은 가장 가까운 북한 육지까지 약 16마일

8월 31일 검색)'는 '*FRUS 1964-1968*'로 약칭. 그러나 이 주장은 2월 4일 2차 회담에서 약간 수정된다. 회담에서 미국은 북한 박중국에게 푸에블로호의 보고내용을 근거로 좌표를 약간 정정하는데 그것은 북위 39도 26분, 동경 128도 02분이었다. #263. Telegram From the Embassy in Korea to the Department of State (Seoul, February 4, 1968, 0355Z), *FRUS 1964-1968*.

20) 『로동신문』, 1968년 9월 13일. 북한은 푸에블로호 승무원들의 기자회견을 위해 약 2주간 연습을 실시했다고 알려졌는데, 슈마커 대위의 진술은 북한 주장을 그대로 발언한 것으로 보인다. 여기서 마일은 Nautical Mile(NM)을 의미하는 것으로 보여진다. 이는 해리와 같은 거리다.

(NM) 떨어져 있는 공해상이었다.[21] 북한과 미국이 주장하는 나포지점 간에는 상당한 차이가 발생했다.

북한이 주장한 영해 침범은 '려도'라는 섬을 기준으로 12해리 안에 푸에블로호가 침범 했다는 주장이다. 북한의 12해리 영해주장은 당시 국제적으로 인정되는 것이었다. 푸에블로호 사건 발생 당시 북한은 통상기선방식을 이용해 영해를 측정했다.[22] 이 방식에서는 섬의 저조선(低潮線[23])을 기준으로 12해리의 영해를 선포할 수 있었다. 따라서 원산 앞 '려도'를 기준으로 12해리 영해를 산정한 북한의 주장은 타당한 것이었다.[24] 미국도 북한의 12해리 영해를 인정하는 입장에서 나포 위치가 12해리 밖에 있었음을 주장하게 되는 것이다.

두 번째 쟁점은 푸에블로호의 나포 당시 행위에 대한 것이다.

미국은 푸에블로호가 배의 외부에 쓰여져 있는 'GER'이라는 표시처럼 해양조사 임무를 수행했다고 주장했다. 또 그것은 국제법적으로 보호되는 것

---

21) 나포 당시 미국은 푸에블로호가 공해상에 있었음을 강조하며, 이를 나포한 북한측에 강경한 자세를 보인다. 즉, 나포는 국제법 위반이며, 불법행위에 대한 북측의 사과를 요청하였고, 국제법에 따라 보상도 요구하였다. #216. Telegram From the Department of State to the Embassy in Korea (Washington, January 23, 1968, 2121Z), *FRUS 1964-1968*.

22) 김동욱, 『한반도안보와 국제법』(파주: 한국학술정보, 2010), 82쪽.

23) 저조선(低潮禪)은 '낮은 조류의 선'이란 뜻으로 가장 낮은 수위의 조류가 형성하는 해안선을 말한다. 최저 간조선, 혹은 최저 조위선이라고도 한다. 이는 영토와 영해를 구분하는 기준이 됨(http://ko.wikipedia.org/wiki, 2012년 9월 10일 검색).

24) 구소련측 자료에 따르면 북한은 1955년 3월 5일 내각결정 제25호에 의해 영해 12해리를 채택했다고 한다. 그리고 미국측 자료에도 북한의 영해 폭은 12해리로 분류되고 있다. 김찬규 · 이규창, 『북한국제법연구』(파주: 한국학술정보, 2009), 191쪽. 북한은 1958년 9월 11일 중국이 12해리 영해를 선포하자 이를 지지하기도 하였다. 『로동신문』, 1958년 9월 12일. 2002년 나온 북한의 『국제법사전』에는 『령해』에 대해 "우리 공화국은 12마일 령해를 정식 선포하지는 않았지만 오래전부터 실무적으로 12마일 령해를 주장하고 있다."고 기술하고 있다. 『국제법사전』(평양: 사회과학출판사, 2002), 181쪽. 여기서 '마일'은 'Nautical Mile(NM)'을 의미하는 것으로 보아야 할 것이다. 1NM은 1해리=1,852m와 같다.

이라고 주장했다. 그러나 북한은 승무원들의 자백과 배에서 발견된 첩보수집 장비와 수집활동 흔적들을 증거로 제시하며 간첩행위를 주장했다. 이것은 국제법적으로 보호되는 환경조사 임무일 때와 간첩행위를 했을 때의 인원 및 장비의 몰수, 처분 등의 처리방식이 상이해 짐을 의미한다. 즉 단순 환경조사임무를 수행하다 영해를 침범했을 때의 문제와 간첩임무를 수행하다 북한의 영해를 침범했을 때의 문제로 구분할 수 있는 것이다. 북한에서는 간첩임무를 수행하다 체포된 자는 중형으로 처리하게 되어 있었다.

세 번째 쟁점은 승무원 송환에 대한 문제이다. 북한은 간첩행위를 한 자에 대해서는 북한법으로 처리하겠다고 주장하였다. 미국은 승무원들이 공해상에서 해양관측업무를 수행하고 있었다고 주장했다. 미국은 먼저 승무원들을 송환하면 이들을 조사해서 영해 침범 여부를 밝히겠다는 것이었다. 그러나 미국의 주장은 점차 완화되어 북한과 친선관계가 있는 제3국으로 추방을 요구하는 것으로까지 후퇴하게 된다. 북한도 영해 침범을 인정하고 사죄한다면 승무원은 송환할 수 있다는 입장으로 선회한다. 북미 간 29차례의 협상은 이상의 쟁점을 해결해가는 과정으로 이해될 수 있다.

〈표 3-2〉 북미 협상의 쟁점

<table>
<tr><th>구분</th><th>북한</th><th>미국</th></tr>
<tr><td rowspan="2">영해침범</td><td rowspan="2">했다</td><td>안했다</td></tr>
<tr><td>1. 승무원 송환해서 조사하겠다
2. (승무원 송환 불가하자) 제3자 (국제사법재판소장이 임명하는 개인/국가) 조사, 문제 발견 시 사죄</td></tr>
<tr><td>간첩행위</td><td>했다</td><td>안했다</td></tr>
<tr><td>사죄 방법</td><td>미 정부의 사죄문 제출</td><td>조사결과 영해 침범시 유감 표명</td></tr>
<tr><td>승무원 송환</td><td>간첩 행위 했으므로 북한법에 의거 처벌
단, 미국이 사죄 시 송환 고려</td><td>1. 미국으로 송환
(또는)
2. 북한 수교국으로 추방요구</td></tr>
<tr><td>배/장비 반환</td><td>간첩장비는 몰수가 관례</td><td>반환 요구</td></tr>
</table>

2. 사전 협상단계 : 상호탐색 및 접촉 시도

푸에블로호 나포사건이 발생한 이후 북미 간 첫 접촉은 군정위 본회의였다. 1월 24일 제261차 군정위 본회의가 판문점에서 개최되었다. 그러나 이 회의는 푸에블로호 사건 때문에 개최된 것은 아니었다. 1월 21일 북한 무장 게릴라의 청와대 침투 시도 사건을 논의하기 위해 유엔사측에서 개최를 제의한 것이었다. 회의 개최 하루 전 푸에블로호 사건이 발생함에 따라 자연스럽게 청와대 기습사건과 푸에블로호 사건이 함께 논의되었다.

관례에 따라 회의 소집을 요구한 유엔사측 수석대표인 스미스(John V. Smith) 해군 소장(이하 제독으로 호칭)이 먼저 발언하였다. 그는 북한의 청와대 기습 시도와 푸에블로호 나포에 대해 북한측에 항의하였다.[25)]

조중측 수석대표인 북한 박중국 소장이 답변하였다. 그는 '1월 23일 12시 15분 경 다양한 무기와 간첩활동에 필요한 장비를 실은 미제 침략군이 북위 39도 17분, 동경 127도 46분 부근 원산 앞바다 공화국 영해에 불법적으로 침투했다'고 주장했다. '통상적인 순찰임무를 수행하던 인민군 해군 함선은 해적 행위를 하며 우리(북한)측에 발포한 간첩선에 대응해 사격을 가해서 수명의 미제 해군이 살상되고 80여 명이 체포됐다'고 했다.[26)] '우리(북한)측은 이에 엄중히 항의하는 동시에 불법적인 정전협정 위반행위를 솔직하게 시인하고 사과하며 정전협정에 의거해서 범법자들을 처벌하고 이 자리에서 그와 같은 위반행위를 다시는 하지 않을 데 대해 담보하시오'라고 주장했다.[27)]

---

25) 합참 정보참모본부, 『군사정전위원회 편람』, 제4집(서울: 합동참모본부, 1999), 224쪽.

26) 북한은 이것을 "조선민주주의인민공화국의 자위권의 행사이며 침략자들에 대한 응당한 징벌이였다"라고 주장했다. 사회과학출판사, 『조선민주주의 인민공화국 대외관계사 2』, 63쪽.

27) 이문항, 앞의 책, 23쪽.

이것이 푸에블로호 사건에 관한 북한과 미국의 첫 번째 접촉이었다. 그러나 군정위 만남에서 양측은 별다른 해결책을 찾지 못했다. 군정위 회의는 공개된 회의였다. 기자들이 취재하고 있었고, 회의장도 창문을 통해 공개되었다. 이런 조건에서 푸에블로호라는 정보함의 나포와 승무원 송환을 논의하는 것은 적합하지 않았다. 사건 발생 하루 만에 구체적 해결 방향을 정하는 것 또한 양국 모두에게 시간적으로 충분하지 않았을 것이다.

이런 상황에서 미국은 다각적인 대책을 전개하였다. 외교협상, 무력사용, 유엔 또는 국제사법재판소 조정 등 여러 방법을 시도하였다. 1월 26일 발표된 존슨 대통령의 미국 국민에게 보내는 메시지에는 세 가지 내용이 담겨 있었다. 첫째, 이 사건을 유엔 안보리에 제기, 배와 승무원의 즉각 송환을 촉구하고 둘째, 외교 경로를 통해서 이 사건의 평화적 해결을 추구하며 셋째, 한반도에서 발생할 수 있는 그 어떤 사태에 대해서도 대처할 수 있는 군사적 준비를 지시했다는 것이었다.[28)]

미국은 이 사건이 국제분쟁의 일부라고 간주하고, 유엔주재 미국대사인 아더 골드버그(Arthur U. Goldberg)를 통해 유엔의 개입을 요청하였다. 유엔 안전보장이사회는 북한과 남한을 초청해 서로의 입장을 개진하게 하는 것, 중재를 위한 위원회 설립, 비밀리에 중재를 위한 루마니아 대표의 파견 등 여러 방안을 모색했지만, 김일성이 유엔 주도의 해결방안을 거부하면서 모두 물거품이 되어버렸다.[29)]

1월 26일, 존슨 대통령은 제네바 주재 미국 대사인 로저 터비(Roger Tubby)를 국제적십자위원회에 보내 북한 정부와 적십자사가 긴급히 접촉하여 승무원들의 복지와 건강상태를 문의하고 이들이 신속한 송환을 위해 주선해 줄 것을 요청하였다.[30)] 그러나 효과는 없었다.

---

28) 이문항, 앞의 책, 24쪽.
29) 미첼 러너 저, 김동욱 역, 앞의 책, 231~232쪽.
30) 위의 책, 232쪽.

미 행정부는 나포 이후, 소련이나 북한과 연결이 되는 모든 국가와 접촉하는 전면적인 조치를 취했다. 호주로부터 우루과이까지 거의 모든 국가에 미국 대표를 보내 이를 시도했지만 성공하지 못했다.[31] 국제사법재판소, 중립지역에서의 비밀회담 또는 제3자에 의한 중재 등의 방안도 실패하고 말았다.

미국은 이 사태를 해결하기 위한 방안을 논의결과 11가지 가능한 조치들을 선정하였다. 그것은 ① 실제 또는 가능한 군사적 조치를 취할 것을 소련 측에 통보 ② 공중정찰 시행 ③ USS Baner호를 푸에블로호 나포지역으로 투입 ④ 푸에블로호가 투하한 암호장비 수거 ⑤ 원산항에 기뢰설치 ⑥ 북한 선박 나포 ⑦ 북한에 대한 선택적 공습 ⑧ DMZ 통과 기습공격 ⑨ 원산항 해군 봉쇄 ⑩ 북한에 대한 대북 경제 압력 ⑪ 남한에서 미군의 폭격 연습이었다.[32]

푸에블로호 나포 당시 미국의 군사적 조치는 즉각적이고도 대규모였다. 북한은 미국의 조치가 "조선인민을 굴복시키고 새 전쟁을 도발해보려는 발광적인 책동"[33]이라고 평가했다. 그러면서 당시 미국의 군사적 대응 상황을 구체적으로 묘사하고 있다.

> 웰남으로 항행하던 핵 추진 항공모함 ≪엔터프라이즈≫호와 4척의 구축함으로 구성된 기동함대를 우리나라 동해에 들이밀었으며 일본에 있던 2개 비행대대를 남조선에 끌어들이는 한편 미국 내에서는 750대의 비행기를 다룰 1만 4,600여 명의 예비공군과 해군항공대와 ≪지원부대≫ 소집을 명령하였으며 미제침략군 해군 예비역의 제대(13만 5천명)를 중지시켰고 ≪전략공군≫사령부 산하 폭격기무력의 40~50%를 ≪경계태세≫에 들어가게 하였다. 또한 남조선괴뢰군과 일본강점미제침략군과

31) 앞의 책, 232쪽.
32) #242. Report on Meeting of the Advisory Group(Washington, January 29, 1968), *FRUS 1964-1968*.
33) 김희일, 『미제는 세계인민의 흉악한 원쑤』(평양: 조국통일사, 1974), 387쪽.

> 그리고 일본 ≪자위대≫를 ≪전투태세≫에 들어가게 하였고 ≪긴급나토각료리사회≫니, ≪조선전쟁참전국회의≫니 하는 것까지 벌리면서 다른 ≪동맹국≫까지 새 전쟁 도발 책동에 끌어넣으려고 책동하였다. 1월 28일과 29일에 미 국방부와 죤슨놈은 련이어 군사적 ≪보복≫에 관한 위협적 ≪성명≫을 발표하였고, 2월 1일에는 동남아세아에 둥지를 틀고 있는 전체 미제침략군의 ≪휴가중지령≫을 내렸다. 같은 날 항공모함 ≪요크타운≫호와 ≪레인져≫호를, 다음 날에는 또 하나의 무장간첩선 ≪배너≫호를 동해에 파송하였다.[34)]

북한당국의 첫 반응은 1월 27일 정부 성명으로 발표되었다. 주요 내용은 "조선정전협정에 대한 새로운 란폭한 유린이며......공화국을 반대하는 로골적인 침략이며......새로운 전쟁을 일으키려는 미제의 계획적 책동의 일환이며......극동과 세계평화에 대한 엄중한 위협"[35)]이라는 것이었다.

이어서 1월 27일 저녁 북한에게서 미국과의 만남을 제의하는 반응이 왔다.[36)] 1월 27일, 저녁 8시부터 9시까지 북한 대표 박중국은 중립국감독위원회 공산측 인원을 만났다. 그리고 북한의 '공식 및 비공식 메시지(official and unofficial messages)'를 유엔사 수석대표에게 전달해 달라고 하였다. 메시지는 중감위 공산측 인원이 스위스와 스웨덴 대표를 통해 미국 수석대표에게 전

34) 앞의 책, 387쪽.
35) 사회과학출판사, 『조선민주주의인민공화국 대외관계사 2』, 63쪽.
36) 이 반응에 대해 다수의 글들은 북한이 먼저 접촉을 제의한 것으로 기술하고 있다. 그러나 이문항은 1월 27일 저녁 북한이 중감위를 통해 접촉 제의를 한 것은 미국의 제안에 대한 북측의 반응이라고 주장한다. 이문항(2001, 28쪽)에 따르면, 1월 26일 존슨 대통령의 대국민발표 이후 같은 날 국무부는 군정위 수석대표 스미스 제독에게 중립국 감독위원회에 서한을 보내 261차 군정위 본회의(1.24)에서 북한측이 언급한 사망자나 부상자 명단을 얻을 수 있는지 미국 정부의 요청이라면서 협력을 요청했다는 것이다. 이문항의 기록 외에도 FRUS #232의 각주 2에는 1월 27일 스미스 제독이 승무원들의 건강상태 등 정보요청을 판문점 공동일직장교를 통해 중감위에 요청했고, 중감위는 이 문제를 토의 후 북한측에 요구했던 것으로 되어있다. 이런 미국의 요청에 대한 북한의 답변이 중감위를 거쳐 다시 미국으로 오게 된 것으로 보는 것이 맞을 것 같다.

달되었다.[37)]

북한의 메시지는 공식과 비공식으로 구분되었다. 공식 메시지의 내용은 미국이 무력 사용을 통해서는 문제해결을 할 수 없다는 것과, 미국이 승무원들을 전쟁 포로(prisoner of wars)로 인정하고 협상과 토의를 할 의사를 보인다면 문제는 조용히 해결될 수 있을 것이라는 것이었다.[38)]

비공식메시지는 함장이 범죄행위를 인정했고, 선원들의 상태는 좋으며 부상자는 치료를 받았고, 1구의 시신은 보존되어 있다는 것이었다. 더 구체적 상황을 알려면 양측이 직접 만나자는 것이었다.[39)]

북한의 제의에 대해 미국은 1월 28일 주한 미 대사에게 전문을 보내 '북측과의 사적 만남이든 공개 만남(private or open meeting)이든 동의한다'는 답변을 보냈다.[40)]

유엔사 수석대표 스미스 제독은 워싱턴의 지시를 받고 1월 29일 저녁 6시 15분 판문점 군정위 직통전화를 통해서 다음과 같은 회신을 북한 수석대표 박중국에게 전달했다.

> 우리는 당신이 중립국 감독위원회를 통해서 전달한 메시지를 받았다. 나의 회신은 다음과 같음. (중략) 1월 26일 미국 대통령이 공개적으로 발표한 것처럼 우리는 이 문제의 신속한 평화적 해결을 찾기 위해 모든 가능한 방법을 계속 추구할 것이다. 푸에블로호 승무원들은 미국 해군 군인이며 미 해군의 명령을 받고 임무를 수행하고 있었다. (중략) 이들 승무원들은 북한도 준수하겠다고 약속한 1949년 제네바협약(Geneva Convention)에 의거 보호받을 자격이 있다. (중략) 본인은 이 사건의 해결방안을 논의하기 위해서 쌍방 수석대표들의 모임을 조속히 가질 것을

37) #232. Telegram From the Embassy in Korea to the Department of State(Seoul, January 27, 1968, 1720Z), *FRUS 1964-1968*.

38) *Ibid*.

39) *Ibid*.

40) #233.Telegram From the Department of State to the Embassy in Korea(Washington, January 28, 1968, 0152Z), *FRUS 1964-1968*.

요청함.[41)]

같은 시기 유엔 주재 헝가리 대표는 미국의 골드버그 대사에게 김일성이 승무원의 송환을 위해 협상할 용의가 있지만, 그 장소는 판문점이어야 한다고 알려주었다.[42)]

이 무렵 보다 분명한 신호가 북한 고위 당국자를 통해서 나왔다. 1월 31일, 조선로동당 중앙위는 방북중인 루마니아 공산당대표단을 환영하는 연회를 옥류관에서 개최했다. 이 자리에서 당 정치위원회 및 상무위원회 위원이자 당비서인 김광협이 연설하였다. 김광협은 연설에서 군정위에서의 '관례'[43)]를 강조하였다.

> 미제국주의자들이 조선 군사정전위원회에서 류사한 사건을 처리한 전례가 있음에도 불구하고, ≪푸에블로≫호 사건을 비법적으로 유엔에 끌고 간 것은 저들의 범죄행위를 가리우며 세계 여론을 오도하기 위하여 계획적으로 꾸며낸 모략책동이다. (중략) 만약 그들이 이 문제를 종전관례의 방법에 의하여 해결하려고 한다면 별문제이지만 지금과 같은 방법에 계속 매달린다면 아무것도 얻을 것이 없을 것이다.[44)]

2월 1일 미 국무부 대변인은 국무성 출입기자들에게 미국이 북한의 비공개 회의 제안을 받아들였다고 공식발표했다.[45)] 이후 미 행정부는 유엔 대사를 통해 유엔이 나서지 말 것을 설득하였다.[46)]

41) 이문항, 앞의 책, 29~30쪽.
42) 미첼 러너 저, 김동욱 역, 앞의 책, 233쪽.
43) 북한이 강조한 관례는 기존 정전협정 위반 시 처리했던 선례를 말한다. 한 사례로 1963년 5월 17일 미 OH-23 헬기의 북한 착륙 시 유엔군 사령관의 사과문 작성 후 1년 만에 조종사를 송환받았었던 사례들이 그것이다. 이문항, 앞의 책, 385쪽.
44) 『로동신문』, 1968년 2월 1일.
45) 이문항, 앞의 책, 30쪽.
46) 미첼 러너 저, 김동욱 역, 앞의 책, 233쪽.

3. 협상 1단계 : 회담 조건 협상

2월 2일부터 10일까지 진행된 5차례의 회담은 이후 진행될 본격적인 협상을 위한 사전 만남이었다. 북한은 이 기간을 예비회담으로 구분하고 있다.

2월 2일 11시 북한과 미국 대표간 첫 접촉이 판문점 중립국감독위원회에서 58분간 비공개로 진행되었다.[47] 북측 대표는 군정위 북한측 수석대표인 박중국[48] 소장이었고, 미국의 대표는 유엔사측 수석대표인 스미스[49] 제독이었다. 2월 2일의 접촉은 한국전쟁 이후 최초의 양국 간 단독 접촉이었다. 미국대표 스미스 제독은 '푸에블로호는 나포되기 전까지 북한 영해 안으로 들어가지 않았으며 승무원들은 어떤 범죄도 범하지 않았다'고 강조했다. 그리고 이 상황은 선례가 없으며 즉각적인 승무원 석방과 배의 조기 반환을 요구했다.[50]

스미스의 발언을 듣고 박중국 소장은 '말할 것이 있으면 모두 다 서슴지 말고 말해 보시오'라면서 미국측이 들고 나온 안건의 내용이 무엇인지 알고

---

47) #254. Telegram From the Embassy in Korea to the Department of State(Seoul, February 2, 1968, 0741Z), *FRUS 1964-1968.*

48) 박중국은 미국이 가장 능숙한 수석대표라고 평가했던 인물이다. 1928년 함경북도 후창 출생으로 1948년 8월에서 9월까지 모스크바 국제문제대학에서 국제관계를 연구하였다. 1954년 당 중앙위원회 국제부 과장, 1957년 외교부 참사관, 1963년 외교부 제1국장을 역임하고 1964년 판문점 군정위 수석대표로 부임하였다. 판문점을 떠나서는 1974년 주 루마니아/몰타 대사, 1987년 주쿠바/멕시코 대사를 역임했다. 이문항, 앞의 책, 378~379쪽.
북한 강성산 전 총리의 사위로 귀순한 강명도는 박중국을 외교·대남사업의 파워 인물 중 한 명으로 소개하였다. 똑똑하다고 소문난 인물로, 김정일의 매제 장성택과 사돈지간이라고 증언하고 있다. 강명도, 『평양은 망명을 꿈꾼다』(서울: 중앙일보사, 1997), 151쪽.

49) 미국측 수석대표 스미스 제독은 1967년 10월 27일 군정위 유엔사측 대표로 부임하였다. 그의 이력에 대해 크게 알려진 것은 없다. 그는 1968년 4월 29일, 미국측 대표를 마치고, 본국으로 전보 조치되었으며 중장으로 진급하였다. 『동아일보』, 1971년 6월 12일.

50) #254, *FRUS 1964-1968.*

나서 자기 답변을 하려 했다.[51] 스미스 제독은 '푸에블로호 사건은 과거에 있었던 헬기사건과는 성질이 다르며 푸에블로호는 유엔사의 지휘 하에 있지 않고 미 태평양 함대(US Pacific Fleet)에 소속되어 있다고 했다. 또 승무원 중 부상자와 사망자의 명단을 알려 달라고 했다. 만약 푸에블로호가 북한 영해를 침범했다면, 적절한 조치는 미국과 소련간에 이행되고 있는 바와 같이 국제해역으로 내보내면 된다고 했다.[52]

박중국은 푸에블로호가 북한 영해를 침략적인 목적으로 침범했고, 승무원들이 이것을 자백했다고 주장했다. 부상자들은 인도적인 조치를 받고 있고 전사자의 사체는 보존하고 있으며, 나머지 승무원들도 불편함 없이 건강하다고 주장했다. 전사자와 부상자의 명단에 대한 통보는 아직 상부로부터 지시받지 못했다고 했다. 또 이 문제를 해결하기 위해서는 미국의 입장과 태도를 바꿔야 한다고 주장했다. 미국은 배가 국제해역에 있었음을 증명하는 증거들을 제시했지만 박중국은 이를 거절하였다.[53]

2월 4일 2차 회의가 열렸다. 박중국은 두 가지 발언을 했다. 첫째는 미국이 푸에블로호를 북한 영해로 보내놓고 사과는 커녕 오히려 무력을 북한 영해근방에 배치하고 있다고 비난했다. 그러면서 원만한 협상 여건을 위해 동해안에 있는 무력철수를 요구했다. 두 번째는 2월 2일 스미스의 발언, 즉 푸에블로호가 유엔사의 지휘 하에 있는 것이 아니고 미 태평양 함대 소속이며 푸에블로호의 경우는 선례가 없다(the Pueblo case was without precedent)라고 얘기한 것을 상기시켰다. 박중국은 이것은 조선민주주의인민공화국(DPRK)과 미국(USA)간에 다루어져야 할 사안임을 의미한다고 강조했다. 그리고 이러한 이해가 맞다면 미국측(US side)은 미국의 대표(representative of USA)를, 북한은 북한(DPRK)의 대표를 임명해야 한다고 강조했다. 그러면서 스미스가 이

51) 이문항, 앞의 책, 32-33쪽.

52) #254, *FRUS 1964-1968*.

53) *Ibid*.

질문에 지금(now) 답변할 수 없다면 다음(later)에 대답하라고 했다. 주한 미국 대사 포터는 이번 회담에서 북측이 매우 정중(polite)하기 위해 노력했으며, 협조적(cooperative)이었다고 평가했다. 그리고 미국이 사과하지 않는 것에 대해 안달하는 징후는 없었다고 했다.[54)]

북한은 이 접촉에 대해 "여러 차례에 걸치는 (미국의) 요청에 의하여 2월 2일과 2월 4일 판문점에서 그와 만났다. 여기에서는 미제의 무장간첩선 ≪푸에블로≫호 사건과 관련한 문제가 론의되었다고 한다. 앞으로 판문점에서 담판이 계속될 것으로 보인다"[55)]라고 『로동신문』을 통해 보도하였다. 북한이 미국과의 단독 접촉 사실을 언론에 공개한 것은 이것이 처음이었으며, 12월 23일 사과문 체결 사실을 보도할 때까지 북미 협상에 대한 보도는 없었다.

2월 5일 제3차 회의가 열렸다. 3차 회담에서 박중국은 '이 회담을 북한(DPRK)과 미국(USA)간의 문제를 다루는 것으로 이해해도 되는가?' 라고 물었다. 스미스는 자신이 푸에블로호 사건을 다루는 미국 정부의 전권을 가진 대표라고 했다. 그리고 사망자와 부상자의 명단을 다시 요청했다. 회담에 대해 당시 포터 주한 미국 대사는 '매우 사무적(very businesslike)'이었다고 평가했다.[56)] 3차 회담으로 이 접촉이 북한과 미국의 '정부 대 정부'의 회담으로 그 성격이 확정되었다.

2월 7일 제4차 회의가 열렸다. 북한은 회담 대표자의 추가, 의사록(minutes)의 교환, 언론보도를 포함해서 보다 격식을 차린 절차들을 요구했다. 미국은 북한의 회담 자세에 대해 나포 문제의 조기해결 가망이 없고, 한미 관계를 더 복잡하게 하고 있다고 보았다. 미국은 북한의 요구가 정부 대 정부 협상으로의 전환을 명확히 하고, 회담이 지속되는 동안 미국이 효과적인

---

54) #263. Telegram From the Embassy in Korea to the Department of State(Seoul, February 4, 1968, 0355Z), *FRUS 1964-1968*.

55) 『로동신문』, 1968년 2월 5일.

56) #267. Telegram From the Embassy in Korea to the Department of State(Seoul, February 5, 1968, 1045Z), *FRUS 1964-1968*.

수단을 취하지 못하게 함으로써 협상을 오래 끌 수 있으며 한미 간에 존재하는 갈등의 증대 등을 목적으로 하고 있다고 분석하였다.[57]

예비협상이 진행되는 과정 속에서 북한의 강력한 입장은 김일성에 의해 발표되었다. 김일성은 2월 8일 인민군 창건 20주년 기념 연설에서 "미제국주의자들의 ≪보복≫에는 보복으로, 전면전쟁에는 전면전쟁으로 대답할 것"[58]이라며 대결을 선택하였다.

2월 10일 5차 회의에서 스미스 제독은 회의 내용은 쌍방의 합의 없이는 공개하지 않는다는데 합의하고 승무원들과 선박이 송환된 후 공정한 조사를 한 후에 그 결과를 공개하겠다고 제의했다. 그러나 박중국은 북한측 입장은 다음 번 회의에서 제시하겠다고 하면서 회의를 끝냈다.[59] 그리고 박중국은 다음 번 부터 공식회담(formal meeting)을 하자고 하였다. 스미스가 공식회담에는 추가 인원도 참여할 수 있는데 지금 이 중감위 회의실은 좀 작다고 했지만, 박중국은 별 대답이 없었다. 포터는 박중국이 이전 보다 더 정중하고, 협조적이고, 부드러워졌다고 평가했다.[60]

예비회담(1-5차회담)에 대해 북한은 회담 개최의 전제조건을 미국에 제시하였다고 기술하고 있다. 전제조건으로는 4가지를 제시하고 있다.

> 우리측은 승무원 문제의 해결을 위한 토의에 앞서 대표단을 정부들에서 파견한 1명의 대표와 그를 보좌하는 약간명의 성원으로 구성하며, ≪손해배상≫ 청구에 관한 황당무계한 주장을 철회하며, ≪푸에블로≫호 사건에 대한 부당한 유엔 ≪제소≫를 취소하며 조선해역에 끌어들인 일체 해군침략무력을 철수시킬 것을 강력히 요구하였다.[61]

57) #272. Action Memorandum From the Director of the Korean Task Force (Berger) to Secretary of State Rusk(Washington, February 7, 1968), *FRUS 1964-1968.*

58) 『로동신문』, 1968년 2월 9일.

59) 이문항, 앞의 책, 33쪽.

60) #274. Telegram From the Embassy in Korea to the Department of State(Seoul, February 10, 1968, 0756Z), *FRUS 1964-1968.*

61) 사회과학출판사, 『조선민주주의인민공화국 대외관계사 2』, 65쪽.

북한의 외교사에는 "적들은 저들의 해군무력을 슬그머니 끌어갔으며 이른바 ≪손해배상≫청구에 대한 요구도 더는 제기하지 못하였다. 결국 적측은 우리측의 요구조건을 다 접수하였다"며 "본회담은 2월 11일부터 시작되였다"[62]고 기술하고 있다.

북한과 미국은 2월 2일부터 10일까지 5차례의 회담을 개최하였다. 이 회담을 통해 양측은 이 회담을 조선민주주의인민공화국 대 미합중국 정부간의 회담으로 규정하였다. 군정위 양측 수석대표가 각각의 정부를 대표한다고 확인하였다. 회의 대표는 수석대표와 통역, 그리고 참모장교로 구성하는데 합의하였다. 회의 개최는 어느 한쪽이 요구하면 다른 한쪽은 이를 따르는 '군정위 방식'을 적용했다. 그러나 군정위는 그 횟수나 순서는 고려되지 않았으나, 이번 비밀 협상은 북한과 미국이 순서대로 다음 협상을 소집하는 방식이 채택되었다.[63]

북한은 회담의 진행을 위해 미국이 벌이고 있는 군사적 위협행동을 중단할 것을 요구했다. 이제 북미 간의 협상의 쟁점은 선박과 승무원의 송환에 대한 문제였다. 6차 회담부터는 이 쟁점을 양측이 어떻게 인정하고, 어떻게 해결할 것인가가 주된 협상 의제가 되었다.

북한은 자신들이 제시한 회담 요구 조건을 미국이 다 접수하였다고 주장하고 있다. 북한의 요구대로 예비회담에서 회담대표 구성이 협의되었고, 미국의 유엔제소는 철회되었다. 미국은 손해배상 문제를 제기하지 않기로 하였다. 항공모함 엔터프라이즈호를 비롯한 미 해군 무력의 정확한 철수 날짜는 확인되지 않는다. 그러나 당시 국내 언론보도를 보면, 미국과 북한간의 1차 회담이 끝난 1968년 2월 3일자 보도에서 이미 유엔본부에서 나오는

62) 앞의 책, 65쪽.
63) 이러한 회의 개최 방식은 대체로 잘 준수된 것으로 보인다. 다만 8월 미국이 개최를 하고자 했으나 미국측이 순서가 아니어서 북한측에 개최를 요구했다. 그러자 북한은 이번 회의는 자신들의 차례라고 주장하며 회의 개최를 연기하기도 하였다.

'소문'이라며 '미국이 엔터프라이즈호를 동해에서 철수시키는데 동의할 것이라는 소문이 나돌고 있다'는 보도가 나왔다.[64]

〈표 3-3〉 북미 간 회담조건 접촉 시기(1단계)

차수	일자	구분	주요 내용
1차	2.2	미국	- '푸에블로호'(이하 '푸'호)는 북한 영해에 들어가지 않았음(몇 가지 증거 제시) - 승무원들은 어떤 불법행위도 저지르지 않았음 - 승무원과 '푸'호의 즉각 반환 - 사망자/부상자 명단 제출요구 - 이전 헬기사건과는 성질이 다름 - '푸'호는 유엔군사령부가 아니라 미 태평양함대 소속임
		북한	- 영해를 침범한 침입자, 범법자임 - 승무원들의 건강상태는 좋음(유해 1구는 잘 보관 중) - 사망자/부상자 명단 제출요구 거부 - 미국의 태도 변화요구
2차	2.4	북한	- 1차 회담시 미국대표 발언(태평양함대 소속)을 언급하며 이 회담은 북한과 미국정부간에 다루어져야 함 - 회담을 북미 양국 간 회담으로 이해해도 되는가?
3차	2.5	미국	- 스미스제독, 자신이 미국 정부의 전권을 가진 대표라 발언 - 사망자, 부상자 명단 재차 요구
4차	2.7	북한	- 회담 대표자의 추가, 의사록(minutes)의 교환, 언론보도를 포함해서 보다 격식을 차린 절차들을 요구
5차	2.10	미국	- 승무원/선박 송환 후 공정한 조사 요구 - 조사결과 영해침범 인정시 유감 표명할 수 있음
		북한	- 다음회담부터 공식회담을 하자고 발언

4. 협상 2단계 : 구체적 안건 토의

회담의 기본 형식 및 안건이 정해진 이후 북미 간의 협상은 본격화 되었다. 시기적으로 2월 15일 제6차 회담부터 10월 31일 제25차 회담까지의 기

64) 『동아일보』, 1968년 2월 3일.

간이다. 이 시기 회담의 핵심안건은 승무원 송환문제였다. 그리고 이를 해결하기 위해서 북한이 제시한 사과의 방법, 즉 영해 침범 사실 인정, 사과, 재발방지를 미국이 어떻게 수용하는가의 문제였다.

본회담에서 북한의 주장은 미국의 잘못인정과 '항복서' 제출 전에는 승무원들을 돌려보낼 수 없다는 것이었다.[65] 북한의 주장은 회담 내내 일관되었다. 반면 미국은 회담 초기 북한의 주장을 일제히 거부하다 시간이 지나면서 영해침범, 간첩행위 등을 인정하기 시작했다. 그러나 북한에 대한 사과가 승무원의 석방으로 연결되지 않을 것을 우려하여, 사과문에 승무원 인수를 확인하는 문구의 삽입에 집중하게 된다.

구체적 안건 토의 시기는 두 개의 세부시기로 구분할 수 있다. 첫째 시기는 제6차 회담부터 제15차 회담까지 양측이 양보 없이 승무원 송환문제로 팽팽한 평행선을 그어 나간 시기이다. 둘째 시기는 미국측 협상 대표가 교체되고, 북한이 미국에게 사과문 견본을 제시하는 제16차부터 제25차 회담까지이다.

1) 1차 대립시기 (6차~15차)

북한의 입장에서는 미국의 무력시위가 중단되고, 승무원이라는 '인질'[66]을 보유하고 있는 상황으로 협상에서 유리한 위치에 있었다. 북한은 일방적으로 미국의 사과를 요구했다. 미국은 '선 조사, 후 사과'를 요구했다. 조사는 승무원을 송환 후 미국이 자체 조사한다는 내용을 제시했다가 후에 제3자, 즉 제3국이나 국제기구에 의한 조사를 제안하는 쪽으로 한발 후퇴하였다.

65) 사회과학출판사, 『조선민주주의인민공화국 대외관계사 2』, 65~66쪽.

66) 김일성은 이들에 대해 '포로'라는 표현을 썼다. 김일성이 언급한 내용은 "...미국 대통령 존슨은 포로된 80여 명의 선원이라도..."이다. 김일성, "강원도당전원회의 확대회의에서 한 결론(1972.3.23)," 『김일성 저작집』, 제27권(평양: 조선로동당출판사, 1984), 92쪽.

2월 15일 6차 회담이 개최되었다. 총 22분간의 회담은 북한이 푸에블로호 사건에 대한 입장을 제시하는 데 모두 사용되었다. 박중국은 이 사건에 대해 미국입장을 날카롭게 공격했다. 주요 요지는 다음과 같다.[67)]

a. 푸에블로호의 영해 침범은 승무원의 자백, 배의 로그(log) 및 항해 좌표, 그리고 첩보자료 등을 포함한 다른 물리적 증거에 의해 입증되었다.
b. 북한 순찰함에 의해 조사 받았을 때 푸에블로호는 사격을 하면서 도주를 시도했고 북한 배는 자위차원에서 대응사격했다.
c. 영해에 관한 1958년 제네바 협정은 항해에서 규정위반(violations of order)은 고려되어도, 무장된 간첩선의 경우에는 적용할 수 없다.
d. 미국은 국가 영토의 침범불가를 인정하는 조약에 서명했다. 북한의 푸에블로호 나포는 완전히 정당하다.

박중국은 공식적으로 승무원들의 석방조건을 제시하였다. 그가 제시한 조건은 '미국 정부가 무장 간첩선 푸에블로호를 조선민주주의인민공화국 영해에 보낸 사실에 대해 사과하고, 이 배가 스파이활동과 적대적 행위를 범했음을 인정하고, 다시는 이런 범죄행위를 하지 않겠다는 것을 확약할 때 만이 북한은 승무원의 석방을 고려할 수 있다'는 것이었다.[68)] 북한의 태도에 대해 미 국무부는 즉각 다음 회담을 가능한 조기에 정함과 동시에, 푸에블로호의 항해 지시 문서를 서울로 보내기 위해 준비했다. 이 문서에는 북한의 육지 또는 연안 섬으로 부터 13해리 이내로 가지 말 것을 지시한 내용이 있었다.[69)]

67) #276. Action Memorandum From the Director of the Korean Task Forece(Berger) to Secretary of State Rusk(Washington, February 15, 1968), *FRUS 1964-1968*.
68) *Ibid*.
69) *Ibid*. 원문에는 '해리' 대신 'nautical miles'로 되어 있다. 그러나 해리와 nautical miles은 같은 길이로 이해의 편의를 위해 해리로 기술한다.

2월 16일 미국이 소집한 제7차 회담이 개최되었다. 회담에서 박중국은 승무원들의 조기 송환은 미국의 태도가 변해야 하며, 6차 회담에서 북측이 요구한 사과와 확약이 있어야 한다고 주장했다. 또 스파이 목적에 사용된 배는 반환된 전례가 없는 만큼 더 이상 언급하지 말라고 주장했다.70) 이날 회의에서 박중국은 부쳐 함장의 자백서와 그가 자백서에 서명하는 사진과 항해일지를 전시하면서 미국에 사과를 요구했다. 미국은 푸에블로호 승무원들의 확인 없이는 북한이 제시한 증거의 타당성을 받아들일 수 없다고 했다. 승무원들이 돌아와서 조사를 받고 그 결과 푸에블로호가 침입했다는 것이 사실이라면 '유감의 뜻'을 표명할 수 있을 것이라고 종전의 입장을 되풀이 했다. 그러나 박중국은 오르지 '사과'를 먼저 해야지 승무원들을 돌려보낼 수 있다고 못 박았다.71)

2월 20일 제8차 회담이 개최되었다. 회담에서 박중국은 지난 번 회담에서 스미스의 발언, 즉 '미국 해군 선박은 북한의 12해리 이상을 유지하라는 지시를 지속할 것이다'라는 말을 재언급했다. 그 발언을 미국의 사과 용의의 징표로서 주목한다고 했다. 그러면서 승무원들의 석방은 완전히 미국에 달려있다고 주장했다. 그리고 자신의 오늘 발언을 진지하게 연구해보라고 하였다.72)

3월 4일 제10차 회담이 개최되었다. 이 회의가 끝난 후 박중국은 스미스 제독에게 편지를 전달하였다. 승무원들이 수용기간 중 작성한 자백과 사과를 담고 있는 편지들이었다. 이 편지는 미국인들을 경악시켰다.73)

3월 9일 제11차 회담이 개최되었다. 53분간의 회담이었다. 북한은 미국이

---

70) #277. Telegram From the Embassy in Korea to the Department of State(Seoul, February 16, 1968, 1122Z), *FRUS 1964-1968*.

71) 이문항, 앞의 책, 36쪽.

72) #281. Telegram From the Embassy in Korea to the Department of State(Seoul, February 20, 1968, 0825Z), *FRUS 1964-1968*.

73) 미첼 러너 저, 김동욱 역, 앞의 책, 272쪽.

사과를 거부한다면, 승무원들에 대한 별도의 조치를 취하는 수 밖에 없다고 했다.[74)]

3월 21일 제12차 회의가 개최되었다. 회의에서 행정부는 북한의 요구를 충족시키기 위한 첫 번째 조치를 취했다. 스미스 제독은 승무원들의 석방과 동시에 미국은 "푸에블로호가 정보수집 업무에 종사 중이었음을 인정하고, 미국 해군은 북한으로부터 12해리 밖에 위치하도록 계속 명령할 것을 보장하며, 푸에블로호가 북한 영해 12해리 이내로 침범했을지 모르는 행위에 의해 명령을 위반한 데 대하여 유감의 뜻을 보낸다"라는 약속을 하였다. 그러한 제안은 교착상태를 끝내기 위해서는 어떠한 형태의 사과라도 필요하다는 현실을 반영한 것이었다. 미국은 더는 국제 언론이나 중립조사와 관련된 견해에 집착하지 않으려 했다.[75)]

양측은 3월 28일 다시 만났다. 제13차 회의였다. 박중국은 스미스 제독을 신랄하게 꾸짖으며 제안을 거절하였다. 박중국은 북한 해역에 침범을 '하였을지 모르는 행위'가 있었을 것이라는 제안을 거부하였다. 미사여구에 불과하며 불확실하고 애매한 표현이라는 것이다. 그러면서 북한이 요구하는 세 가지 요구사항(영해 침범인정, 사과, 재발방지 확약)의 이행을 재차 강조하였다.[76)]

4월 존슨 대통령은 미국 대표에게 평양의 주권 인정을 암시하는 듯한 '귀측 영토' 내지 '귀측 연안'이라는 용어를 사용하지 말도록 지시하였다.[77)]

---

74) #293. Telegram From the Embassy in Korea to the Department of State(Seoul, March 9, 1968, 0020Z), *FRUS 1964-1968*.

75) 미첼 러너 저, 김동욱 역, 앞의 책, 311~312쪽; #299. Telegram From the Embassy in Korea to the Department of State(Seoul, March 21, 1968, 0825Z), *FRUS 1964-1968*.

76) 미첼 러너 저, 김동욱 역, 위의 책, 312쪽.

77) 위의 책, 319~320쪽. 1968년 4월 17일 호놀룰루에서 존슨대통령은 박정희 대통령과 만나 회담했다. 이 자리에서 박정희는 미국측에 북한과의 회담과 북한의 주권을 인정하는 듯한 모습에 대해 항의했을 것으로 보인다. 4월 존슨의 이 지시는 박정희와의 회담결과에 의해 나온 지시로 생각된다.

미국의 보다 진전된 제안은 4월 말에 나왔다. 미국은 4월 22일에 열린 제 15차 회의를 소집하고 푸에블로호가 정보수집함이었다는 것을 시인하였다. 미국이 기존의 입장에서 다소 물러난 것으로 볼 수 있다.[78] 그러나 북한 영해 '12해리'[79] 안으로의 침범에 대해서는 '그것이 사실이라면'이라는 단서를 두고 '유감의 뜻'을 표명하겠다고 제안했다. 사실여부에 대해서는 기존과 마찬가지로 공평한 제 3자의 조사를 조건으로 제시했다. 그러나 북한은 기존입장을 유지하고 먼저 사과해야지 승무원들을 석방하겠다고 되풀이했다.[80] 미국은 북측에 인수증 초안(draft of receipt)를 제시했다. 박중국은 다음 회담에서 답을 주겠다고 했다.[81]

〈표 3-4〉 협상의 1차 대립시기(6차-15차)

차수	일자	구분	주요 내용
6차	2.15	북한	- 영해침범 사과, 적대행위 인정, 재발금지 확약 요구
7차	2.16	북한	- 함장 자백문건, 승무원 사과편지, 사진 공개 - 간첩행위 이용된 선박 반환사례 없음(반환 거부)
		미국	- 승무원들 확인 없이 북한측 증거 수용할 수 없음
8차	2.20	북한	- 승무원 석방은 미국의 태도에 달려있다고 주장
9차	2.26	미국	- 선 승무원 석방, 후 사과 고려 - 중재와 영해침범여부 조사할 제3자로 국제기구 언급
10차	3.4	북한	- 미국에 승무원들의 편지 전달
11차	3.9	북측	- 미국이 사과를 거부한다면, 승무원들에 대한 별도의 조치를 취하는 수밖에 없다.
12차	3.21	미국	- '푸'호가 정보수집 업무 종사 중이었음을 인정 - 향후 미국 해군은 북한 12해리 밖에 위치 보장 - '푸'호 영해 침범했을지 모르는 행위에 대해 유감표시 * 북한의 요구를 충족시키기 위한 미국의 첫번째 조치

78) 미국의 입장 변화는 푸에블로호 승무원들의 자백서가 영향을 미친 것으로 보인다.
79) 미국이 북한이 주장하는 12해리 영해를 존중한다는 말을 군정위에서 한 것은 이것이 처음이자 마지막이라고 한다. 이문항, 앞의 책, 36쪽.
80) 이문항, 위의 책, 36쪽.
81) #305. Telegram From the Embassy in Korea to the Department of State(Seoul, April 22, 968, 0923Z), *FRUS 1964-1968*.

13차	3.28	북한	- 12차 회의 시 미국의 제안 거부 * 미사여구에 불과, 불확실하고 애매한 표현임 - 3A 지속 요구 - 자신들을 "DPRK"가 아닌 "North Korea"라고 부르는 스미스 제독에 대해 "무례한 행동"이라고 주장
14차	4.11	북한	- 미국 자신이 작성한 사과문을 요구
15차	4.22	미국	- 북측에 인수증 초안 제시 - '푸'호가 정보수집 업무 종사 중이었음을 인정 - 영해 침범이 사실일 경우 유감 표명 가능
		북한	- 기존 주장 지속 - 미국의 제안에 대해서는 다음 회담시 답을 하겠음

2) 2차 대립시기 (16차~25차)

1968년 5월 8일 개최된 제16차 회의는 새로운 변화를 불러왔다. 변화는 두 가지였다. 하나는 미국 수석대표가 교체된 것이다. 이전 대표였던 스미스 제독이 임기를 마치고, 후임으로 미 육군 소장 길버트 우드워드(Gilbert H. Woodward)[82]가 대표로 참석하였다. 박중국은 우드워드의 지위에 대해 물었고, 우드워드는 자신은 스미스의 후임자로써 군정위 유엔사측 수석대표이며, 푸에블로호와 그 승무원의 석방 토의에 관한한 미 정부의 전권을 대표한다고 답했다. 박중국은 그를 미국 정부 대표로 인정했다.[83]

또 하나의 변화는 북한의 태도이다. 박중국은 제15차 회의에서 스미스가 제시했던 인수증 초안(draft of receipt)을 거부했다. 그리고 자신들이 만든 사과문 견본을 미국에 제시했다. 북한이 제시한 사과문은 이전까지 북한이 주장하던 내용, 이른바 3A내용(북한 영해 침범 인정, 사과, 재발 방지)을 서면으로 정

82) 새로운 미국 대표 우드워드 장군은 과거 미 육군사관학교에서 정치학 강의를 했던 경험이 있는 군인이었다. 『동아일보』, 1971년 6월 12일. 우드워드는 1969년 1월 30일까지 9개월간 수석대표를 역임한다.

83) #306. Telegram From the Embassy in Korea to the Department of State(Seoul, May 8, 1968, 0710Z), *FRUS 1964-1968*.

리한 것이었다. 이전의 주장에서 변한 것은 없었다. 이후 10월 31일 제25차 회의까지 양측의 입장은 변함없이 유지된다.[84)]

박중국은 자신들이 제시한 서류를 미국이 작성해서 제출한다면 승무원 석방 문제는 쉽게 해결될 수 있다고 했다. 북한이 제시한 이 사과문의 견본은 실제로 12월 23일 승무원 송환 시 미국이 서명한 문서와 거의 일치한다.[85)] 그러나 미국은 북한의 제안을 거부했다. 회담은 45분만에 끝났다.[86)]

5월 28일 제17차 회담이 개최되었다. 미국은 16차 회담에서 박중국이 제시한 서류를 가지고 오지 않았다. 박중국은 미국이 푸에블로호 승무원들의 운명에 관심이 없고 이 회담에서 문제 해결의 의도가 없다는 것을 명백히 보여준다고 말했다.[87)] 5월 회담이 별 성과 없이 끝난 후 포터 대사는 '북한은 회담을 계속 연장함으로써 이익을 얻고 있고 앞으로도 그렇게 움직일 것이다'라고 평가하였다.[88)]

6월 27일 제18차 회담이 개최되었다. 1시간 25분간의 회담이었다.[89)] 박중국은 이전의 전례가 있는 만큼, 미국이 사과와 재발방지의 확약문서를 제출한다면, 승무원 송환은 걱정할 필요가 없을 것이라고 했다.

7월 10일 제19차 회담이 개최되었다. 45분의 짧은 회담이었다. 우드워드는 승무원들의 건강 및 후생상태를 알려줄 것을 요청했다. 또 가족들과의 편지왕래 문제와 국제적십자사의 방북 문제 등을 제기했다. 박중국은 승무원들에 대한 사항은 2월 2일 이후 변화된 것은 없으며, 이 자리는 서신교환

---

84) 이문항, 앞의 책, 37쪽; #306, *FRUS 1964-1968.*

85) 차이점이 있다면 12월 23일 작성한 문서에는 문단 중간 부분에 나포 일자(on January 23, 1968)를 포함, 세부분이 추가되는 정도이다.

86) 미첼 러너 저, 김동욱 역, 앞의 책, 322~323쪽.

87) #309. Telegram From the Embassy in Korea to the Department of State(Seoul, May 28, 1968, 0600Z), *FRUS 1964-1968.*

88) 미첼 러너 저, 김동욱 역, 앞의 책, 321쪽.

89) #20. Eighteenth Pueblo Meeting (June 27, 1968), *POL 33-6 KOR N-US 6/1/1968,* 1967-69 SNF, Central Foreign Policy Files, RG 59 General Records of The Department of State 1956-1999. 밑줄 부분은 이하 '1967-69 SNF'로 약칭함.

등을 논의하는 자리가 아니라며 논의 자체를 거부했다. 그러면서 쓸모없는데 시간을 보내지 말고 사과문을 제출하면 문제는 해결될 것임을 재차 강조했다.[90]

8월 29일 제20차 회담이 개최되었다. 박중국은 미국이 북한의 요구 대로 적절한 사과와 확약을 해준다면 전례대로 승무원들은 돌려보낼 것이라고 했다. 우드워드 장군은 덧쓰기본(Overwrite Formula)을 제의하였다. 북한이 제시한 서류에 미국이 일부 내용을 추가하는 방식이었다. 우드워드 장군은 "승무원 전원을 동시에 석방할 용의가 있으면, 나는 당신이 만족하는 표현이 적힌 서류에 승무원의 접수를 인정하겠습니다"라고 답변하였다. 흥분한 박중국은 다음 회담 시 대답하기로 약속하고, 휴회를 제안했다.[91]

9월 17일 제21차 회담이 개최되었다. 박중국은 "만약 귀측이 5월 8일 회담 시 우리 측이 제시한 서류에 서명한다면, 푸에블로호 승무원들은 송환될 것이다"라고 말했다. 또 미국이 그 문서에 대한 서명에 동의한다면 북한은 승무원의 석방과 서류의 서명에 대한 세부사항에 대해 논의를 준비하겠다고 밝혔다. 회담은 거의 4시간동안 지속되었다.[92]

회담이 끝날 무렵 박중국은 미국에게 다음 번 회담에서 미국이 5월 8일 문서의 서명 준비를 할 것인지 여부에 대한 답을 요구했다. 우드워드는 이에 대해 8월 29일 제20차 회담에서 미국이 제기한 질문과 최근 언론 소동 등으로 '북한은 미국이 서명할 준비가 되어 있는 것으로 생각한 것 같다'는

---

90) #27. Nineteenth Senior MAC Members Meeting At Panmunjom (July 10, 1968), *POL 33-6 KOR N-US 7/1/1968,* 1967-69 SNF.

91) 미첼 러너 저, 김동욱 역, 위의 책, 325쪽; #8. Twentieth Senior MAC Members Meeting At Panmunjom (August 29, 1968), *POL 33-6 KOR N-US 8/1/1968,* 1967-69 SNF.

92) #313. Telegram From the Embassy in Korea to the Department of State(Seoul, September 17, 1968, 1050Z), *FRUS 1964-1968,* 각주 4. 흥미로운 점은 이 회담에서 우드워드는 박중국에게 북한에 억류되어 있는 승무원 중 한 명인 Angelo Strano의 아버지 방북 문제를 제기했다. 이에 박중국은 이 자리는 비자발급을 위한 자리가 아니라며 딱 잘라 말했다.

인상을 받았다. 그리고 우드워드의 느낌이 맞다면 북한은 꽤나 조기에 다음 회담의 개최를 제기할 것이라고 보았다.[93] 이 부분과 관련, 북한 외교사에는 미국이 1968년 10월 8일 사죄문을 북한 정부에 제출하였다고 강조하고 있다.[94]

9월 30일 제22차 회담이 개최되었다. 북한 박중국은 사과문에 서명과 동시에(simultaneously) 승무원들은 풀려날 것이라고 했다. 그리고 서명될 문서의 영문 및 한글 복사본을 우드워드에게 건넸다.[95] 5월 8일 북측이 제시한 사과문과 유사했지만, 마지막에 중요한 문장이 추가되었다. 그것은 서명과 동시에 승무원들을 인수받았다는 내용이었다.

> Simultaneously with the signing of this document, the undersigned acknowledges receipt of 82 former crew members of the *Pueblo* and one corpse.[96]

그동안 미국이 지속적으로 요구해온 '승무원 인수'의 내용을 북한이 사과문의 내용에 포함하여 제시한 것이다. 그리고 문서 맨 마지막에 "미합중국 정부를 대표하여, 길버트 H. 우드워드 소장"이라고 서명란이 있었다.[97] 실제로 이 사과문은 12월 23일 서명하는 문서와 일치했다. 박중국은 승무원 인계 및 인수에 관한 문제는 다음 회의 때 논의하자고 했다.[98]

10월 10일 제23차 회담이 개최되었다. 회담장은 기대감으로 가득 찼고, 역사적인 회담을 위해 북한 박중국은 사진기자들을 대동하고 나타났고, 우드

---

93) #313. Telegram From the Embassy in Korea to the Department of State(Seoul, September 17, 1968, 1050Z), *FRUS 1964-1968*.

94) 사회과학출판사, 『조선민주주의인민공화국 대외관계사 2』, 66~67쪽.

95) #316. Telegram From the Embassy in Korea to the Department of State(Seoul, September 30, 1968, 0913Z), *FRUS 1964-1968*.

96) *Ibid*.

97) *Ibid*.

98) *Ibid*.

워드 장군도 같은 수의 사진기자들을 급히 불러 모았다. 곧바로 양측은 교환의 세부사항 논의에 들어갔다. 박중국은 우드워드 장군이 판문점에서 북한 사진기자들이 보는 앞에서 서명하기를 원했으며, 승무원들은 서명 후 두 시간 이내에 군사분계선에 있는 사천교(돌아오지 않는 다리)에서 석방될 것임을 덧붙였다. 우드워드는 상부와 논의 후 다음 회담 때 답변을 주겠다고 응답하였다. 그러나 회담이 끝나기 전 미 국무부는 우드워드에게 박중국의 정확한 의도를 보고하도록 지시하였다. 우드워드는 북한이 제시한 사과문 초안에 '이에 본인은 승무원들의 인수를 인정하고 내 이름과 직책을 서명할 것입니다'라고 언급했다. 박중국은 화를 냈고 회담 분위기는 엉망이 되었다.[99)]

미국이 일명 '덧쓰기'를 주장한 것은 북한이 주장하는 사과문을 단지 승무원 '인수증'으로 만들려는 전략이었다. 이것은 과거 미국이 1963년 5월 17일 미 OH-23 헬기의 북한 불시착 사건 이후 1년만인 1964년 5월 16일 2명의 조종사를 송환받을 때 사용했던 방식이다.

10월 23일 제24차 회의가 개최되었다. 회의에서 북한은 '사과문'에 서명하고 승무원들을 돌려받든지 그렇지 않으면 승무원들이 그들의 '죄에 대한 대가'를 치르게 될 것이라고 위협하기에 이르렀다. 우드워드는 북한이 작성한 사과문에 승무원들을 인수한다는 구절을 넣고 서명하면 되겠느냐고 물었다. 이에 박중국은 무엇 때문에 인수한다는 문구를 따로 삽입할 필요가 있는지 알 수 없다고 하면서, 자기들이 만든 사과문에 서명할 용의가 있을 때 회의에 나오라고 소리쳤다.[100)]

10월 31일 제25차 회의가 개최되었다. 박중국은 문제 해결은 9월 30일 북한이 제시한 서류에 미국이 서명하는 것에 달렸다며 간단히 언급했다. 회

---

99) 미첼 러너 저, 김동욱 역, 앞의 책, 327-328쪽; #319. Telegram From the Embassy in Korea to the Department of State(Seoul, October 10, 1968, 0955Z), *FRUS 1964-1968.*

100) 이문항, 앞의 책, 37쪽; #321. Telegram From the Embassy in Korea to the Department of State(Seoul, October 23, 1968, 1100Z), *FRUS 1964-1968.*

담은 20분 만에 종료되었다.[101]

〈표 3-5〉 협상의 2차 대립시기 (16차-25차)

차수	일자	구분	주요 내용
16차	5.8	미국	- 수석대표 교체(스미스 → 우드워드)
		북한	- 15차 회담에서 미측이 제시한 인수증 초안 거부 - 북측이 만든 사과문 견본을 미측에 제시
17차	5.28	북한	- 미국이 16차 회담에서 북측이 준 서류를 가지고 오지 않자 미국이 해결의사가 없다고 비난
18차	6.27	북한	- 승무원 송환을 헬리콥터 사건 전례에 따를 수 있다고 언급
19차	7.10	미국	- 승무원 건강상태 통보 및 서신왕래, 적십자사 방북 요청
		북한	- 사과문 작성이 가장 빠른 해결방안임을 강조
20차	8.29	미국	- 덧쓰기(Overwrite) 방안 제의
21차	9.17	북한	- 5.8일 회담 시 제시한 사과문 서식에 서명하면 문제 해결이 가능하다고 주장
22차	9.30	북한	- 사과문에 서명과 동시에 승무원들은 풀려날 것이라 발언 - 서명될 문서의 영문/한글본을 미국 대표에게 전달
23차	10.10	북한	- 사과문에 서명하면 2시간 이내에 승무원 석방 가능 시사
24차	10.23	북한	- 사과문에 서명해서 승무원을 돌려 받지 않는다면, 승무원들은 죄에 대한 대가를 받게 될 것이라 협박
		미국	- 문서에 승무원들을 인수한다는 구절을 넣고 서명해도 되겠느냐고 발언
25차	10.31	북한	- 22차 회담에서 제시한 서류에 미국이 서명하라고 주장

5. 협상 3단계 : 협상의 타결

1968년 11월 5일 미국 대통령 선거에서 닉슨이 당선되었다. 미국은 새로운 정부가 들어서기 전에 푸에블로호 문제를 해결하고 싶었다. 억류된 승무원들에게 가족과 함께 크리스마스를 보내게 해주고 싶었다.

101) #323. Telegram From the Embassy in Korea to the Department of State(Seoul, October 31, 1968, 0610Z), *FRUS 1964-1968*.

이런 분위기 속에서 미국측은 새로운 타협안을 수립하였다. 11월 말 국무부 한국과장 제임스 레오나드(James Leonard)에 의해 제기된 새 방안은 북한이 제시한 문건에 미국 대표가 서명하기 전 문건의 내용을 부인하는 성명을 발표하는 것이었다.[102] 이 제안은 미 행정부 내부적으로 반대가 있었지만, 11월 말 존슨 대통령은 이 계획을 승인하였다.[103] 이로써 미국은 2개의 타협안을 갖게 된 것이었다. 즉 덧쓰기(overwrite)방안과 서명 전 부인성명 발표(Pre-repudiated Apology) 방안이었다. 두 가지 방안에 대해 자세히 살펴보겠다.

덧쓰기 방안은 미국이 계속해서 주장했던 방식이다. 북한이 작성한 사과문에 미국 정부 대표 우드워드 장군이 서명하는 방식이다. 그러나 미국은 서명은 하되 북한이 제시한 사과문 상에 승무원을 인수하였다는 내용을 우드워드가 자필로 기술하겠다는 것이었다. 미국은 이를 통해 북한이 제시하는 사과문의 효력을 부인하고, 미국의 대표가 직접 기술한 '인수의 내용'과 '서명'만을 인정하고자 하였다. 이는 '사과문'을 '인수증'으로 문서의 효력을 격하시키려는 전략이었다. 북한은 미국의 덧쓰기 방식을 거부하였다.

'서명 전 부인성명 발표' 방안은 미국이 새롭게 수립한 것이었다. 인수문구가 삽입된 북한이 만든 사과 문건에 서명은 하되, 서명 전에 문건의 내용을 부인하는 성명을 발표한다는 것이었다. 성명의 내용은 세 가지로 미국 정부는 푸에블로호가 불법 활동에 종사(engage)하였음을 인정하지 않고, 박중국이 제시한 푸에블로호의 영해침범 증거를 받아들일 수 없으며, 미국 정부는 그러한 행위가 실제로 발생되지 않았다면 북한에 사과할 수 없다는 것이었다. 그리고 우드워드 장군이 이 문서에 서명하는 유일한 이유는 승무원들에게 자유를 주기 위한 인도주의적 이유 때문이라는 것이었다.[104]

102) 미첼 러너 저, 김동욱 역, 앞의 책, 330~331쪽.
103) 위의 책, 331쪽; 이문항, 앞의 책, 37~38쪽.
104) #325. Telegram From the Department of State to the Embassy in Korea(Washington, December 11, 1968, 2008Z), *FRUS 1964-1968*.

미국은 새로 수립된 타협안을 갖고 다음 회담에서 북한을 강하게 밀어붙이기(press)로 하였다.

12월 17일 양측 대표가 다시 만났다. 제26차 회담이었다. 10월 31일 제25차 회담이 끝난 후 처음 열리는 회담이었다. 북한과 미국은 11월에는 한 번도 회담을 개최하지 않았다. 북한의 박중국은 승무원을 석방시키려면 북한이 제시하는 서류에 서명하는 것 외에는 대안이 없다고 했다. 이에 대해 미국은 준비한 두 가지 제안(proposal A and B)을 제시했다. 그리고 이 제안이 12월 23일 철회될 것이라는 점과 협상이 결렬되면 내년 1월 20일 이후에는 새로운 공화당 행정부와 협상을 해야 할 것이라는 점을 강조했다.[105)]

박중국은 50분간의 휴회 뒤 돌아와 두 번째 제안(proposal B)의 수용의사를 나타냈다. 즉, 북한이 제시한 문서에 서명은 하되 서명 전 문서의 내용을 부인하는 성명을 발표한 후 서명하는 방식을 수용한 것이다. 또 어디에 서명할 것인지 서명 위치를 물었고, 우드워드는 한국 관습대로 성명과 직책 오른편에 서명하는 것에 동의했다.[106)] 미국 대표는 다음 회담을 하루 뒤인 12월 18일 개최하자고 강하게 주장하였다. 그러나 박중국은 준비가 되면 알려주겠다고 하였다. 미국은 박중국이 사안의 긴급성에 대해 이해하고 있는 것처럼 보였다고 평가했다.[107)]

---

105) *Ibid.*

106) 북한의 박중국이 미국 대표에게 서명의 위치를 물은 것은 북한의 전략 때문으로 보여진다. 그것은 서명 위치를 확인한 뒤 미국이 요구하는 승무원 인수문구를 삭제하기 위한 것이었다. 북한은 12월 23일 미국 대표의 서명을 받은 문서를 『로동신문』에 공개하면서 '승무원 인수' 내용이 담긴 본문의 마지막 2줄을 기술적으로 삭제하였다. 북한은 현재까지도 2줄이 삭제된 내용만을 보도하고 있다. 북한의 입장에서 인수문구의 삽입은 이것을 '사과문'이 아닌 '수령증'의 성격을 갖게 한 것으로 보이게 했기 때문일 것이다. 그러나 2000년 제작된 북한의 기록영화에는 부분적으로 당시 2줄이 포함된 사과문이 잠깐 동안 나오고 있다. 북한의 '편집실수'인 것이다. 자세한 내용은 이 논문의 『부록』을 참조할 것.

107) #326. Telegram From the Embassy in Korea to the Department of State(Seoul, December 17, 1968, 0816Z), *FRUS 1964-1968*, 미첼 러너 저, 김동욱 역, 앞의 책, 334쪽

12월 19일 제27차 회담이 개최되었다. 세부사항들을 마무리 짓기 위해 회담은 약 5시간 가량 진행되었다.108) 제26차 회의에서는 이후 절차문제에 대한 토의도 진행되었다. 승무원들의 건강상태에 대한 질문이 있었고 좋다는 답변이 있었다. 석방절차는 부쳐 함장이 선두에 서고, 두웨인 호지스(Hodges)의 시신이 그 뒤를 잇고, 그 다음에는 낮은 계급부터 나머지 승무원들이 차례로 다리를 넘어오기로 합의하였다. 양측은 25명 이내에서 사진기자들의 취재도 합의하였다. 서명할 문서는 영문과 한글로 작성하여 북측에서 제공하기로 했다. 이 같은 사안은 논쟁 없이 해결되었다.109)

박중국은 우드워드 장군이 서명 후 북측의 성명발표 권리를 요구하였고, 북한측의 행정적 이유 등으로 서명과 승무원 석방간에는 2시간의 간격이 필요하다고 주장하였다. 양측은 협상이 완료되기 전에 세부적인 내용에 대하여 비밀로 하자고 약속했다.110)

12월 22일 우드워드 장군과 박중국은 군정위 회담장에서 만나 마지막 교섭을 진행하였다. 28번째 회담이었다. 이 회담에서 양측은 최종 합의에 도달했다. 서명은 23일 9시에 하고, 23일 11시 승무원을 풀어주기로 하였다. 미국 대표가 발언 후 문서에 서명하면 북측 박중국은 문서를 확인하고 그의 발언을 한 후 승무원 반환 확약서(assurance of crew return)를 미국 대표에게 주기로 했다.111)

1968년 12월 23일 9시 판문점에서 북한과 미국의 대표들은 마지막으로 만났다. 북측이 준비한 문건에 '미국 정부 대표' 우드워드 장군은 서명하였다.

---

108) #329. Telegram From the Embassy in Korea to the Department of State(Seoul, December 19, 1968, 1100Z), *FRUS 1964-1968*.

109) *Ibid*.

110) *Ibid*.; 미첼 러너 저, 김동욱 역, 앞의 책, 337쪽. 그러나 미국은 이를 먼저 언론에 알렸다. 『뉴욕타임스』 12월 20일자는 이를 7면에 보도했다.

111) #330. Telegram From the Embassy in Korea to the Department of State(Seoul, December 22, 1968, 0625Z), *FRUS 1964-1968*.

그리고 당초 계획보다 30분이 지연된 11시 30분 판문점 '돌아오지 않는 다리'를 통해 부처 함장을 비롯해 승무원 전원이 송환되었다.[112] 승무원들의 송환은 11개월간 지속되었던 북한과 미국의 협상 종결을 의미하였다. 더 이상 미국은 북한과 이 문제로 협상을 하지 않았다.

〈표 3-6〉 협상의 타결과 종결(3단계)

차수	일자	구분	주요 내용
26차	12.17	미국	- 최종안 제시, 기한이 12월 23일까지임을 강조
		북한	- 미국의 새 제안(proposal B) 수용시사
27차	12.19	북/미	- 송환 절차에 대한 세부사항을 약 5시간 토의
28차	12.22	북/미	- 마지막 교섭, 최종합의 도달
29차	12.23	북/미	- 사과문 서명, 승무원 송환

112) 북한은 이에 대해 "1968년 12월 23일 11시 30분에 판문점을 통하여 공화국 북반부 경외로 추방되었다"라고 기술하였다. 『로동신문』, 1968년 12월 24일.

제3절
푸에블로호 사건 협상의 특징

1. 푸에블로호 협상 분석

푸에블로호 사건 해결을 위한 북한과 미국의 협상은 양국 정부간 첫 단독 접촉이었다. 푸에블로호 협상은 양국이 경험했던 휴전회담, 군정위 회담, 제네바 회담과 비교할 때 회담의 성사과정, 회담구조, 의제, 회담 주도, 그리고 회담 결과에서 확연한 차이점을 지니고 있다.

푸에블로호 회담은 북한과 미국의 첫 양자회담이며 북한의 '승리'로 끝난 회담으로 이후 북한의 대미 협상에서 중요한 경험으로 작용하고 있다. 이 점에서 푸에블로호 협상은 북미 양자 협상의 '원형原形'이라고 평가할 수 있다.

제3절에서는 1968년 푸에블로호 협상의 특징을 인질 활용, 통미봉남, 인정 투쟁이라는 세 가지 측면에서 분석하였다. 이어서 북한이 이전에 경험했던 주요 협상과 비교를 통해 푸에블로호 협상의 의미를 평가하고자 한다.

1) 인질 활용

(1) 승무원 관리

푸에블로호 승무원들은 1월 23일 나포 직후 원산에서 기차를 이용해 평양으로 이송되었다. 이들은 12월 23일 송환되기 전까지 두 곳의 시설에서 각각 6주와 42주간 수용되었다. 푸에블로호 승무원들은 이 시설을 각각 '헛간(barn)'과 '농장(farm)'으로 불렀다. 두 곳의 수용소는 시설과 대우 면에서 확연한 차이를 보였다. 첫 수용소는 시설과 대우가 좋지 않았다. 시기적으로 나포 직후였고 미국의 즉각적인 군사 대응이 있던 시점이었다. 첫 수용소는 원래 군대교육장으로 사용하던 4층짜리 건물을 급히 개조해 만든 것이었다.[113)]

승무원에 대한 대우는 2월 말이 되면서 개선되었다. 매일 30분가량 건물 안에서 카드게임과 탁구를 할 수 있었다. 몇 주 후에는 배구, 축구, 농구를 할 수 있었다.[114)] 북한과 미국이 본격적인 협상을 개시하면서 승무원에 대한 대우도 변화하기 시작한 것이다. 승무원에 대한 대우는 두 번째 수용소로 이동하면서 더욱 개선되었다.

3월 4일 야간, 승무원들은 평양 교외의 더 고립된 지역으로 버스를 타고 이동했다.[115)] 평양에서 약 6마일 정도 거리의 교외에 있었다. 이곳은 첫 번째 숙소보다 시설이 좋았다. 얼마 전 평양에서 열렸던 '공산권 군인대회'[116)]의 참가자들을 위한 숙소로 건립된 곳이었다. 복도가 대리석으로 장식된 3층짜리 건물이었다. 난방장치도 잘 되어 있는 편이었다. 밤에 불을 끌 수 있었고, 창문을 열 수도 있었다. 구타도 훨씬 줄었다.[117)] 매일 아침과 오후

113) 미첼 러너 저, 김동욱 역, 앞의 책, 275~276쪽.

114) 위의 책, 290쪽.

115) 푸에블로호 퇴역군인 협회 홈페이지(http://www.usspueblo.org/Prisoners /the_Barn.html. 2012년 8월 31일 검색).

116) 평양에서 열렸던 공산권 군인대회라는 것은 북한이 개최했던 '사회주의국가군대 군사3종경기선수권대회'를 의미하는 것으로 보인다. 이 대회는 1964년 이후 매년 평양에서 6~7개 공산국 국가 군인들을 초청해 3개 종목(사격, 수류탄투척, 장애물개척)을 겨루었다. 1967년에는 10월에 이 대회가 개최되었다.『로동신문』, 1967년 10월 25일자 참조. 북한은 체육대회에 참가한 외국 선수들이 묵었던 숙소에 승무원들을 수용한 것이다.

117) 돈 크로포드, 앞의 책, 67~68쪽; 미첼 러너 저, 김동욱 역, 위의 책, 291쪽.

에 한 번씩 운동시간이 부여되었고 저녁엔 오락을 위하여 트럼프와 서양식 장기가 제공되었다. 토요일은 대청소, 일요일은 휴식을 취했다.[118] 이와 함께 공산주의 사상 강좌가 주당 2회씩 총 8시간 실시되었고 공산주의 선전 책자를 읽게 하였다.[119] 거의 매주 금요일에는 영화상영이 있었는데 소재는 주로 미 제국주의를 상대로 한 투쟁에서 북한 농부들의 승리를 기념하는 것이었다고 한다.[120]

(2) 인질로서 승무원 활용

약자가 강자와의 대결에서 취할 수 있는 좋은 방법 중 하나는 상대의 약점을 파고드는 것이다. 약자에게 인질은 협상에서 대단히 효과적인 수단이 된다.

푸에블로호 사건 당시 미국이 북한과의 협상에 나갔던 이유는 인질, 즉 승무원을 데려오기 위해서였다. 아마 인질이 없었다면 미국은 협상에 응하지 않았을 것이다. 협상 대신 군사력을 사용하는 방법을 택했을지도 모른다. 실제로 미국 내부에서는 원산에 대한 폭격 등 군사적 대응을 고려했지만, 그것은 얻는 것 보다 잃는 것이 많았다. 베트남 전쟁이 진행되는 가운데 한반도에서 새 전쟁을 수행해야 하는 부담도 있었지만, 결국 83명의 미국 시민들을 잃을 수 있다는 위험도 있었기 때문이다.

이 점에서 푸에블로호 사건은 1969년 4월 북한의 미 해군 정찰기 EC-121기 피격사건과 대비된다. EC-121기 피격 사건 당시 미국은 북한에 항의만

---

118) 돈 크로포드, 위의 책, 93쪽.

119) 6시에 기상하였고, 아침식사 후에는『Pyongyang Times』같은 영자신문이나『Korea Today』같은 화보 잡지가 제공되었다. 푸에블로호 퇴역군인 협회 홈페이지(http://www.usspueblo.org/Prisoners/the_Farm.htm. 2012년 8월 31일 검색).

120) 미첼 러너 저, 김동욱 역, 위의 책, 292쪽. 6월에는 1966년 런던월드컵 당시 북한 대표팀의 경기를 보여주기도 하였다. 당시 북한은 아시아 국가로는 처음으로 8강까지 진출했었다.

하였지 협상은 하지 않았다. 그 이유는 두 가지였다. 한 가지 이유는 정찰기가 유엔사 소속이 아니고 미군 소속이었기 때문에 또 다시 북한과 단독 협상을 진행해야 한다는 부담감 때문이었다. 또 다른 이유이자 더 확실한 이유는 승무원 31명이 모두 사망했기 때문이다. 협상을 통해 미국이 얻을 것이 없었던 것이다.[121]

북한은 억류한 승무원들을 효과적인 수단으로 활용하였다. 북한이 활용한 방법은 크게 세 가지였다. 첫째는 대미 협상을 성사시킨 수단이었고, 둘째는 협상진행 과정에서 협상력 제고 수단이었으며, 셋째는 내부적으로 반미 선전용이었다.

첫 번째 수단은 미국과의 협상을 성사시킨 수단이라는 점이다. 이점은 억류한 승무원들을 가장 효과적으로 활용한 측면이다. 양자 협상은 둘이 하는 것이다. 상대가 협상에 응하지 않으면 협상은 성사조차 되지 않는다. 결국 협상의 시작은 상대를 협상 테이블로 불러내는 것이다.

협상의 성사는 미국이 군사적 대응과 외교적 대응을 모두 동원할 때 군사적 대응을 철회하게 만든 중요한 전환점이었다. 미국이 동해안에 항공모함을 비롯한 막강한 군사력을 배치한 상태에서 군사적 대응을 중단하게 된 이유 중 하나가 '인질' 때문인 것이다. 북한은 승무원이라는 인질을 통해 미국의 군사적 제재를 무마시킬 수 있었고, 협상 진행과정에서는 주도권을 행사할 수 있었다.

---

121) EC-121사건을 다룬 제290차 군정위에서 유엔사측이 EC-121기를 격추시킨 북한에 문제를 제기하자 북한대표는 그 항공기의 소속이 어디냐고 물었고, 유엔사측이 답변이 없자 왜 소속을 말하지 못하느냐며 다그쳤다. 북한측 수석대표 리춘선은 '그 비행기 소속을 말하시오, 그러면 내가 할 말이 있습니다'라고 했다. 이에 유엔사측 인원들은 회담장을 퇴장한 것으로 되어 있다. 이 회의가 있은 뒤 다음 회의인 제291차 회의는 4개월 뒤에나 열리게 된다. 이문항은 당시 상황에 대해 EC-121기의 소속이 미 태평양사령부라고 했다면, 북측 대표는 군정위가 다룰 것이 아니라 북한과 미국 사이에 다루어야 할 문제이니 그 문제를 군정위에서 다루지 말자고 했을 것이라고 했다. 그리고 유엔사측 인원의 퇴장도 닉슨 행정부의 지시에 따른 것이라고 밝히고 있다. 이문항, 앞의 책, 49~51쪽.

미국은 북한의 존재를 인정하지 않았다. 미국 내부에서는 북한을 '4등급' 정도의 국가로 간주하고 있었다. 한국전쟁의 침략자이자 불법국가로 간주해온 북한과 협상장에서 만나는 것을 미국은 상상조차 하지 않았을 것이다. 그러나 약자의 힘은 강자의 약점을 자극함으로써 강해질 수 있다. 푸에블로호 나포와 이어진 북미 협상은 승무원이라는 인질로 성사된 것이었다.

북한이 승무원들을 활용한 두 번째 수단은 협상력 제고 수단이었다. 북한은 협상 진행과정에서 세 가지 방법을 통해 승무원을 협상력 제고 수단으로 활용하였다. 첫째, 자백서, 청원서, 기자회견 등을 『로동신문』 등 언론기관에 보도하는 방법, 둘째, 이들의 자백서 등을 직접 미국 협상 대표에게 전달하는 방법, 셋째, 승무원들의 편지를 미국 본토의 가족과 언론사 등에 보내는 방법이었다.

『로동신문』에는 승무원들의 자백서와 북한 정부에 대한 청원서, 그리고 이들의 기자회견이 총 13회 보도되었다. 북한은 나포 직후부터 수시로 승무원들이 작성한 영해 침범과 간첩행위를 인정한다는 내용을 담은 자백서와 북한 정부에게 관대한 처분을 바라는 청원서를 언론에 보도하였다. 함장을 비롯해 승무원들의 자백은 비록 강제성이 있었을 지라도 북한 주장의 정당성을 부여해 주었다.

북한이 승무원들을 협상에 활용한 것은 김정일의 지시에 따른 것이었다. 김정일은 "신문, 통신, 방송을 비롯한 출판보도부문과 대외사업부문에서는 정탐행위를 감행하다 나포된 ≪푸에블로≫호 선원들의 자백내용과 우리나라의 자주권을 침해한 사실을 보여주는 증거자료들을 가지고 선전공세를 대대적으로 벌려야 합니다"[122]라고 강조하면서, 이를 적극 활용하라고 하였다.

122) 김정일, "미제의 전쟁도발책동에 대처하여 전투동원준비를 철저히 갖추자 - 조선로동당 중앙위원회 선전선동부, 군사부 일군들과 한 담화(1968년 2월 2일)," 『김정일 선집』, 제1권 (평양: 조선로동당출판사, 1992), 332~333쪽.

억류 기간 중 승무원들은 미국에 있는 가족이나 주요 언론사, 정치인 등에게 편지를 쓸 수 있었다. 그러나 승무원들의 증언에 따르면 '북한 통역장교들은 미국으로 가는 모든 편지에 푸에블로호가 영해를 침공하였다고 쓰고 미국정부는 여기에 대해서 사과할 것을 요구하는 글을 반드시 써 넣으라고 하였다'고 한다.[123] 승무원들의 서신은 회담에 임하는 미국을 더욱 조급하게 만들었을 것이다.

공화국 창건 20주년을 기념하여 1968년 9월 12일 실시된 국제 기자회견은 북한이 이 사건을 전 세계에 홍보하는 기회가 되었다. 회견에는 북한을 방문한 미국 뉴욕『가디언』지 기자를 포함 34개국 80명의 기자들과 관계부문일꾼들이 참가하였다. 푸에블로호 승무원 중에는 함장을 비롯해 장교 전원과 해양연구원 1명, 그리고 13명의 사병 등 20명의 대표들이 참가하였고, 회견은 5시간 넘게 진행되었다. 기자회견이 끝난 후 각국의 기자들은 승무원들이 생활하는 숙소를 방문하였다. 앞서 살펴본 두 번째 숙소는 시설이 좋았다.『로동신문』은 시설을 둘러 본 기자들이 북한의 인도주의적 조치 등 훌륭한 대우에 대하여 감탄하였다고 보도하였다.[124]

세 번째로 북한은 내부적으로 승무원들을 반미 선전용으로 활용하였다. 그 대표적 사례로 1968년 10월 승무원들은 평양대극장에서 북한 군인들과 함께 '찬란한 조국'(How Glorious the Fatherland)이라는 오페라와 써커스, 인민군 밴드와 합창단의 콘서트를 관람했다. 또 야간 기차를 타고 황해도 신천 박물관에도 갔다.[125] 북한은 승무원들에게 공산주의 사상교육을 시키고 북한의 선전물을 읽게 하기도 했다. 이런 모습들은 내부적으로 북한의 체제 선전 요소로 활용되었다.

---

123) 돈 크로포드, 앞의 책, 69쪽.

124)『로동신문』, 1968년 9월 13일.

125) 푸에블로호 퇴역군인 협회 홈페이지(http://www.usspueblo.org/Prisoners /the_Farm.html. 2012년 8월 31일 검색).

푸에블로호 승무원이었던 머피(Murrpy)는 북한의 승무원에 대한 정치적 활용에 대해 확고한 입장을 보이고 있다. 그는 북한이 자신들을 미국에 송환하는 것에 대해 "정치선전공세가 끝난 거였죠. 우리는 이용가치가 끝난 거였죠. 사실, 우리가 짐이 되기 시작한 거죠"[126]라고 증언하고 있다.

북한이 억류했던 승무원들은 인질로써 미국을 협상장으로 불러냈을 뿐만 아니라 전 세계적으로 북한의 정당성을 홍보하는 수단이기도 했다. 북한은 부쳐 함장을 비롯해 승무원들을 적절히 활용하며 국제적 지지를 받았고 미국을 곤경에 빠뜨렸다. 내부적으로도 반미 선전에 승무원들을 활용하였다.

반면, 미국의 협상카드는 사건 초기 가지고 있었던 군사력을 조기에 철수한 이후 별다른 수단이 없었다. 소련을 통한 외교적 압력이 힘을 발휘하지 못하면서 무력시위만이 유일한 협상 카드였을 것이다. 그러나 미국은 너무 일찍 이 카드를 접었다. 결국 북한이 가지고 있는 '인질'로써 승무원 카드를 상대할 만한 수단이 없었던 것이다. 이것은 협상의 주도권을 북한이 갖게 한 결정적 요인이 되었다.

막대한 경제, 군사, 정치력과 국제사회의 지지와 입장의 정당성에도 불구하고 미국은 이 상황에 대하여 별다른 통제권을 행사할 수 없었다. 11개월간 김일성은 줄을 조정하였고, 존슨 대통령은 그 줄을 따라 춤추는 인형의 신세가 되어 버렸다는 미첼 러너의 표현은 당시 상황에 대한 적절한 표현이라 하겠다.[127]

2) 통미봉남 구조

푸에블로호 협상의 특징 중 중요한 하나는 '통미봉남'通美封南이다. 즉, 건국 이후 처음으로 남한을 제외하고 북한과 미국이 단독으로 만났다는 점이다.

---

126) 미첼 러너 저, 김동욱 역, 앞의 책, 336~337쪽.
127) 위의 책, 206쪽.

이전까지 북한과 미국의 관계는 접촉이 없었던 것도 있지만, 모든 북한 문제는 남한이 관계되었다. 즉, 서울을 통해서만 이루어졌다. 그러나 푸에블로호 협상은 한미동맹의 공고함을 깨뜨리고 한국과 미국의 갈등을 불러오는 충격적인 사건이 된 것이었다.

북한과 미국은 상호 물밑 접촉을 통해 판문점에서 첫 비밀협상을 개시하였다. 이 사실을 알게 된 박정희 대통령은 남한 정부를 통하지 않는 북미간 직접 접촉을 비난하였다. 남한에서는 북미회담 반대 시위가 전국적으로 개최되었었다. 일부 시위대는 미국 대사관 앞에서 미국을 성토했고, 판문점까지 행진을 시도하기도 했다. 당시 남한 시위대가 시위용으로 내건 플래카드 내용은 '미국의 북괴 인정을 규탄한다', '미국과 북괴의 판문점 회담 흑막을 공개하라'는 것이었다.[128)]

푸에블로호 나포사건이 있기 이틀 전 북한은 청와대를 습격하려고 하였다. 그러나 이에 대해 당시 미국 정부가 보여준 태도와 이틀 뒤 푸에블로호가 나포되었을 때 보여준 태도는 확연히 달랐다.

척 다운스는 당시 한국정부가 미국이 당면한 문제를 해결하기 위해 광의의 한미동맹 관계를 저해하는 등 북한의 손아귀에서 놀아날 수도 있다는 사실을 두려워하였다고 평가하고 있다.[129)]

북한은 1차에서 5차까지의 회담을 통해 북미회담의 전제조건을 제시하였다. 그 내용은 미국의 손해배상 청구주장 철회, 유엔 제소 취소, 동해안에 전개된 군사력 철수 등이었다.[130)] 북한은 이 전제조건에 대해 "미 제국주의자들이 정부의 명의로 우리 공화국에 사죄하게 하며 유엔의 간판을 도용하여 자기의 죄상을 가리울 수 없게 할 뿐 아니라 **남조선괴뢰들이 이 담판에 끼여들지 못하게 하기 위한 현명한 조치였다**"(강조-인용자)[131)]라고 평가하

128) 『동아일보』, 1968년 2월 7일~8일.
129) 척 다운스 저, 송승종 역, 『북한의 협상전략』(서울: 한울, 1999), 203쪽.
130) 사회과학출판사, 『조선민주주의인민공화국 대외관계사 2』, 65쪽.

고 있다.

북한의 주장처럼 남한은 북미 회담에 참여하지 못했다. 미국 정부는 주한 미국 대사와 유엔군 사령관을 청와대로 보내 협상 개최 사실을 통보하였다. 그러나 회담 진행 사항에 대해 미국 정부는 남한정부에 알려주지 않았다. 당시 기자로서 이 사건을 취재했던 박성범 전 의원은 '당시 우리 국방부, 중앙정보부는 독자적인 정보를 가지고 있는 것 같지 않았다. 기자들도 취재대신 외신기사를 보고 기사를 썼다'고 밝힐 정도로 북한과 미국의 회담 내용은 비밀이 유지되었다.[132] 남한은 북미 간 협상에서 완전히 소외되었던 것이다. 미국과 협상하면서 남한을 완전히 소외시켜 버린 당시 상황은 북한 입장에서 대단한 성공이라 생각했을 것이다. 한미동맹을 분리시키는 것은 북한에게는 최대의 목표 중 하나였을 것이다.

당시 미국은 남한의 불만을 잠재우기 위한 방안으로 2월 11일 밴스(Cyrus R. Vance)를 존슨 대통령 특사로 한국에 보냈다. 밴스는 방한 기간 중 두 차례나 박정희 대통령을 접견했다. 밴스의 방한결과를 한국과 미국은 공동성명을 통해 발표했는데, 그 내용에는 미국이 남한에 1억불의 추가 군사 원조를 제공한다는 내용과 한미 간 정례적인 국방장관 회담을 개최한다는 내용이 포함되었다.[133]

미국의 입장에서는 북한과 협상을 하면서도 남한정부를 신경 써야 하는 어려운 상황에 직면했던 것이다. 남북의 사이에 낀 미국의 난처한 상황은

---

131) 위의 책, 65쪽.

132) MBC 프로덕션 편, 『이제는 말할 수 있다: 푸에블로 나포사건(51분)』(서울: MBC 프로덕션, 2006). 한편 판문점 북미회담 당시 통역을 맡았던 이문항도 판문점에 근무하던 한국군 소령이 회담 내용을 묻자 왜 그러냐고 하니, '박대통령이 알아오라고 했다'고 했으며, 중앙정보부 요원들이 회담 통역들을 따라 다닐 정도였다고 증언하고 있다. 북미회담 내용이 남한정부에게는 철저히 비밀로 유지되었음을 잘 보여주는 사례라 하겠다.

133) 조성훈, 『한미군사관계의 형성과 발전』(서울: 국방부 군사편찬연구소, 2008), 216쪽; 『경향신문』, 1968년 2월 15일.

자연스럽게 북한을 협상의 우위에 서게 하였다. 그리고 푸에블로호 협상 당시의 통미봉남의 상황은 이후 전개되는 북한과 미국의 협상에서 줄곧 등장하고 있다.

3) 인정 투쟁

북한은 1948년 12월 유엔이 한반도의 유일한 합법정부로 대한민국을 인정하면서부터 국제사회에서 '불법국가'로 취급받았다. 여기에 한국전쟁을 계기로 '침략자'의 낙인까지 추가되었다. 그 결과 미국이 주도하는 국제사회에서 국가로서 인정받지 못하는 상태였다. 1968년까지 올림픽 참가도 하지 못했고, 국제적으로 국호도 '북한'(North Korea)으로 불려야 했다.

북한이 미국과 만날 수 있는 유일한 창구는 판문점에서 열리는 군정위뿐이었다. 그러나 이 회의는 정전협정에서 규정한 군사적 문제에 한정된 것이었다. 북한은 정치적 문제도 제기했지만 유엔사 수석대표인 미국 장군은 이 회의에서 다룰 사안이 아님을 주장하며 북한의 의견을 철저히 무시했다. 한국전쟁이 휴전되고 15년이 이렇게 지나갔다. '자랑스러운' 공화국 창건 20주년을 맞는 1968년, 북한은 푸에블로호 사건을 통해 미국으로 인해 제약받았던 주권국가로서의 입지立地를 새롭게 자리매김할 수 있는 기회와 마주하고 있었다.

푸에블로호 사건을 다루는 양국 간 첫 번째 비밀협상이 개최되었을 때 북한의 박중국은 '푸에블로호가 유엔사 소속이 아니고 미국 태평양 사령부 소속'이라는 미국 대표 스미스 제독의 발언을 놓치지 않았다. 2차 회담에서 박중국은 스미스의 1차 회담에서의 발언을 근거로 회담의 성격을 조선인민군과 유엔사간 회담이 아닌 조선민주주의인민공화국(DPRK)과 미국(USA)정부간의 협상으로 성격을 부여하고자 했다. 이전까지 군정위 본회의에서 조중측과 유엔사측의 수석대표로 만났던 두 사람이 양 국가의 대표로 만나게 되는

것이었다. 미국의 의도야 어찌되었든 북한의 희망이 실현된 것이었다.[134]

북한 박중국은 16차 회담이 열린 5월 8일 이 회담의 성격이 정부 대 정부의 협상임을 다시 확인했다. 이 날은 미국의 대표가 스미스 제독에서 우드워드 장군으로 바뀐 후 첫 회담이었다. 박중국은 우드워드의 지위에 대해 물었고, 우드워드는 자신은 스미스의 후임자로써 푸에블로호와 그 승무원의 석방 토의에 관한한 미 정부의 전권을 대표한다고 답했다. 박중국도 우드워드 장군을 미국 정부 대표로 인정했다.[135]

북한이 미국에게서 받은 이른바 '사죄문'은 북한이 미국에게 인정받고 싶은 '속마음'을 잘 보여주고 있다. 미국이 서명한 문건은 북한이 작성한 것이었다. 이 문건은 서두에 '조선민주주의인민공화국 정부 앞(To The Government of The Democratic People's Republic of Korea)로 표기되어 있다. 그리고 첫 문장의 시작을 '미합중국 정부(The Government of the United States of America)'로 되어있다. 수신과 발신의 주체가 명확한 것이다.

이 한 장의 문건에 북한은 '조선민주주의인민공화국'이라는 호칭을 11번이나 사용하였다. 그리고 '미합중국 정부'를 3번 사용한 것을 비롯해 '미국 함선', '미 육군' 등 미국을 표기한 것만 8번이다.

북한의 인정 투쟁은 영해에 대한 문제에서도 잘 나타나 있다. 3월 28일 13차 회의에서 스미스 제독은 '미 해군 선박은 조선민주주의인민공화국으로 부터 12해리 이상을 지속 유지할 것이다'라고 하였고, 박중국은 이 발언을 '향후 조선민주주의인민공화국 영해에서 미 해군 선박에 의한 추가 위법

134) 푸에블로호가 유엔사 소속이 아니라 미군 소속이라고 얘기한 스미스 제독의 발언은 실수였을까? 아니면 의도된 발언이었을까? 의도된 발언이라면, 미국은 북한을 약소국으로 생각하고, 자신들의 요구를 북한이 어쩔 수 없이 들어줄 것으로 생각하고 있었기 때문이었는지 모른다. 그것이 맞다면 이것은 당시 잘못된 미국의 대북관을 단적으로 보여준다고 할 수 있다.

135) #306. Telegram From the Embassy in Korea to the Department of State(Seoul, May 8, 1968, 0710Z), *FRUS 1964-1968*.

행위를 발생하지 않겠다는 확약으로 이해한다'고 하였다.[136)]

이것은 미국이 북한의 주권이 미치는 바다인 영해를 인정하고 그 범위도 12해리로 인정한 것이다. 이것은 해석하기에 따라서 대한민국의 영토를 한반도와 그 부속도서로 명시한 대한민국 헌법 제3조의 내용을 부인하는 논리도 담고 있는 것이다. 북한은 영해를 인정받음으로써 국가적 실체 인정뿐만 아니라 남한의 헌법을 부인하는 효과도 함께 누릴 수 있게 된 것이었다.

북한을 주권국가로 인정하는 듯한 협상 태도에 대해 존슨 대통령은 4월 미국 대표에게 평양의 주권 인정을 암시하는 듯한 '귀측 영토' 내지 '귀측 연안'이라는 용어를 사용하지 말도록 지시하였다. 미국이 북한이 주장하는 12해리 공해를 존중한다는 말을 군정위에서 한 것은 이것이 처음이자 마지막이라고 한다.[137)]

척 다운스는 북한이 북미 양자회담의 채널을 이용해서 국제사회에서 국위를 과시하거나 또는 국가로서 사실상의 인정(de facto recognition)을 받기 위한 수단으로 이용할 가능성을 당시 한국 정부가 가장 우려했다고 분석했다.[138)]

푸에블로호 협상을 통해 북한은 미국에게 자신들의 실체를 인정받고 이를 통해 국제사회에서 국가로서 인정받고자 하는 목표를 갖고 있었다. 그리고 이를 위해 푸에블로호 협상을 자신들의 '인정투쟁의 기회'로 활용하였다.

2. 휴전회담 · 군정위 회담 · 제네바 회담과 비교

푸에블로호 사건 이전 북한과 미국은 휴전회담, 군정위 회담, 그리고 제네바 회담을 통해 만났었다. 이들 세 회담은 회담 구성원, 의제, 지속기간,

---

136) #302, *FRUS 1964-1968*.
137) 이문항, 앞의 책, 36쪽.
138) 척 다운스 저, 송승종 역, 앞의 책, 203쪽.

공개 여부 등 여러 점에서 차이가 있었다. 제네바 회담을 제외하고, 북한과 미국이 진행했던 휴전회담, 군정위 회담, 푸에블로호 협상의 공통점은 회담 구성원으로 북한과 미국이 참가했다는 사실과 회담 장소가 판문점이라는 것 뿐 다른 조건은 모두 상이하였다고 평가할 수 있다.

여기서는 푸에블로호 사건 당시 북미 협상을 이전에 북한이 경험했던 휴전회담, 군정위 회담, 제네바 회담 등 대미 협상과 비교해 봄으로써 푸에블로호 협상의 특징을 살펴보고 푸에블로호 협상이 북한에 주는 의미를 고찰하고자 한다.

1) 휴전회담 비교

푸에블로호 협상과 휴전회담의 유일한 공통점은 회담 장소가 판문점이라는 점뿐이다. 두 협상은 회담의 성격, 참가대상과 주도국, 지속기간, 의제, 회담 외적 상황 등 모든 면에서 차이점을 갖고 있다.

첫째, 회담의 성격이다. 휴전회담은 휴전을 목표로 전쟁의 양 당사자인 자유진영과 공산진영이 만난 회담이었다. 양 당사자는 공격과 방어를 통해 서로에게 군사적으로 타격을 준 상태로 동등한 조건이었다고 볼 수 있다. 반면 푸에블로호 협상은 일방적인 가해자와 피해자, 또는 위반자와 처벌자 간의 협상이었다.

둘째, 회담 참가 대상이다. 휴전회담이 공산군측과 유엔군측이 만나 형식적으로는 양자회담의 모습을 갖고 있었으나, 양측은 북한과 중국, 미국과 한국, 그리고 기타 참전국 등 다수가 참가하고 있었다. 반면 푸에블로호 협상은 북한과 미국 두 나라만이 참가하는 양자회담이었다. 회담의 주도도 휴전회담은 중국과 미국이 한 반면 푸에블로호 협상은 북한과 미국이 주도하였다. 휴전회담과 비교하여 한국이 푸에블로호 협상에 참석하지 못한 점도 특징이다.

셋째, 회담 지속기간과 의제이다. 휴전회담은 한국전쟁의 휴전이라는 거시적 목표를 놓고 2년여 간 765회의 회담을 지속하였다. 푸에블로호 사건은 승무원의 석방이라는 구체적 안건을 놓고 11개월 동안 29회의 회담을 지속하였다. 시간과 횟수 면에서 한국전쟁이 상대적으로 컸다.

넷째, 회담 외적 상황에서 휴전회담은 전투가 중지되지 않고 지속되는 가운데 진행되었다. 전투 상황은 곧바로 회담에 영향을 미치는 구조였다. 반면 푸에블로호 협상은 초기 미국의 군사력 철수로 군사적 영향은 미치지 못했다. 오히려 북한의 공화국 창건 20주년 기념일인 9월 9일과 11월 치뤄진 미국의 대선이 회담에 영향을 일부 미친 것은 있었을 것이다.

2) 군정위 회담 비교

군정위 회담과 푸에블로호 협상은 북한과 미국이 참가하고, 두 나라가 회담의 주도권을 행사했으며 군정위의 양측 수석대표가 두 회담의 수석대표였다는 점에서 공통점을 지닌다. 회담 장소가 판문점이라는 점도 공통점이다.

푸에블로호 협상이 군정위 양측 수석대표를 각각 정부대표로 임명하고, 군정위 회의 방식을 따라 진행하였기 때문에 회의 방식이나 구조면에서 유사한 내용이 많았다. 그러나 두 회담은 참가대상과 의제, 지속기간, 회의 개최 방식, 기자 취재여부, 남한의 참가여부 등에서 공통점보다 차이점이 더 많았다.

첫째, 회담 참가대상이다. 군정위 회담은 조중측에서는 북한과 중국, 유엔군측에서는 미국, 한국, 영국 등이 참가하였다. 여기에다 중립국 감독위원회에서 스위스, 스웨덴, 체코슬로바키아, 폴란드가 참석했다. 유엔사측에서 일부 국가들이 추가로 참가하기도 하였다. 반면 푸에블로호 협상은 북한과 미국만이 참가했다.

둘째, 의제측면이다. 군정위는 정전협정에서 규정한 정전관리에 관한 사항, 특히 군사적 문제에 관한 사항이 토의되었다. 정치적 문제에 대해서는 유엔군측에서 토의 자체를 무시하였다. 반면 푸에블로호 사건은 승무원과 선박의 반환을 목표로 이루어진 회담이었다.

셋째, 협상의 지속기간이다. 군정위 회담은 1967년까지 14년 간 260회의 회담이 개최되었다. 반면 푸에블로호 협상은 11개월 동안 29회의 회담이 개최되었다.

넷째, 회의 개최 방식이다. 군정위 회담이 회의 개최를 원하는 측이 24시간 전에 요구하면 회의를 열 수 있었던 반면, 푸에블로호 회담은 양측이 순차적으로 1회씩 회의 개최를 요구하는 방식이었다.

다섯째, 군정위 회담은 공개된 상태로 기자들의 취재가 허용되었고 남한도 대표단의 일원으로 참가하였다. 그러나 푸에블로호 협상은 비공개로 취재가 불허되었고, 남한의 참여가 처음부터 이루어지지 않았다.

3) 제네바 회담 비교

제네바 회담과 푸에블로호 협상은 회담의 성격과 구도, 의제, 참가국, 장소 등 모든 점에서 공통점은 없고 차이점만 있다.

첫째, 회담의 성격, 구도, 의제이다. 제네바 회담은 한반도 통일 문제를 논의한 국제적 다자회의인데 반해 푸에블로호 협상은 승무원 송환이라는 단일 안건을 갖고 북한과 미국이 벌인 양자 회담이었다.

둘째, 남한의 참가문제에서 제네바 회담은 남북이 모두 참여하였다. 그러나 푸에블로호 협상은 북한과 미국만의 회담이었다.

셋째, 제네바 회담은 한반도 문제를 논의하기 위한 회담이었지만, 회담기간 중 발생한 인도차이나 문제를 함께 다루는 회의였다. 반면 푸에블로호 협상은 처음부터 한 가지 안건을 지속적으로 다루었다. 그 결과 제네바 회담은 결실 없이 끝났지만, 푸에블로호 회담은 결과를 만들어냈다.

4) 푸에블로호 협상경험의 의미

지금까지 푸에블로호 협상과 북한이 이전에 경험했던 세 가지 협상을 비교 고찰하였다. 〈표 3-7〉은 이상의 내용을 정리한 것이다. 표에서 보는 바와 같이 푸에블로호 협상은 북한이 이전까지 경험했던 세 가지 협상과는 형식면에서 많은 차이를 보여주고 있다.

그러나 푸에블로호 협상과 이전까지 북한의 대미협상과는 질적인 차이를 갖고 있다. 가장 중요한 차이는 푸에블로호 협상은 북한과 미국만의 협상이었다는 점과 협상의 주도권을 북한이 행사했다는 점이다. 그리고 북한에게 이 같은 협상의 경험은 이전까지 없었다는 점이다.

〈표 3-7〉 휴전회담 · 군정위회담 · 제네바회담 · 푸에블로호 회담 비교

구분	휴전회담	군정위 회담	제네바 회담	푸에블로호 회담
회담구도	양자	양자	다자	양자
	유엔군 대 공산군	유엔군 대 공산군	자유진영 대 공산진영	정부 대 정부
참가국	다수	다수	다수	양자(북/미)
주도국	중국-미국	중국/북한-미국	다수	북한-미국
회담장소	판문점	판문점	제네바	판문점
공개여부	비공개⇒공개	공개	공개	비공개
지속기간	약 2년	14년 (67년까지)	약 50여일	11개월
의제	군사문제 (휴전)	군사문제 (정전협정 준수)	정치문제 (한반도 통일)	승무원 송환
외적상황	전투지속	휴전상태	휴전상태	북, 인질 억류 중
남한참가	참가	참가	참가	미참가

북한은 미국이 군사적 위협을 포기하고, 협상으로 문제를 해결하게끔 하였다. 북한의 입장에서 독자적이고 능동적인 협상의 행태를 미국에게 행사한 것이다. 이전까지 북한의 협상경험은 한국전쟁의 휴전회담을 통해 경험했던 공산주의 협상전술이 전부였다. 그러나 푸에블로호 협상은 당시까지 경험해 보지 못했고, 예상하기도 어려웠던 협상의 구조가 전개된 것이다.

한국전쟁의 휴전협상은 북한식 협상행태의 원형으로 평가되고 있다.[139] 북한의 입장에서 2년간의 휴전협상은 중요한 협상 경험임에 틀림없었다. 그러나 앞서 살펴본 바와 같이 휴전협상은 중국의 주도하에 이루어졌을 뿐만 아니라 공산군측에서는 협상전략은 부재하고 협상전술만 있었던 회담으로 평가되고 있다. 군정위 회담은 북한이 중국보다 주도적으로 협상을 진행했지만, 유엔군측 대표인 미국에 대해 주도권을 행사한다든가 협상의 결과를 획득할 수 있는 회담이 아니었다. 제네바 정치회담은 다자적 협상으로 북한의 대미협상에 대한 논의에서 참고 수준 정도로 활용될 수 있을 것이다.

푸에블로호 협상은 남한이 배제된 가운데 북한과 미국이 정부 대 정부의 구조에서 11개월간 29회라는 비교적 장기간 지속된 협상이었다. 회담의 구조와 의제, 결과는 북한의 협상 역사에서 처음 경험하는 상황이었다. 협상의 결과도 북한에게 성공적이었다. 푸에블로호 협상은 이전까지 북한의 대미 협상구조와는 차별되는 특징을 지니고 있었다. 협상의 결과에서도 북한이 승리로 선전할 만큼 성공적이었다. 협상이 진행되는 11개월간 북한은 대내 · 외적으로 협상을 선전에 이용할 수 있었다. 푸에블로호 협상은 형식적 측면뿐만 아니라 질적으로도 이전 협상들과는 차별되는 독특한 경험인 것이었다.

---

139) 홍양호, 『탈냉전시대 북한의 협상행태에 관한 연구』(단국대학교 박사학위논문, 1997), 91쪽.

북한은 푸에블로호 협상을 통해 새롭게 대미 협상전략을 재형성하고 이후 협상에서 활용하였다. 이전까지 세 가지 협상경험을 푸에블로호 협상의 경험에 수용하고, 대미 협상전략을 재형성시킨 계기가 된 것이다. 재형성된 북한의 대미 협상전략에 대해서는 제Ⅴ장에서 구체적으로 살펴볼 것이다.

제IV장

푸에블로호 사건과 대미인식 변화

제1절
대미인식 변화

1. 국가적 위기와 승리의 성취

1) 국가적 위기 상황

푸에블로호 사건은 북한에게 한국전쟁 이후 최대의 위기 상황이었다. 북한 전역에 전쟁의 위기가 고조되고 있었다. 탈북자들의 수기에는 간간히 푸에블로호 사건 때의 모습이 그려지곤 한다. 그들의 기억을 되살려 보면 북한 내부는 미국과의 전쟁을 준비하고 있었던 것으로 보인다. 남파 공작원 출신 김진계[1]는 당시 상황을 다음과 같이 증언하고 있다.

> 원산주민들은 모두 털모자에 두터운 외투를 입고 며칠간의 비상식을 가지고 피난 가서 원산항을 떠나 지금은 텅 비어 있다고……동해에는 양키놈덜 제 칠함대에서 떠오른 비행기가 구름 같았다. 비단 원산시 뿐만 아니라 전국에 비상이 선포되었다. 평양시에서도 주민들을 소개시킬 준비를 했다. 피난처와 수송수단을 준비하느라 종일 복잡했다. 평양 주민

1) 김진계는 1918년 강원도 명주에서 태어났다. 인민군 군관으로 한국전쟁을 겪고 제대 후에는 노동당 공작원으로 활동하던 중 1970년 10월 6일 거제도 다대리에서 체포되어 18년간 복역 중 1988년 71세에 석방되었다.

> 들은 등화관제시설을 점검하고, 전쟁에 대비한 비상용 배낭도 개인별로 준비했다. 사람들은 필요 없는 물건을 팔아서 당장 식량이 될 수 있는 물품을 구했다. 심지어 『김일성선집』을 팔려고 하기도 했다.
> 어떤 이는 조국 해방전쟁 때와는 달리 분명히 핵전쟁이 일어날 거라며 산으로 대피하고 지방으로 가버리는 일도 생겼다. 무언가 심상치 않다는 공포가 북한 주민들에게 전염병처럼 덮친 듯 했다.
> 밤이면 어디에 숨어 있었는지 탱크와 장갑차 또는 대포 등이 남방을 향해서 밤새도록 남으로 남으로 나가기에 길 가까이에 있는 집에서는 잠자기가 힘들 지경이었다. 텔레비젼 방송은 나포 당시의 광경을 촬영해서 방송했고, 종일 군가를 틀어 만약 미군의 공격이 있으면 즉각 대응한다는 임전태세의 분위기를 고취시켰다. 이 시기에 새로 나온 노래 제목이 '수령이시여, 명령만 내리시라'였다.[2)]

전 인민군 사단 정치위원 '려정'의 증언은 푸에블로호 사건이 북한 전역에 위기를 고조시켰음을 보여준다. '려정'은 종파분자로 몰려 10년형을 선고받고 북·중 국경근처인 강계의 한 교화소에 있을 때 이 사건을 겪었다.

> 1968년 1월 말 감방 안에 설치된 스피커에서 아나운서의 격앙된 목소리가 울려 나왔다. 조선해군이 미국 군함 푸에블로호를 포로했다는 것이다. 이때부터 감옥 분위기가 변하기 시작했다. 무엇보다 경비가 곱절이나 강화됐다. 울타리 위에 설치된 감시초소마다 고사기관총을 설치했다. (중략) 무기를 휴대하지 않았던 간수들이 권총을 찼으며 감방하다 먹칠을 한 검은 종이를 내주어 등화관제 준비를 시켰다. (중략) 미국과 전면대결을 할 준비를 하는 것이 분명했다. 두드러지게 달라진 것은 교관들의 거동이었다. 긴장해하며 걸핏하면 성을 냈다. 초조해하고 의기가 소침한 것이 엿보였다. 교관들이 소곤거리는 말에 의하면 감옥의 일부 병력을 군사분계선이나 해안선에 징용해 가는데, 보아하니 그런 곳에 가게 될 것을 겁내는 것 같기도 했다. (중략) 감옥 측이나 수형자들이나 극도의 긴장 속에서 한시기를 지내고 나니 전쟁위기는 지나간 것

2) 김진계 구술·기록, 김응교 보고문학, 앞의 책, 133~136쪽.

같았다.[3]

전쟁의 공포로 휴전선 지역에 있는 주민들이 후방에 위치한 친척집으로 피난을 오거나[4] 어린 학생들은 성금을 모아 전투 장비를 사서 군에 기증하고, 노인과 여인들까지 총을 갖고 결전의 각오로 전투 준비를 하였다.[5]

김일성도 한 연설에서 당시의 긴장에 대해 언급하였다.

> 1968년에 있은 미제의 무장 간첩선 ≪푸에블로≫호 사건과 지난해에 있은 대형간첩 비행기 ≪이씨 121≫ 사건 때 우리나라의 정세는 매우 긴장하였습니다. 미제 날강도들은 우리나라의 문턱까지 숱한 무력을 끌어다 놓고 공화국 북반부에 대한 무력 침공을 공공연히 시도하고 있었습니다. 사태는 참말로 엄중하였으며 온 세계가 정세 발전을 주시하면서 깊은 우려를 표시하였습니다.[6]

전쟁의 위기는 북한과 미국이 협상을 시작하면서 수그러들었다. 북한은 미국에게 협상의 전제 조건으로 동해안에 전개된 군사력의 철수를 요구하였다. 북한의 입장에서 미국의 군사력 철수와 북미 협상 개시는 참으로 다행스러운 일이었을 것이다. 이로써 약소국 북한에게 드리웠던 전쟁의 공포감과 사회적 혼란은 서서히 사라져 갔다.

---

3) 려정, 『붉게 물든 대동강』(서울: 동아일보사, 1991), 196~197쪽.

4) MBC 프로덕션 편, 『이제는 말할 수 있다: 푸에블로 나포사건(51분)』(서울: MBC프로덕션, 2006).

5) 조선중앙방송위원회 기록영화촬영소 편집, 『기록영화-미제 무장간첩선 푸에블로호의 말로(20분)』(평양: 조선중앙방송위원회 기록영화촬영소, 2000).

6) 김일성, "조선로동당 제5차대회에서 한 중앙위원회사업총화보고(1970년 11월 2일)," 『김일성 저작집』 제25권(평양: 조선로동당출판사, 1983), 257쪽.

2) 승리의 성취

전쟁발발 직전까지 치달던 위기는 11개월간 지속된 협상을 통해 종결되었다. 1968년 12월 23일 판문점에서 미국 정부를 대표하는 미 육군 소장 우드워드가 북한이 제시한 문서에 서명한 것이었다. 문서 내용은 크게 네 가지였다. 첫째, 푸에블로호가 북한의 영해를 침범했고, 정탐행위를 하였음을 인정한다는 것, 둘째, 이런 행위를 저지른 데 대해 사과한다는 것, 셋째, 앞으로 이와 같은 일이 발생하지 않을 것을 약속한다는 것, 넷째, 승무원들에 대한 관대한 처분을 요청한다는 것이었다.

북한은 이 문서를 미국의 '사죄문'이라고 주장하고 있다. 이 '사죄문'을 통해 사건이 북한의 승리로 종결되었다고 선전하였다. 북한은 12월 23일 이후 『로동신문』을 비롯한 각종 선전매체를 통해 푸에블로호 사건을 미국에 대한 북한의 승리라며 대대적으로 선전을 전개했다.[7)]

그 시작은 승무원들이 송환된 다음 날자 『로동신문』에서 처음 시작되었다. 이날 신문에는 북한 외무성 대변인이 12월 23일 발표한 '≪푸에블로≫호 승무원들을 공화국 북반부 경외로 추방하기로 결정한 것과 관련'이라는 제목의 성명이 실렸다. 성명의 내용은 이 사건이 미국의 강대성에 대한 신화를 깨뜨린 조선인민의 승리이자, 당 자위노선의 승리라고 강조하는 것이었다. 그러면서 전 세계 인민들이 미제의 ≪강대성≫에 대한 ≪신화≫를 여지없이 깨뜨려버린 조선인민의 커다란 승리를 한결같이 축하한다고 주장했다.[8)]

1968년 12월 24일 『로동신문』에는 '푸에블로호의 함장, 장교들, 선원들과

---

7) 미국은 이 문서를 「North Korean Document Signed by U.S. At Panmunjom」으로 부르고 있다. *The Department of State Bulletin*, vol. LX, no. 1541(January 6, 1969), pp.2~3.

8) 『로동신문』, 1968년 12월 24일.

연구원들이 조선민주주의인민공화국 정부에 드리는 감사문'이 사죄문건과 함께 게재되었다.[9)]

1968년 12월 30일 외무상 허담은 "우리 당의 빛나는 대외정책"이라는 글을 발표하였다. 글에는 지난 20여 년간 대외활동분야에서 이룩한 성과를 평가하면서 북한이 세계무대에서 자기의 독자적 지위를 확립하였다고 평가하고 있다.

> 우리 당과 공화국정부는 위대한 수령 김일성동지의 현명한 령도 밑에 제국주의자들의 그 어떤 무력적 위협이나 침공도 단호히 물리치고 그 어떤 간섭이나 압력에도 굴함 없이 자주적이며 원칙적인 혁명적 입장을 관철하여 당당히 세계무대에서 자기의 독자적 지위를 확립하였으며 그 누구도 허물 수 없는 위신을 쌓아올렸다.(중략) 우리 당과 공화국 정부가 수많은 난관을 뚫고 대외분야에서 오늘처럼 빛나는 성과를 달성한 것은 국제관계가 큰 나라들의 의사에 의해서만 좌지우지되고 작은 나라들의 운명이 한줄도 못되는 제국주의침략자들의 수중에서 롱락되던 시기는 이미 영원히 지나갔다는 것을 그대로 보여준다.[10)]

김일성도 1969년 신년 연설에서 미국 대표가 사죄문에 서명하기 전 '이 서명은 사실과 다르며, 승무원들을 데려오기 위해 하는 것'이라는 소위 부인성명을 한 것에 대해서 비난하였다. 김일성은 미국의 이런 행동에 대해 '부질없는 잠꼬대'라고 비난하며, "자기들이 조선인민에게 사죄문을 썼으며 무릎을 꿇고 항복하였다는 이 엄연한 사실을 세계 인민들 앞에서 결코 숨길 수 없습니다"[11)] 라며 북한이 승리했음을 강조하였다.

9) 감사문의 주요내용은 북한이 자신들의 '엄중한 범죄'를 용서하고, 풀어준 것과 억류기간 중 인도적으로 대해준 것에 대한 감사의 내용이었다. 그러면서 공화국의 자주권을 반대하여 저희들이 저지른 범죄는 엄중하지만, 자신들은 워싱턴에 있는 정책작성자들의 침략계획을 촉진시키기 위한 도구로 이용되었을 따름이라고 하였다.

10) 『로동신문』, 1968년 12월 30일.

북한의 외교사에서도 푸에블로호 사건은 중요하게 소개되고 있다. 북한은 푸에블로호 사건을 “미제의 무장간첩선 ≪푸에블로≫호 침입사건과 담판에서의 우리 인민의 빛나는 승리”[12]라는 제목으로 8쪽에 걸쳐 기술하면서 승리를 강조하고 있다.[13]

> 우리 공화국은 미제의 무장간첩선 ≪푸에블로≫호 사건과 관련한 담판에서 빛나는 승리를 이룩함으로써 오랜 해외침략의 력사에서 그 누구에게도 사죄문을 낸 일이 없다는 미제국주의자들에게 수치스러운 참패를 안기고 조국의 안전과 민족의 존엄을 굳건히 수호하였다.[14]

그렇다면 북한이 푸에블로호 사건을 통해 이룩한 ‘승리’의 실체는 과연 무엇인가? 북한이 사전辭典에서 정의하는 ‘승리’의 개념과 푸에블로호 사건의 ‘승리’를 비교하면 북한이 얻은 ‘승리’의 모습을 다음의 네 가지 측면에서 보다 명확히 확인할 수 있다.

첫째, 혁명투쟁에서의 승리이다. 혁명투쟁이란 “근로 인민대중의 자주성을 실현하기 위한 투쟁”[15]이다. 푸에블로호 사건은 약소국 북한이 강대국 미국에 굴복하지 않고 대결로 나선 사건이었다. 김일성은 이 사건을 계기로 작은 나라들도 힘을 합치면 큰 나라를 이길 수 있다는 소위 ‘미제의 각을 뜨는 전략’이라는 새로운 전략을 선전하였다. 이 점에서 푸에블로호 사건은 자주성을 실현하기 위한 투쟁에서 충분한 승리의 증거가 될 수 있었다.

둘째, 건설사업에서의 승리이다. 북한에서 건설사업의 예로는 당건설, 국가건설, 사회주의 건설, 경제건설을 들고 있다. 북한은 푸에블로호 사건을

---

11) 김일성, “1969년 새해를 맞이하여-신년경축연회에서 한 연설(1969년 1월 1일),” 『김일성 저작집』, 제23권(평양: 조선로동당출판사, 1983), 226쪽.
12) 사회과학출판사, 『조선민주주의인민공화국 대외관계사 2』, 61쪽.
13) 위의 책, 61~68쪽.
14) 위의 책, 68쪽.
15) 과학백과사전출판사, 앞의 책, 2334쪽.

통해 당의 자위노선의 정당성과 국방과 경제의 병진 노선의 당위성을 입증했다고 주장한다. 특히 푸에블로호 사건이 일어났던 1968년은 북한의 공화국 창건 20주년으로, 북한은 푸에블로호 사건을 통해 세계 사회주의 국가들로 부터 주목받게 되었고, 공화국 건설, 당 건설, 사회주의 국가건설의 모범국가로 평가 받게 되었다. 결국 푸에블로호 사건은 북한이 건설사업에서 승리했다고 평가받을 수 있는 중요한 사건이었다.

셋째, 전쟁에서의 승리이다. 비록 전쟁이 발생하지는 않았지만 그에 버금가는 위기는 전쟁이 발생한 것에 뒤지지 않을 것이다. 이런 가운데 판문점에서 받은 미국의 '사죄문'은 북한에게 전쟁에서의 승리 이상을 안겨 주었다고 할 수 있다. 또한 북한에게 푸에블로호의 승리는 한국전쟁 이후 미국과의 전쟁에서 '지속된 승리'로 평가받을 수 있는 사건이었다.

넷째, 경쟁에서의 승리이다. 사회주의와 자본주의, 공산주의와 자유주의의 대결에서 북한은 미국을 이김으로써 진영간의 경쟁에서도 승리하였다고 평가할 수 있었을 것이다.

2. 대미 대결의 자신감 형성

1) 북한의 대미인식에 대한 논의

푸에블로호 사건을 통해 북한이 획득한 대미 승리는 북한의 대미인식에 어떤 영향을 미쳤을까? 북한의 대미인식을 어떻게 변화시켰을까?

사건은 늘 인식에 영향을 미친다. 사건이 '검은 백조'와 같이 출현을 예상하기 어려운 것이었다면 인식에 미치는 영향은 더 컸을 것이다. 2001년 9·11사건은 이점에서 적당한 사례이다.

푸에블로호 사건도 미국과 북한 모두에게 예상하지 못한 사건이었다. 미국은 150여 년 만에 처음으로 공해상에서 미국 군함이 피랍되었다. 그것도 자신들이 국가로 인정하지도 않던 약소국 북한에 의한 것이었다. 미국으로서는 이것을 상상할 수 없었을 것이다. 북한도 강대국의 군함 나포를 쉽게 생각하지는 못했을 것이다. 이점에서 푸에블로호 나포 사건은 최소한 양국 간에는 '중대한 사건'이자 '검은 백조'의 출현으로 평가할 수 있을 것이다.

사건으로 인한 인식의 변화는 기존 인식을 강화시키거나 새로운 인식을 갖는 방향으로 나타날 수 있다. 그러나 인식의 변화를 실증적으로 보여주는 것은 어려운 작업이다. 특히 인식의 주체가 북한이라는 것은 더욱 큰 연구의 한계이다. 인식이란 명확하게 어떻다고 평가하기 어려운 대상이다. 따라서 북한의 대미인식을 단정 짓기보다는 어떤 변화의 흐름을 보여주는 것이 더 타당한 방법일 것으로 생각된다.

북한 대미인식 연구의 제약과 인식의 불명확성을 보완하기 위해 심리학적 개념인 '국가이미지' 방법을 이용하고자 한다. 국가이미지 방법은 상대국의 이미지를 평가함에 있어서 자국이미지와 타국이미지를 함께 고찰하는 방식이다.[16]

이 연구 방법을 통해 북한의 대미인식 변화를 살펴보기 위해서는 고려해야 할 중요한 두 가지 요인이 있다. 첫째는 북한의 미국에 대한 평가(他畵像)이며, 둘째는 북한 스스로에 대한 평가(自畵像)이다. 즉, 북한의 대미인식은 북한의 미국에 대한 인식과 북한의 스스로에 대한 인식이 종합되어 형성된다는 점이다.

〈그림 4-1〉은 북한의 대미인식을 확인하기 위해 북한의 자기 자신에 대한 인식을 긍정과 부정으로 구분하고, 미국에 대한 이미지를 적대적인 것

---

16) 여기서 사용하는 국가이미지 연구방법은 자화상과 타화상을 함께 고찰하는 방식으로 이에 대한 자세한 이론적 설명은 김용철 · 최종건, "한국인의 반미행동 의도에 대한 인과분석: 미국의 이미지와 한국의 이미지를 중심으로," 『국제정치논총』, 제45집 제4호(2005), 123~143쪽을 참조.

과 우호적인 것으로 구분하여 대미인식의 네 가지 종류를 설정한 것이다.

〈그림 4-1〉 북한의 자기인식과 대미인식 조합

		미국에 대한 이미지	
		적대적	우호적
북한 자신에 대한 이미지	긍정	① 자신감 적극적 대결	② 자신감 능동적 접근
	부정	③ 수동적 소극적 대결	④ 수동적 소극적 접근

* 김용철 · 최종건, 앞의 글, 132쪽 '자화상과 타화상의 조합'을 참고하여 재작성.

네 종류의 대미인식은 첫째, 북한이 스스로를 긍정적으로 생각하고, 미국을 적대적으로 생각했을 때는 자신감과 적극적 대결의 인식을 갖게 된다. 둘째, 자신을 긍정적으로 생각하고 미국을 우호적으로 생각했을 때는 자신감과 능동적 접근을 보이게 된다. 셋째, 자신을 부정적으로 생각하고 미국을 적대적으로 생각했을 때는 수동적이며 소극적 대결인식을 갖게 된다. 넷째, 자신을 부정적으로 생각하고 미국을 우호적으로 생각했을 때는 수동적이며 소극적 접근을 취한다는 것이다.

이하에서는 북한의 자신에 대한 이미지와 미국에 대한 이미지를 살펴보고, 이것을 조합하여 북한의 대미인식이 사건 이전과 어떻게 변화하였는지 고찰하고자 한다.

(1) 북한 자신에 대한 인식

북한의 자기 자신에 대한 인식은 1968년 9월 9일 공화국 창건 20돌 기념 중앙경축대회에서 김일성이 행한 연설에 잘 나타나고 있다.17) 김일성의 연

17) 당시 공화국 창건 20돌 경축대회는 9월 7일과 8일 이틀간 평양 만수대의사당에서

설은 세 가지를 강조하였다. 첫째, 지난 시간이 공화국의 영광스러운 20년이라는 것, 둘째, 조선민주주의인민공화국의 사회주의제도를 더욱 공고히 발전시킬 것, 셋째, 반제반미투쟁을 강화하여 미제를 때려 부수고 조국을 통일하며 세계평화를 수호할 것에 대한 것이었다.[18)]

김일성은 첫째로 '조선민주주의인민공화국의 영광스러운 20년'에 대해 연설하였다. 김일성은 조상들이 수천 년을 두고도 하지 못하였던 위대한 변혁을 이룩하였다고 자평自評하였다.

> 오늘 우리 공화국은 선진적인 사회주의제도와 자립적 민족경제의 튼튼한 토대를 가진 그리고 위력한 전 인민적 방위체계와 찬란한 민족문화를 가진 자주적인 사회주의국가로 되였습니다. (중략) 실로 지난 20년 동안 우리인민은 사랑하는 조국, 조선민주주의인민공화국의 기치를 따라 요감하게 전진함으로써 우리 조상들이 수천 년을 두고도 하지 못하였던 위대한 세기적 변혁을 이룩하였습니다. 공화국의 20년은 영광의 20년이며 투쟁과 승리의 20년이며 창조와 전진의 20년입니다.[19)]

김일성은 두 번째로 '조선민주주의인민공화국의 사회주의제도를 더욱 공고 발전시킬 데 대하여'를 주제로 연설했다.

> 우리의 승리는 자본주의제도에 비한 사회주의제도의 우월성을 뚜렷이 보여줍니다. (중략) 우리는 앞으로도 추호의 동요 없이 사회주의의 길을 따라 계속 확고히 전진할 것입니다.[20)]

김일성은 세 번째로 '반제반미투쟁을 강화하여 미제를 때려 부시고 조국을 통일하며 세계평화를 수호할 데 대하여'를 주제로 연설했다. 김일성은

진행되었다.

18) 『로동신문』, 1968년 9월 8일.

19) 『로동신문』, 1968년 9월 8일.

20) 『로동신문』, 1968년 9월 8일.

지금까지 이루어 놓은 성과를 토대로 앞으로도 계속해서 미국과 경쟁할 것임을 강조했다.

> 미제를 비롯한 제국주의의 침략과 전쟁 정책을 반대하고 세계평화와 인류의 진보를 위하여 투쟁하는 것은 대외활동분야에서 우리 공화국이 견지하고 있는 일관한 방침입니다.[21)]

북한은 공화국 건국 이후 20년을 '승리'의 과정으로 평가했다. 특히 1968년은 "투쟁과 승리의 해"로 평가하였다.

> 투쟁과 승리로 보람찼던 1968년, 이 해는 우리나라 혁명위업과 건설에서 거대한 력사적 의의를 가지는 수많은 사변들로 가득 찼으며 혁명승리에로 부단히 확고하게 전진하는 우리 조국 력사에 또다시 새겨질 새로운 승리와 업적들로 수놓아졌다.[22)]

북한은 1968년을 '공화국 창건 스무돐을 계기로 우리 혁명위업의 정당성과 그 위대한 승리를 내외에 과시'하였으며 '≪푸에블로≫호 사건을 계기로 미제를 조선 인민 앞에 또 다시 무릎을 꿇게 함으로써 당의 자위노선의 위력과 우리 인민의 확고부동한 혁명적 입장을 만천하에 보여준 해'로 조국 청사에 기록될 것이라고 강조하였다.[23)]

김일성은 1969년 신년사에서도 북한의 국제적 지위가 매우 높아졌다고 평가하고, 세계 곳곳에 '전우'들을 가지고 있다고 강조했다.

> 동무들이 지난해 공화국창건 스무돐 기념행사 때에 다 겪어보아서 알겠지만 지금 우리나라의 국제적 지위는 전례 없이 높아졌으며 우리 혁명

---

21) 『로동신문』, 1968년 9월 8일.
22) 조선중앙통신사, 『조선중앙년감 1969』(평양: 조선중앙통신사, 1969), 131쪽.
23) 위의 책, 131쪽.

의 국제적 련대성도 더욱 강화되었습니다. 세계의 여러 나라 인민들이 우리 당과 우리 공화국을 적극지지하고 있으며 우리는 세계의 이르는 곳마다에 많은 전우들을 가지고 있습니다.[24)]

김일성의 경축연설이 공화국 20년에 대한 자평이었다면 외국에서 온 축하사절들의 연설은 북한 체제에 대한 '객관적' 평가이사 동시에 북한이 스스로 듣고 싶었던 이야기였을 것이다. 당시『로동신문』은 1968년 9월 8일과 9일 이틀에 걸쳐 각국 대표 및 해외 단체의 연설자 40명의 축하 연설문 전문을 게재하였다.

당시『로동신문』에 게재된 축하연설 제목은 연설문 내용에서 주요 내용을 발췌한 것이었다. 연설문 제목의 주요 단어들을 정리하면 〈표 4-1〉과 같다. 이 단어의 사용 횟수를 분석한 결과 전체 주요 단어 139개 중 가장 많이 등장한 단어는 '조선'과 '조선인민'이 총 41회(30%)로 가장 많았다. 그 다음으로 '김일성', '투쟁', '혁명'이 각각 16회(12%)였다. 20년간의 사회주의 건설 성과를 평가한 '승리', '번영', '모범', '성과'가 총 24회(17%)였다. 이어서 '미제, 제국주의, 식민주의'가 12회(9%)였다.

〈표 4-1〉 외국 대표의 축하 연설 주요 단어 분석

단어	김일성	조선/ 조선인민	승리	번영	모범	성과
횟수	16	41	8	1	5	10
단어	사회주의	투쟁	통일	혁명	미제/제국· 식민주의	계
횟수	9	16	5	16	12	139

*『로동신문』, 1968년 9월 9-10일 보도내용 종합 작성.

24) 김일성, "1969년 새해를 맞이하여-신년경축연회에서 한 연설(1969년 1월 1일),"『김일성 저작집』, 제23권(평양: 조선로동당출판사, 1983), 233쪽.

내용을 정리해 보면, 주어로써 '김일성 · 조선 · 조선인민'이 대상으로서 '미제 · 제국주의 · 식민주의'와 목적어로써 '투쟁 · 혁명'을 통해 결국 '승리 · 번영 · 모범 · 성과'를 창출했다는 의미로 나타난다.

이들의 연설내용에 대해 『조선중앙년감』은 '연설자들은 한결 같이 공화국 정부가 혁명과 건설에서 이룩한 커다란 성과들을 높이 찬양하면서 이 모든 성과는 오직 조선인민의 경애하는 수령이신 김일성동지의 위대한 주체사상과 그의 구현인 자주, 자립, 자위의 혁명로선의 빛나는 승리이며 그이의 현명한 영도의 결과'라고 지적하였다. 또한 '그들은 미제 침략자들을 몰아내고 그 어떤 외세의 간섭도 없이 조선인민 자신의 손으로 조국을 통일할 데 대한 우리 당과 공화국 정부의 정당한 입장을 전적으로 지지하였으며 반제반미공동투쟁에서 연대성을 더욱 강화할 데 대하여 강조하였다'라고 기술하고 있다.[25] 결과적으로 북한의 공화국 창건 20주년에 대한 김일성과 해외 방문단들의 연설 내용은 북한 정권의 20주년을 '승리'의 과정으로 평가하고 있다.

북한은 건국 이후 줄곧 '승리'를 강조하여 왔다. 그리고 공화국 20주년을 맞이하여 자신들이 걸어온 체제에 대한 정당성을 부여하고자 했다. 그리고 북한은 푸에블로호 사건을 통해 미국으로 부터 '승리'를 획득했다고 생각했다. 이것은 북한이 1968년을 보내면서 자신들의 체제에 대한 자신감을 충분히 갖게 한 계기가 되었다.

(2) 북한의 미국에 대한 인식

1968년을 보낸 이후 북한의 미국에 대한 이미지는 적대적인가 우호적인가? 결론부터 말하면 적대적이던 이미지가 푸에블로호 사건 이후 우호적인 면이 추가되었다고 평가할 수 있다.

---

25) 조선중앙통신사, 『조선중앙년감 1969』, 139쪽.

북한은 태생적으로 미국이 주도하는 유엔체제하에서 불법국가, 침략자로 낙인찍혔었다. 미국은 불량국가 북한을 상대하지 않았다. 한국전쟁은 미국을 '철천지 원쑤'이자 적대국으로 자리 잡게 하였다. 북한의 대미인식에서 적대적 이미지는 한국전쟁 이후 지속되고 있었다.

그러나 푸에블로호 사건을 통해 북한의 적대적 대미인식은 변화하게 되었다. 기본적으로 적대적 인식은 지속되지만 부분적으로 우호적 인식도 등장하게 되었다. 우호적 인식의 대상은 미국 정부가 아니라 미국 '인민'이었다. 푸에블로호 사건을 통해 북한이 미국 '인민'에 대한 우호적 인식을 갖게 된 것은 다음의 세 가지 사례에서 대표적으로 살펴볼 수 있다.

첫째, 미국 공산당에 대한 인식이다. 미국 공산당은 미국에서 북한을 지지하고 미국 정부를 비난하는 중요한 역할을 전개하였다. 북한의 푸에블로호 나포를 정당화할 뿐 만 아니라 미국의 침략적 행위를 비난하였다. 북한의 입장에서는 미국 공산당의 미국 내 활동이 적지適地에 있는 아군과 같이 생각되었을 것이다. 북한이 1969년 8월 20일 미국 공산당 대표단을 처음으로 북한에 초청한 것은 이런 배경이 작용한 것이었다. 방북기간 동안 이들 대표단은 김일성 면담을 비롯해 곳곳에서 '융숭한 대접'을 받았다.[26]

8월 24일 모란봉극장에서 개최된 미국 공산당 대표단 환영 평양시군중대회에서 김좌혁 평양시 인민위원장은 환영연설에서 '≪푸에블로≫호 사건과 ≪이씨-121≫사건 당시 미국 공산당이 미 제국주의 반동지배층들의 침략책동을 규탄하고 우리 인민의 정의의 투쟁을 지지하여 준데 대하여 지지하고 우리 당과 우리 인민은 프롤레타리아 국제주의 원칙으로 부터 출발한 형제들이 주는 이러한 지지를 귀중히 여기고 있다'고 하였다.[27] 미국내에서 반정부 여론의 형성과 북한 지지에 대한 북한의 감사 표현이었다.

둘째, 미국 내 진보 언론에 대한 인식이다. 푸에블로호 나포 사건은 미국

26) 『로동신문』, 1969년 8월 22일, 8월 31일.
27) 『로동신문』, 1969년 8월 25일.

의 여론을 둘로 분열시켰다. 하나는 북한에 대한 적개심을 발동시키는 것이었고, 다른 하나는 북한에 대한 호기심을 갖게 한 것이었다. 적개심을 고취시킨 측면은 쉽게 이해할 수 있다. 호기심을 증폭시킨 것은 어떤 경우인가?

미국시간으로 1968년 1월 23일 진보적 언론으로 평가받는 『뉴욕타임스』는 나포사건 소식과 함께 김일성의 프로필과 사진을 보도하였다. 기사 제목도 '코리안 민족주의자 김일성(Korean Nationalist; Kim Il Sung)'이었다. 이 기사는 김일성을 민족주의자로 부각시키면서 김일성의 공산주의는 민족주의적인 것이라고 소개하고 있다.[28)]

이를 계기로 북한에 대한 여론은 강경한 자세를 취해야 된다는 보수 쪽과 김일성의 '호전적 중립주의'와 '민족주의적 독자노선'이라는 점에 주목하는 진보 쪽으로 나뉘게 된다는 점이다. 당시의 이런 양분된 시각은 이후 미국의 대북 정책에서 지속되고 있다고 한다.[29)]

셋째, 친북성향의 미국 민간인을 초청했던 사례이다. 1968년 북미 간 협상이 진행 중이던 시기 미국 민간인이 전쟁 이후 처음으로 북한을 방문하게 된다. 미국 플로리다 주립대 대학원생인 벤자민 페이지(Benjamin B. Page)가 1968년 7월 9일부터 5주간 북한을 방문했던 것이다. 페이지는 1968년 4월 체코 프라하(Praha)에서 개최된 'All Christian Peace Assembly 제3차 회의'에 미국 대표단의 일원으로 참석하였었다. 그리고 현지에서 북한대사관 인원과의 접촉을 통해 북한의 초청을 받고 비공식 방문한 것이었다. 페이지는 방북후인 1968년 9월 4일 'UN Church Center'에서 기자회견을 통해 북한에 대한 자신의 입장을 밝혔다. 그는 북한의 한반도 통일과 유엔 개입 반대 등에

28) *The New York Times, January 23, 1968.* 당시 신문의 첫 보도 문장은 김일성을 북한의 수상(Premier Kim Il Sung of North Korea)이며, 그의 정치적 생애는 두 가지 사실(two fact)이 두드러지는데 그것은 '한국(Korea)에 대한 사랑과 일본에 대한 증오(His love of Korea and his hatred of the Japanese)'라고 시작하고 있다.

29) 정용석, 『카터와 남북한』(서울: 단국대학교출판부, 1979), 56쪽.

대해 북한의 주장을 대변하였다. 또 방북기간 중 푸에블로호 선원들과 접촉한 바는 없지만 미국에 의한 공식사과만이 승무원들의 송환을 가능케 하는 것이라고 주장하였다.[30)]

북한은 푸에블로호 사건을 통해 미국 내 여론 분열을 확인할 수 있었다. 비록 군사력 대결에서는 미국의 상대가 되지 못하겠지만, 미국 내 반정부, 친북 여론의 형성은 군사적 힘 못지않은 유용한 수단임을 알게 된 것이었다.

북한의 미국 인민에 대한 인식은 1972년 5월 김일성의 『뉴욕타임스』 회견에 명시적으로 표현되고 있다. 김일성은 회견 마지막에 "우리는 미국정부의 반동정책은 반대하지만 미국인민들은 반대하지 않습니다. 우리는 미국에 우리의 좋은 친우들이 많아질 것을 원하고 있습니다"[31)]라고 밝혔다.

푸에블로호 사건 이후 북한이 대미 인민외교를 전개하는 것은 이 사건을 통해 미국을 미국정부와 미국 인민으로 구분해서 적대적이고 우호적인 두 가지 인식이 혼재한 것으로 평가할 수 있다.

2) 대미 대결의 자신감 형성

북한은 공화국 창건 20돌을 맞이하면서 체제에 대한 자신감을 갖게 되었다. 이는 곧 자신들이 선택한 사회주의 노선이 옳은 선택이었음을 입증하는 것이었다. 자연스럽게 스스로의 체제에 대한 긍정적 평가를 내리게 되었다.

북한은 미국과의 협상을 통해 국가로 인정받았고, 남한을 제외하고 미국과 직접 만날 수 있었다. 협상을 통해 미국이 군사력을 함부로 사용하지 못

30) 주유엔대사, "외무부장관 · 중앙정보부장 보고 전문(1968.9.4)," 외무부, 『공개외교문서(제6차)』 v.10.(마이크로필름), 2005.
31) 『로동신문』, 1972년 6월 2일.

한다는 점도 확인했다. 특히 미국의 원자탄 공포에서 부분적으로 벗어날 수 있게 된 계기도 되었다. 김일성은 협상이 진행 중인 도중에 미국이 원자탄을 사용할 수 없을 것이라면서 자신감을 표출하기도 했다.

> 미 제국주의자들이 원자탄을 가지고 있지만 함부로 쓰지 못하고 있습니다. 미제국주의자들은 원자탄을 지난 조선전쟁때 그처럼 곤경에 빠졌어도 쓰지 못하였으며 오늘 웰남전쟁에서도 계속 녹아나고 있지만 감히 쓰지 못하고 있습니다. 미제국주의자들이 원자탄을 쓰지 못하는 것은 원자탄을 함부로 썼다가는 자기들도 피해를 입을 수 있고 또 세계 여론이 무섭기 때문입니다.[32]

푸에블로호 사건을 통해 북한은 미국에 대해 승리했을 뿐만 아니라 미국의 원자탄 공포에서 확실하게 벗어나는 경험을 하게 되면서 대미 대결의 자신감을 형성하게 되었다. 군정위에서 미국에게 무시 받았지만, 인질을 잡고 있는 상태에서 회담 주도권이 자신들에게 있음도 확인하였다. 결정적으로 강대국 미국에게 사죄문을 받고 '승리'를 쟁취했다.

푸에블로호 사건은 북한에게 작은 나라도 큰 나라를 이길 수 있다는 사실을 경험적으로 체득하게 했던 사건이었다. 기존에 북한이 가졌던 소극적인 대미인식, 때론 공포심을 유발했던 미국에 대한 인식이 푸에블로호 사건 이후 적극적이고, 자신감을 갖게 되었음을 잘 보여주는 사례라 생각된다.

북한은 푸에블로호 사건을 통해 그동안 적대적으로 생각했던 미국을 보다 세분화하여 볼 수 있게 되었다. 미국정부와의 적대적 관계 대신 미국 인민과의 우호적 관계를 추진하는 것이 가능하다고 인식하게 되었다.

---

32) 김일성, "조성된 정세에 대처하여 전쟁 준비를 잘할데 대하여-당중앙위원회 부부장이상일군들과 도당책임비서들 앞에서 한 연설(1968년 3월 21일)," 『김일성 저작집』, 제22권(평양: 조선로동당출판사, 1983), 84쪽.

이상의 내용을 앞에서 설명한 〈그림 4-1〉의 북한의 자기인식과 대미인식의 4가지 조합을 이용하여 정리하면 〈그림 4-2〉로 나타낼 수 있다.

〈그림 4-2〉 북한의 대미인식 변화

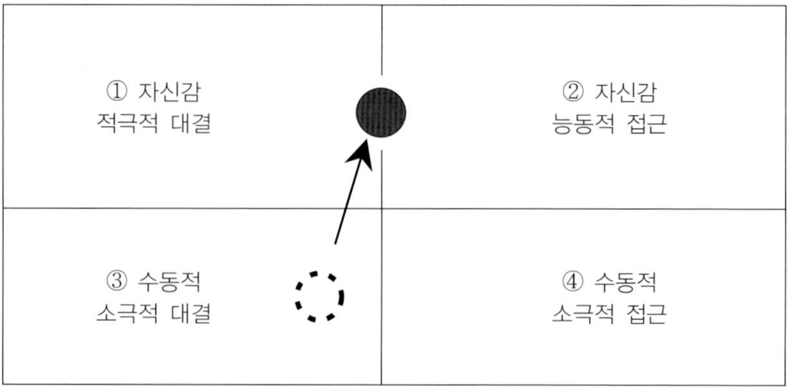

① 자신감 적극적 대결	② 자신감 능동적 접근
③ 수동적 소극적 대결	④ 수동적 소극적 접근

푸에블로호 사건 이후 북한의 대미인식은 ③의 수동적 · 소극적 대결에서 ① 자신감 · 적극적 대결과 ② 자신감 · 능동적 접근의 중간지점으로 이동하였다고 볼 수 있다. 대미인식이 수동적에서 자신감 있는 쪽으로 변화하였다고 할 수 있다.

북한은 푸에블로호 사건을 통해 대미승리를 거두었고, 대미승리는 북한의 대미인식을 수동적, 소극적 대결에서 자신감을 회복하고, 적극적인 대결과 능동적인 접근의 방향으로 변화시켰던 것이다.

제2절
대미 승리인식의 대내적 활용

1. 대미 승리인식의 재공고화

1) 지속된 대미 승리 강조

북한은 김일성의 위대성이 한 세기 안에 두 개 제국주의와의 대결에서 승리했다는 데 있다고 선전한다. 일제와 미제에 승리한 것이 김일성의 업적으로 선전되는 것이다. 김일성은 백전백승의 명장이고 북한에겐 오직 승리만이 있는 것이다.

북한은 한국전쟁을 "상승을 자랑하던 미제를 처음으로 넘어뜨리고 그 강대성의 신화를 산산이 깨뜨려버린 위대한 혁명전쟁이였다"[33]라고 선전하고 있다. 북한에게 한국전쟁은 최대의 대미승리인 것이다.

그렇다면 북한에게 푸에블로호 사건의 승리는 어떤 승리로 평가할 수 있을까? 푸에블로호 사건은 한국전쟁 승리의 연장선에서 북한의 '지속된 승리'로 평가될 수 있다. 한국전쟁이 정전된 지 15년 만에 북한은 '미국 정부'로부터 유엔군의 '항복문서'라고 주장하는 정전협정을 받은 그 자리에서 한 번 더 사죄를 받게 된 것이었다.

33) 허종호, 앞의 책, 402쪽.

푸에블로호 사건에 대한 북한의 승리는 12월 23일 판문점에서의 일화에서 잘 나타나 있다. 회담장에서 한 미군 대령이 자신의 상관이 사과문에 서명한 펜을 주머니에 넣었는데, 북한측 비서 한 명이 쫓아와서는 펜을 되돌려 줄 것을 요구하자 그것을 건네주었다고 한다. 지금 그 펜은 북한의 판문점 박물관에 전시되어 있다.[34] 평양의 전쟁기념관에는 미국의 사과문을 전시하고 있다.[35] 북한으로서는 '승리'의 중요한 증거임에 틀림없다.

한국전쟁의 승리 이후 다시 찾아온 푸에블로호 사건의 승리를 북한은 적극 활용하였다. 북한은 사건이 종결된 이후에도 계속해서 승리의 분위기를 이어가고자 했다. 당시 『로동신문』에는 푸에블로호 사건의 승리를 북한이 계속해서 이어가는 모습을 확인할 수 있다. 푸에블로호 사건은 1969년 5월까지 간헐적으로 계속 보도되고 있다.

〈표 4-2〉 푸에블로호 사건 종결 이후 보도 현황

구분	1월	2월	3월	4월	5월	6월	계
횟수	8	2	0	2	1	0	13

* 『로동신문』, 1969년 1월-6월 보도 종합.

이 시기 보도의 특징은 이 사건에 대한 해외의 평가를 인용 보도한다는 점이다. 1월에서 6월까지 13건의 보도가 모두 해외에서 이 사건 이후 북한을 높게 평가한다는 내용들이었다. 주요 내용으로 '북한은 커다란 승리를, 미제는 수치스러운 패배를 당했다'(1월 3일), '작은 나라도 제국주의를 반대하여 용감히 싸운다면 능히 승리할 수 있다는 진리를 구체적 모범으로써 보여주었다'(1월 5일), '미제는 무장간첩선≪푸에블로≫호 사건에서 당한 수치스러운 패배에서 응당한 교훈을 찾아야 한다'(1월 8일), '조선인민의 승리

34) 척 다운스 저, 송승종 역, 앞의 책, 32쪽.
35) 이문항, 앞의 책, 39쪽.

를 세계 각국인민들이 계속 열렬히 찬양'(1월 16일), '위대한 수령 김일성원수의 탁월한 군사노선의 커다란 승리'(1월 23일) 등이다.

푸에블로호 승리의 확산에는 각종 선전매체 뿐만 아니라 문학 예술분야에도 적극적으로 이용되었다. 푸에블로호 사건이 있은 뒤 1969년 2월『조선문학』에는 조선인민군 창건기념 작품 특집으로 소설 2편, 시 10편, 가사 3편, 수필 2편, 그리고 ≪위대한 수령 김일성원수의 탁월한 군사로선의 커다란 승리≫라는 제하의 기사가 게재되었다.[36] 주요 내용으로 '일당백전사들'이라는 제목의 수필에서는 '미국놈을 족칠수 있는 것은 놈들보다 위력한 무기, 놈들은 가질 수 없는 무기, 즉 김일성 원수님의 혁명사상이라는 무적의 무기가 있기 때문에 가능한 것이며, 이를 통해 일당백의 전사들은 ≪푸에블로≫호를 통채로 사로잡았다'고 쓰고 있다. 가사 '반제기치 날리며 우리 나간다'에서는 '원쑤 미제 이 땅에서 쓸어버리자'며 '제국주의 아성을 짓부셔 가자'고 강조했다. 시 '날강도 미제가 무릎을 꿇었다'에서는 미제가 조선인민과 공화국 앞에 무릎을 꿇었다고 하면서, 이는 1953년 항복서에 서명을 하던 바로 그 자리 판문점에서 또 다시 무릎을 꿇었다고 하였다. 그러면서 머지않아 '백년원쑤 미제의 마지막 항복서를 반드시 받아내겠다'고 강조했다.

또 별도로 '위대한 수령 김일성원수의 탁월한 군사로선의 커다란 승리'라는 큰 제목 아래 '미제의 100여 년의 침략력사에 기록된 또 하나의 수치스러운 패배'라는 작은 제목의 기사를 실었다. 기사에는 '미제 무장간첩선 ≪푸에블로≫호 사건과 관련하여 일어난 세계의 반향'이라며 각국이 북한을 칭송했다는 내용들을 싣고 있다. 기사의 예로 '위대한 조선인민이여, 당신들은 어떻게 그처럼 용감한가!', '미제의 강대성에 대한 신화는 여지없이 깨여졌다', '아세아, 아프리카, 라틴아메리카 반제투사들의 횃불'이라는 주제

36)『조선문학』, 2월호(1969), 33~38쪽.

로 세부분으로 나눠 기사를 게재했다. 푸에블로호 사건을 통해 이룩한 승리의 열기를 이어가기 위한 것이었다.

『조선문학』 4월호에도 푸에블로호 승리의 흐름은 이어졌다.[37] '주체의 기치'라는 시에는 '조선은 온 나라가 난공불락의 요새, 만일 원쑤들이 분별없이 달려든다면 조선의 땅과 바다와 하늘은 섬멸의 포문을 일제히 열리라'라고 하였다. '김일성의 결심 앞에서 미제는 두 번째로 굴복하였다'라면서 북한의 승리를 강조하였다. 그러면서 '맑스와 레닌의 기치를 넘어 오늘 공산주의 항로를 환히 밝히는 김일성의 주체의 기치는 온 누리에 휘날리고 있다'고 찬양했다. 푸에블로호 승리를 통해 김일성은 맑스와 레닌을 뛰어넘는 공산주의를 이끄는 새 지도자로 위상을 제고시키게 되는 것이었다.

아이켄베리(G. John Ikenberry)는 주요한 전쟁에서 승리를 거둔 국가는 수중에 획득한 새로운 힘을 사용하기 위해 세 가지 중 하나의 선택에 직면한다고 한다. 첫째는 획득한 힘을 이용해 타국을 지배하는 것, 둘째는 그 힘을 포기하는 것, 셋째는 변화시키는 것이라고 했다.[38]

북한은 푸에블로호 승리를 통해 얻게 된 새로운 힘을 통해 대미 승리의 영속적 질서를 유지하고자 하였다. 한국전쟁이 북한에게 최대의 대미 승리였다면, 푸에블로호 승리는 지속된 대미 승리로 강조되었다. 그리고 이런 과정을 통해 북한의 대미 승리인식은 더욱 공고화되어갔다.

2) EC-121기 격추사건과 대미 승리인식

푸에블로호 사건을 통해 공고화된 대미 승리인식은 EC-121기 격추를 통해 한 번 더 공고화된다. EC-121기 사건은 1969년 4월 15일 오후 2시경, 동해 상공에서 정찰비행을 수행 중이던 미 해군 7함대 소속의 비무장 4발 프

---

37) 『조선문학』, 4월호(1969), 41~48쪽.

38) 아이켄베리 저, 강승훈 역, 『승리 이후』(서울: 한울, 2008), 23쪽.

로펠러기인 EC-121기 1대가 북한 미그(MIG)-21 전투기에 의해 격추되어 승무원 31명 전원이 사망한 사건이다.[39)]

사건 발생 후 미국은 동해바다로 항공모함을 보내 무력시위를 전개했다. 미 행정부 내에서는 북한의 도발에 대한 보복이나 배상요구를 해야 한다는 의견이 강력히 제기되었다. 그러나 북한에 대한 보복이나 배상요구는 이루어지지 않았다.[40)] 푸에블로호 사건과 유사한 양상이었다. 푸에블로호 나포 당시 존슨 대통령을 비난했던 닉슨이었지만, 정작 본인이 대통령이 된 상황에서 발생한 사건 앞에서 '무력시위' 외에 별다른 대책을 내놓지 못한 것이었다.[41)]

미국이 푸에블로호 사건에 이어 EC-121기 사건 때도 무력시위 외에 별다른 보복 공격을 하지 않은 점은 북한의 대미인식을 공고화시킨 계기가 되었다고 할 수 있다. 푸에블로호 사건 때와 동일한 미국의 반응은 북한에게 자신들의 모험주의적 행동에 별다른 제재가 없음을 '학습'하게 된 것이었다.

복잡한 국제적 구조를 감안하더라도, 푸에블로호와 EC-121기 사건은 북한에게 미국을 '종이호랑이'로 생각하게 하였을 것이다. 일찍이 마오쩌둥이 말한 원자탄과 미국, 이 모든 것이 '종이호랑이'라는 확신에 가까운 믿음을

39) 헨리 A. 키신저 저, 앞의 책, 96~97쪽.
40) 위의 책, 103쪽.
41) 당시 백악관 안보보좌관이던 키신저는 그 이유를 미국이 중국과의 관계개선을 추진하던 중이었다는 점과 함께 미국의 허술함도 한 요인으로 꼽고 있다. 닉슨 행정부 출범 후 얼마 되지 않았던 데서 오는 조직의 미숙함과 당시 미군 전력 중 24시간 이내에 어떠한 군사력도 이동할 수 없었던 상황적 요인을 꼽고 있다. 헨리 A. 키신저 저, 앞의 책, 100쪽. 한편 중국학자로 동북사범대학 교수인 鄧峰(Deng Feng)은 미국이 당시 아시아의 위기에 대해 선택할 수 있는 대안이 적었고, 이것은 미국 힘의 명백한 한계를 보여주는 것이라고 분석하고 있다. 그는 당시 미국의 정책은 베트남전쟁 수행, 미 정부의 신아시아전략 추진, 소련의 온건정책이 힘을 발휘하고 있는 상황에서 미 정부 내 분열을 막기 위해 나온 조치인 것으로 분석했다. 鄧峰, "美国与 EC-121 危机 - 对 1969年 美国大型侦察机 被朝鲜击落事件的 研究,"『世界歷史』, (2008年 第2期), 14~23쪽.

가지게 했던 것이다.[42]

2. 반미의 통치 이데올로기 활용

많은 학자들이 반미의 유형에 대해 연구하였다. 연구에 따르면 반미는 시기, 쟁점, 강도, 주도, 특성별로 구분할 수 있다.[43] 여기서는 반미의 특성별 구분에 주목하고자 한다.

특성별 구분에 따른 반미 중 정책적 반미는 미국 정부의 특정 정책이나 행위에 대한 적대감이 분출된 것으로 가장 일반적인 반미주의 유형이라 할 수 있다. 대표적으로 미국의 이스라엘 지지, 베트남 전쟁, 이라크 침략 등에 대한 비난이나 분노를 들 수 있다. 도구적 반미는 어느 정부가 민족주의를 표방함으로써 국민의 지지와 단결을 유도하거나 정부에 대한 국내외의 불만이나 비판을 잠재우기 위하여 정부차원에서 미국을 비판하거나 공격하는 것으로 주로 독재주의 또는 권위주의 정권에서 발전되어 왔다. 이념적 반미는 미국으로 대표되는 자유민주주의와 자본주의 체제 그리고 미국의 제국주의 정책에 대한 거부감이나 적대감에서 표출된 것으로 과거의 동유

42) 1946년 8월, 마오쩌둥은 미국기자 Anna Louise Strong와의 회견에서 '원자탄은 종이 호랑이다. 전쟁의 결과는 한두 가지의 신형무기에 의하여 결정되는 것이 아니라, 인민에 의하여 결정되는 것이기 때문이다'라고 주장하였다. 그러면서 '미국을 포함한 모든 반동세력도 역시 종이호랑이에 불과하다. 이들은 외면상으로는 무섭게 보이지만, 실제에 있어서는 장기적으로 보아 그렇게 강한 것이 못된다'며 중국 공산당이 경험해 온 혁명전쟁을 세계 공산화의 전략으로 선택할 것을 주창하였다. 임동원,『혁명전쟁과 대공전략』, 3판(서울: 탐구당, 1968), 36쪽.

43) 이재봉, "세계의 반미주의: 미국이 '지구상에서 가장 증오 받는 나라'가 된 배경과 과정,"『한국 동북아논총』, 제35집(2005), 185쪽. 반미의 유형별 구분으로는 먼저 시기별로는 오래된 반미와 새로운 반미로, 쟁점별로는 정치적 반미와 문화적 반미로, 강도별로는 온건한 반미와 급격한 반미로, 주도별로는 민간차원의 반미와 정부차원의 반미로, 특성별로는 정책적 반미, 도구적 반미, 이념적 반미로 세분할 수 있다.

럽이나 제3세계에서 발전되어 왔다.[44]

주목할 점은 북한은 푸에블로호 사건 이후 도구적 반미의 모습을 보이고 있다는 점이다. 이전까지 북한의 반미를 이념적 반미 또는 정책적 반미라고 볼 수 있다면, 푸에블로호 사건 이후 북한은 이념적 반미뿐만 아니라 도구적 반미를 활용하였다. 즉, 반미 이데올로기를 통해 인민의 불만을 무마시키고, 인민의 지지를 이끌어내고 있는 것이었다.

1968년의 북한과 이후 북한이 이런 상황 속에서 푸에블로호 사건을 반미 이데올로기로써 활용한 사례를 경제선동분야와 정책 합리화 사례를 통해 살펴보고자 한다.

1) 경제선동 소재

북한의 1968년은 공화국 창건 20주년이 되는 해였다. 한반도의 남과 북에서 다른 체제가 성립된 이후 20년간 체제 경쟁의 시간이 지난 것이었다. 동양에서 사람이 20세가 되면 성인으로 본다. 체제의 20년은 이제 성인의 체제가 되는 것이었다. 이점에서 북한의 1968년은 중요한 해였다.[45] 그러나 상황은 여의치 않았다.

1961년 시작한 북한의 1차 7개년 경제계획은 당초 1967년에 끝마쳐야 했다. 그러나 계획대로 마칠 수 없는 상황이었다. 북한은 1966년 부득이 3년을 연장하기에 이르렀다. 1965년 이후 북한 경제의 성장은 답보상태에 빠져 있었다. 북한은 이후 경제 통계를 발표하지 않고 있었다.

---

44) 이재봉, 앞의 글, 185쪽.

45) 하나의 사건은 그 사건이 처한 구조적 요인과 상황적 요인 속에서 더 큰 영향력을 발휘한다고 볼 수 있다. 이점에서 푸에블로호 사건이 발생한 1968년의 상황은 매우 중요하다. 푸에블로호 사건의 영향은 1968년의 의미 속에서 구조적으로, 또 상황적으로 더욱 증폭되었다고 할 수 있다.

〈표 4-3〉 북한의 연도별 사회총생산액(1946-1965)

(단위: 백만 원)

연도	1946	1960	1961	1962	1963	1964	1965
금액	812.5	6,682	7,560.9	8,398.3	9,191.0	10,110.0	10,481.2

* 출처: 통일원, 『북한 경제 통계집』(서울: 통일원, 1996), 119쪽.

이런 상황에서 1967년 8월 평양은 사상 초유의 대홍수가 발생했다. 유사 이래 처음 있는 대홍수라고들 했다 한다. 홍수피해는 컸다. 제방이 무너져 백화점, 화력발전소, 방직공장 등 상당수가 물에 잠겼다. 많은 인원들이 죽었다. 홍수 이후 주민들은 대동강 제방공사에 모두 참여하였다. 김일성 종합대학 학생들도 이 공사에 동원되었다. 황장엽에 따르면 이 홍수의 피해 복구는 11월말까지 진행되었다고 한다.[46] 북한의 이 같은 국내 상황에서 푸에블로호 사건이 발생하였다.

북한은 푸에블로호 사건으로 고조된 반미감정을 경제 선동의 소재로서 활용하였다. 전쟁의 위기가 닥쳐오는 상황에서 경제목표 달성을 독려한 것이다. 이런 사항은 당시 북한의 『로동신문』 보도에 잘 나타나 있다.

나포 사건 이후부터 12월 말까지 『로동신문』에서 푸에블로호 사건을 보도한 기사는 총 164회 정도였다.[47] 이 중에서 이 사건을 경제선동으로 연결시킨 기사는 18회가 등장한다. 푸에블로호 사건으로 조성된 반미 감정을 경제 선전선동과 연계시킨 것이었다. 시기적으로는 위기상황이 최고조였다고 할 수 있는 1968년 2월~4월까지의 기간에 집중되어 있다. 기사는 〈표 4-4〉에서 제시된 구호아래 경제실적을 달성한 모범적인 사업장의 소식이 보도되었다. 경제선동 구호에서는 미제로 인해 조성된 어려운 상황이 강조

46) 황장엽, 『황장엽 회고록』, 3판(서울: 시대정신, 2010), 182~185쪽; 김진계, 앞의 책, 119~122쪽.

47) 164회의 보도를 내용별로 구분하면, 경제선동기사 18회, 사실보도 27회, 외국의 지지 인용보도 67회, 승무원들의 자백서 및 인터뷰 보도 13회, 사건에 대한 해설 · 사설 · 연설 24회, 성명 4회, 기타 11회 등이다.

되고 있고, 미제를 '원쑤'이자, '족쳐야' 할 대상으로 그리고 있다. 그리고 이를 강조하며 그 동력을 경제성장으로 연결시키자는 내용을 담고 있다.

〈표 4-4〉 푸에블로호 나포사건 당시 북한의 경제 선동 구호

일자	구호 내용
2.21	원쑤 미제의 가슴팍에 총상을 받는 심정으로 더 많은 쇠돌을
2.24	원쑤를 족치는 기세로 생산을 2배, 3배
2.27	미제가 함부로 덤벼든다면 일격에 때려 부실기세로 굴진에서 새로운 혁명을 일으킨다
3.4	미제의 새 전쟁 도발책동에 대처하여 긴장되고 동원된 태세로 로력과 자재를 적게 쓰고 더 많이 생산하자
3.5	나라의 방위력을 철벽으로 다지기 위하여 경제건설에서 혁명적 고조의 불길을 더욱 높이자!
3.8	원쑤 미제의 가슴팍에 총창을 박는 심정으로 생산에서 계속 앙양을 일으키자!
3.11	원쑤 미제를 족칠 기세로 농사차비를 다그친다
3.17	천리마대진군의 거세찬 불길로 미제의 전쟁도발책동을 단호히 짓부시고 생산과 건설에서 계속 고조를 일으키자
3.19	조선인민의 철천의 원쑤 미제를 족치는 기세로 생산에서 일대 혁명적 고조를 일으키자
3.21	경제건설과 국방건설을 병진시킬데 대한 당의 로선을 관철하기 위하여 미제를 족치는 기세로 두 몫 세 몫씩 일하자!
3.25	긴장되고 동원된 태세로 일하여 1.4분기 계획을 앞당겨 끝냈다
3.28	원쑤 미제를 족치는 기세로 두 몫, 세 몫씩 해제껴 1.4분기 계획을 앞당겨 끝냈다
3.29	원쑤 미제를 족치는 기세로 일하여 1.4분기계획을 앞당겨 끝냈다
4.6	원쑤 미제의 어떠한 침략도 물리치고 승리하기 위하여 사회주의 건설의 모든 전선에서 혁명적 대고조를 더욱 앙양시키자
4.7	미제를 족치던 그 기세로 로력전선에서 혁신을 일으키자
4.17	원쑤 미제의 가슴팍에 총창을 박는 심정으로 증산의 불길을 더욱 높인다

*출처: 『로동신문』, 1968년 보도를 토대로 작성.

김정일은 1968년 2월 2일 조선로동당 선전선동부 및 군사부 일꾼들과 한 담화에서 "일군들과 근로자들 속에서 전쟁준비를 한다고 하면서 생산과 건설에 힘을 넣지 않거나 들떠서 일을 제대로 하지 않는 현상이 없도록 하여

야 한다"[48]며 다음과 같이 경제건설을 강조하였다.

> 수령님께서는 래일 아침에 당장 전쟁이 일어난다 하더라도 오늘 밤 12시까지는 건설을 계속하여야 한다고 하시였습니다. 전쟁이 일어나 파괴되는 것을 두려워하면서 건설을 적극적으로 내밀지 않는 것은 혁명적 진쟁관점이 시지 못하고 승리에 대한 신심이 없는 표현입니다. 우리는 당원들과 근로자들로 하여금 정세가 긴장할수록 더욱 분발하여 전투적으로 일하고 생활하며 맡겨진 혁명과업을 두곱, 세곱으로 넘쳐 수행하여 생산과 건설에서 새로운 앙양을 일으키도록 하여야 합니다.[49]

반미감정을 강조한 경제 선동구호는 오래 지속되지는 않았다. 반미와 경제를 연계한 구호는 5월 이후로는 보이지 않는다. 시기적으로 푸에블로호 사건으로 조성된 긴박한 정세가 해소되는 상황에서 반미구호의 경제선동 효과가 다했을 것으로 판단되었기 때문으로 보인다. 이후에는 4월 28일 최고인민회의 제4기 2차 회의에서 채택된 "천리마의 대진군을 다그쳐 년간계획을 공화국창건 20주년 기념일전으로 끝내기 위하여 강력히 투쟁하자"는 구호로 대체되고, 경제선동 구호에서 반미는 제외되게 된다.[50]

김일성도 푸에블로호 사건 당시 경제 선전선동의 효과를 인정하였다. 김일성은 전쟁발발의 위기 속에서 "많은 공장, 기업소들이 우리 조국 강토에서 미제국주의자들을 몰아내고 하루빨리 조국을 통일하려는 불같은 념원

48) 김정일, "미제의 전쟁도발책동에 대처하여 전투동원준비를 철저히 갖추자 - 조선로동당 중앙위원회 선전선동부, 군사부 일군들과 한 담화(1968년 2월 2일)," 『김정일 선집』, 제1권(평양: 조선로동당출판사, 1992), 332쪽.

49) 위의 책, 332쪽.

50) 이후에 등장하는 경제 선동 구호는 『로동신문』 7월 4일자 "년간 계획을 공화국 창건 20주년 기념일전으로 끝내기 위하여 전진, 전진, 투쟁 또 전진하자!"를 시작으로 계속하여 공화국 창건일 이전에 연간 계획을 끝내자는 내용이 주를 이루게 된다. 그러다 『로동신문』 8월 16일자부터는 "공화국창건 20주년 기념일전으로 년간 계획을 끝내고 년말까지 증산계획을 수행하기 위하여 힘있게 내달리자"라는 등으로 금년도 목표달성 및 증산계획을 독려한다.

으로부터 출발하여 더 많은 과제를 줄 것을 제기하여 나섰으며 그 결의를 훌륭히 수행하였습니다"라고 평가하였다.[51)]

푸에블로호 나포로 조성된 긴장된 정세에서 강조된 반미감정을 경제선동 구호로 활용한 것은 정치와 경제의 연계를 강조하는 북한식 선전선동의 좋은 사례이자, 북한이 푸에블로호 사건으로 초래된 반미 감정을 경제 분야에서 활용한 사례가 될 것이다.

미국과의 전쟁위기를 경제선동의 소재로 활용한 사례는 EC-121기 격추사건 때도 유사하게 나타난다. 1969년 4월 15일 미 해군 정찰기 EC-121기를 북한이 격추시켜 31명의 미군이 사망한 사건으로 한반도는 푸에블로호 사건 때와 같이 전쟁발발의 위기 속에 처하게 되었다. 북한은 이 상황에서 반미의 분위기를 고조시킴과 동시에 이를 경제선동의 소재로 활용하였다. 경제선동의 기사와 구호들이 1969년 4월 6회, 5월 7회 등 총 13회 보도되었다.

경제선동의 특징은 장기간 지속되지 않고, 긴장이 가장 고조되는 시점에 활용되는 특징이 있다. 북한의 『로동신문』을 기준으로 푸에블로호 사건과 EC-121기 사건 기사에서 경제선동기사는 전체 보도의 10% 이상을 차지하였다.

〈표 4-5〉 **내용별 보도 횟수 비교**

구분	사실보도	외국지지	군중집회보도	자백서청원서	해설사설	성명	경제선동활용	기타	계
푸에블로호	27	67	-	13	24	4	18	11	164
	16%	41%	-	8%	15%	2%	11%	7%	
EC-121기	2	64	11	-	3	3	13	-	96
	2%	67%	11%	-	3%	3%	13%	-	

* 출처: 『로동신문』, 1968년, 1969년 보도를 토대로 작성.

51) 김일성, "사회주의경제의 몇가지 리론 문제에 대하여-과학교육부문일군들이 제기한 질문에 대한 대답(1969년 3월 1일)," 『김일성 저작집』, 23권(평양: 조선로동당출판사, 1983), 450~451쪽.

푸에블로호 나포 사건과 EC-121기 격추사건으로 인해 전쟁의 위기가 고조되는 상황에서 북한은 반미고조의 분위기를 경제선동의 소재로 활용하였음을 확인하였다. 북한이 반미를 도구적으로 활용한 사례라고 할 수 있다.

2) 정책 합리화 소재

1968년 북한 경제가 좋지 않았음은 앞서 살펴보았다. 1차 7개년 경제계획은 지체되고 있었고 경제와 국방의 병진 정책은 북한 경제 구조를 왜곡시키고 있었다. 이런 상황에서 푸에블로호 사건은 북한 지도부에게 일종의 면죄부 역할을 하게 하였다.

김일성은 1969년 신년사에서 "지난해(1968년)에 우리는 미제국주의들의 도발책동으로 말미암아 일어난 ≪푸에블로≫호 사건으로 하여 커다란 시련을 겪었다"[52]라고 평가하였다. 그러면서 "지난해 1·4분기에는 ≪푸에블로≫호 사건에 대처하여 나라의 방위력을 더욱 강화하기 위한 조치를 취하다보니 경제건설에서 일정한 영향을 받지 않을 수 없었다"[53]고 원인을 분석했다. 또 푸에블로호 사건이 "자본주의 나라 출판물들까지도 지난해에 있은 사건들 가운데서 ≪푸에블로≫호 사건을 웰남전쟁을 내놓고 세계에서 가장 큰 사건"[54]이라며 강조하였다.

그러면서 이같은 현실에서 경제와 국방의 병진노선은 북한이 처한 현실에서 필요불가분한 정책이라는 점을 명확히 언급했다.

> 다 아는바와 같이 경제건설과 국방건설을 병진시킨다는 것은 경제건설과 국방건설의 어느 하나도 약화시키지 않고 다같이 튼튼히 틀어쥐고

52) 김일성, "1969년 새해를 맞이하여-신년경축연회에서 한 연설(1969년 1월 1일)," 『김일성 저작집』, 제23권(평양: 조선로동당출판사, 1983), 224~225쪽.
53) 위의 책, 227쪽.
54) 위의 책, 225쪽.

> 나간다는 것을 의미합니다. (중략) 지금 어떤 사람들은 사회주의나라가 경제건설과 국방건설을 하는 것은 마땅한 일인데 병진로선이라는 것이 무슨 새로운 것인가고 잡소리를 한다고 합니다.
> 이렇게 말하는 사람들은 아직 우리 당의 병진로선의 본질을 잘 모르는 사람들입니다. (중략) 우리 당이 내놓은 병진로선은 나라가 남북으로 갈라져 적들과 직접 맞서고 있는 우리의 조건에서 가장 현실적이고 혁명적인 정당한 로선입니다.[55]

역설적으로 푸에블로호 사태가 국가의 위기를 조성했지만, 김일성의 입장에서는 오히려 이것이 자신의 노선을 정당화시켜주는 구실을 해준 것이다. 『조선전사』에도 같은 주장이 실려 있다.

> 이상의 사실들은 7개년 계획기간 우리 인민이 어떠한 침략자도 능히 때려 부실수 있는 전인민적, 전국가적 방위체계를 확고히 수립하여 놓았다는 것을 말해 주었다.[56]

북한의 교과서에도 같은 주장이 실려 있다. 북한 고등중학교 5학년용 김일성 혁명력사 교과서(1999년판)에는 “사회주의 공업화를 완성하기 위한 투쟁” 단원에서 경제와 국방의 병진정책을 설명하면서 푸에블로호 사건을 소개하고 있다.

> 이에 겁을 먹은 미제침략자들은 하는 수 없이 조선인민 앞에 무릎을 꿇고 저들의 침략행위에 대하여 용서해달라고 빌지 않을 수 없었다. (중략) 이것은 위대한 수령님께서 밝히신 경제건설과 국방건설을 병진 시킬데 대한 혁명적로선의 빛나는 승리였으며 그 불패의 생활력의 일대 시위였다.[57]

---

55) 위의 책, 229~230쪽.
56) 과학백과사전출판사, 『조선전사』, 제31권(평양: 과학백과사전출판사, 1982), 219쪽.
57) 교육도서출판사, 『위대한 수령 김일성 대원수님 혁명력사(고등중학교 제5학년용)』(평양: 교육도서출판사, 1999), 28쪽.

북한은 푸에블로호 사건을 겪으면서 형성된 반미 이데올로기를 자신들의 정책의 합리화 수단으로 사용하였다. 전쟁 발발의 고조 속에서 북한은 경제선동을 활발히 전개하였다. 긴장된 사회분위기 속에서 미제를 혐오하는 마음을 갖고, 7개년 계획을 앞당겨 끝내자고 독려한 것이다. 북한의 경제가 어려운 것은 미국이라는 제국주의 때문이라는 '핑계'를 대었고, 그것은 정확히 들어맞게 되었다.

이 시기 이후 북한의 대미인식에는 '유용성'의 개념이 추가되게 되는 것이다. 반미를 어떻게 인식하고 활용하느냐에 따라 반미가 유용한 수단이 될 수 있음을 확인하였던 것이다.

3. 대미 인민외교의 전개

북한은 푸에블로호 사건을 통해 미국 국내에 북한에 우호적이거나 관심을 보이는 여론이 존재한다는 것을 인식하게 되었다. 미국 정부를 반대하고 북한의 주장을 지지하는 미국 내 여론이 존재한다는 사실을 발견하게 된 것이다. 북한은 이런 경험을 토대로 자신들의 주장에 동조하거나 미 정부에 반대 여론을 형성할 수 있는 주체들과의 관계 강화에 나서게 된다. 소위 '인민외교'를 전개하게 되는 것이다. 인민외교란 정부차원에서의 외교가 아니라 민간차원에서 이루어지는 민간차원의 외교를 말한다. 북한이 추진했던 대미 인민외교는 미국 내 북한의 입지를 공고히 하려는 노력과 함께 북한에서 대미 승리인식을 공고히 하고 대내적으로 활용하는 소재가 되기도 했다.

북한의 대미 인민외교 추진은 미국 공산당 대표단을 북한에 초청하면서부터 시작했다고 볼 수 있다. 1969년 8월 20일 미국 공산당 전국위원회 집행위원회 위원이며 『데일리월드』지 주필인 죤 피트맨 등 3명이 평양에 도착하였다. 당 정치위원회 위원 박성철, 김중린 비서, 김좌혁 당 평양시 책임 비서, 『로동신문』 정준기 책임주필 등이 공항에서 이들을 영접하였다.[58)]

미국 공산당 대표단의 방북은 단순한 방문 이상으로 북한 내에서는 정치적으로 활용되었다. 평양 도착에서부터 출발까지의 전 일정이 신문에 보도되었다. 조선로동당 대표단과 회담, 김일성 면담, 환영 연회뿐만 아니라 이들을 환영하는 평양시 군중대회가 개최되었다. 주요 시설에 대한 견학도 이루어졌다.

미국 공산당 대표단은 귀국 후 미국 공산당 기관지인 『데일리월드』에 방북기를 게재하였다. 북한 『로동신문』은 이 내용을 1969년 12월 31일자와 1970년 1월 3일자에 사진과 함께 인용 보도하였다. "조선은 사회주의의 성공탑"이라는 제목 하에 게재된 기사내용에 따르면 미국 공산당 대표단 3명이 방북 인상기를 "사회주의조선을 보고"라는 큰 제목 밑에 11번에 걸쳐 연재하였다는 것이다. 또 주간잡지 『월드 매거진』에도 그들의 '인상기'가 실렸다는 것이다. 내용은 김일성의 항일유격투쟁으로부터 북한 내 활동들을 찬양한다는 것이었다.

북한은 미국 공산당의 방문을 통해 양국 두 당간의 유대를 강화 발전시킨 것뿐만 아니라 대내적으로 반미를 고취시키고, 공고화 시키는 데 활용하였다.

북한의 대미 접근은 1969년 10월 27일 『뉴욕타임스』에 '김일성 전기傳記 광고'를 게재하는 것으로 이어졌다.[59)] 1972년 『뉴욕타임스』 기자로 방북한 솔즈베리(Harrison E. Salisbury)는 이 광고를 보고, 김일성에게 몇 가지 질문서를

58) 『로동신문』, 1969년 8월 21일. 당시 신문 1면에는 사진과 함께 "미국 공산당대표단이 평양에 왔다"는 제목의 기사가 게재되었다.

59) 『로동신문』, 1969년 11월 23일자는 『뉴욕타임스』 광고를 인용한 기사를 1면에 게재하였다. 『뉴욕타임스』에 "조선은 20세기의 영웅을 낳았다. 김일성전 제1부"라는 제목의 기사가 보도되었다는 것이었다. 『로동신문』, 1969년 11월 23일. 이 광고는 『런던 타임스』에도 1969년 11월 3일 게재되었다고 『로동신문』은 보도했다.

발송했었다고 한다.[60] 『뉴욕타임스』의 광고 게재가 미국 내 북한의 관심을 제고시킨 효과가 있었던 것이다.

북한의 대미접근은 미국 내 친선 단체의 조직으로 이어졌다. 북한은 1971년 2월 뉴욕에 『미국 · 조선 친선공보센타』를 설치했다. 1971년 6월에는 캘리포니아 버클리에 『조선인민과의 연대성위원회』를 조직했다. 1975년에는 김일성 주체사상연구소조가 결성되는 등 비정치적인 단체를 조직하여 대학교수, 한국연구가, 공산주의 동조학생, 친북한 언론인, 교역 상사원들에게 각종 선전활동을 전개했다.[61]

1971년부터는 재미교포들을 초청하면서 본격적인 대미 인민외교를 전개했다. 북한의 재미교포 초청은 1971년부터 시작되며 그 규모는 1981년까지 87명에 이른다.[62] 초청된 방북 교포들은 북한이 정한 계획에 따라 각종 시설 참관과 관광을 하였다.[63] 북한을 방문했던 교포 일부는 북한에 대해 실망을 한 부류도 있지만, 상당수는 친북 성향을 더욱 확고히 하며 귀국 후 북한의 입장을 대변하는 역할을 하기도 하였다.[64]

미국 학계인사로써 최초 방북한 사람은 하바드 대학 동북아세아 법률연구소장인 알란 코헨(Jerome Alan Cohend)이었다. 코헨은 1972년 7월 22일부터 8월 5일까지 방북하였다. 방북 목적은 북한과의 문화적 접촉개시 가능성 및 북

---

60) 외무부, "국외일일정보 제114호(1972.5.17)," 외무부,『공개외교문서(제10차)』 v.16.(마이크로필름), 2005.

61) 박재규, "북한의 대미국정책," 고병철 · 김세진 · 박재규 공저, 『북한외교론』(서울: 경남대학교 극동문제연구소, 1977), 128쪽; 극동문제연구소, 『북한전서(1945-1980)』(서울: 극동문제연구소, 1980). 232쪽.

62) 김남식, 『해외교포 북한 방문 실태』(서울: 국제문제조사연구소, 1982), 20쪽.

63) 위의 책, 23쪽. 김남식은 당시 북한의 방북교포공작의 가장 주된 목적이 교포의 거주국내에 자기(북한)들의 확고한 공작거점을 부식(扶植)하는데 있다고 분석하고 있다. 일단 방북하게 되면 확고한 친북인사가 되도록 융숭한 대접과 각종 시설 참관, 설득공작 등을 실시하고 있다고 평가하였다. 그러면서 '향후 이 같은 공작은 질적으로 보다 강화될 것'이라고 전망하였다.

64) 위의 책, 24쪽.

한 사정을 탐지하기 위해서였다. 방북 후 그는 북한에서 가장 인상적이었던 것으로 국가의식과 독립에 대한 강력한 집착, 그리고 공업국가 건설을 위해 기술교육에 중점을 두고 있는 것 등이었다고 하였다.[65)]

1972년 5월 12일 미국 언론인으로서는 처음으로 『뉴욕타임스』의 편집부국장 솔즈베리와 동경지국장 존 리(John W. Lee), 5월 22일에는 『워싱턴 포스트』의 동경지국장 해리슨(Selig S. Harrison)이 각각 평양을 방문했다.

미국 언론인의 북한 방문은 한국전쟁 이후 처음이었다. 미국 언론인의 방북 시도는 이전에도 있었지만, 북한은 비자발급을 거부했었다.[66)] 북한의 대미행태는 1972년 전향적으로 변화되어 미국의 언론기자를 평양에 초청한 것이었다.

당시 정부는 북한이 미국 언론사 기자들을 초청한 것에 대해 북한의 유연자세 과시로 평화이미지를 자유세계에 홍보하고 두개의 한국을 부각하며 한반도의 긴장 책임을 전가하고 대미관계에서 밑으로부터의 관계개선 추구 등에 목적이 있다고 분석했다.[67)]

김일성은 5월 26일 『뉴욕타임스』와의 회견에서 여러 가지 사안에 대해 언급하였다.[68)] 김일성은 회담 내내 미국 정부에 대한 비난과 미국 인민과의 친선을 강조하였다. 김일성은 직설적으로 '미국에 대한 조선인민의 감정은 좋지 않다'고 했다. 그 이유는 '한국전쟁시기 많은 피해를 당했기 때문'이라고 했다. 북한이 전쟁준비를 하는 것은 미제가 다시 달려들지 않으리라

---

65) 외무부, "내부 보고 문건(1972.11.1)," 외무부, 『공개외교문서(제10차)』 v.15(마이크로필름), 2005.

66) 1965년 『AP 통신』 기자가 북한 취재를 위한 여행 허가 신청서를 미 국무부에 제출했었는데 북한이 입국 비자 발급을 거부한 것으로 알려졌다. 주미대사, "외무부장관 보고 전문(1965.12.10)," 외무부, 『공개외교문서(제4차)』 v.9(마이크로필름), 2005.

67) 외무부, "국외일일정보 제114호(1972.5.17)," 외무부, 『공개외교문서(제10차)』 v.16(마이크로필름), 2005.

68) 『로동신문』은 1972년 6월 2일 1면과 2면에 "경애하는 수령 김일성 동지께서 미국 ≪뉴욕타임스≫지 기자들과 하신 담화"라는 제목으로 상세히 보도하였다.

는 보증이 없기 때문이라며 자신들의 당위성을 강변하였다. 북미관계는 전적으로 미국정부의 태도에 달려 있다고 강조했다. 미국정부의 적대시 정책이 변하지 않는 한 북한의 대미정책도 변하지 않을 것이라고 주장했다. 그러나 김일성은 "우리는 미국정부의 반동정책은 반대하지만 미국인민들은 반대하지 않습니다. 우리는 미국에 우리의 좋은 친우들이 많아질 것을 원하고 있습니다"라고 밝혔다.[69)]

북한은 푸에블로호 사건을 통해 얻은 대미 승리인식을 바탕으로 적극적인 대미 인민외교를 전개하였다. 대미 인민외교를 통해 미국 내 여론의 지지를 얻고 미국 정부와 대결하려고 하는 모습을 보였다. 북한은 인민외교를 통해 미국 정부 이외의 대상을 북한으로 초청하고, 미국 내에서 북한 지지 여론을 형성하고, 이런 동향을 다시 대내적으로 선전함으로써 대미 승리인식으로 형성된 대미 인민외교를 결과적으로는 대내적으로 활용하는 방법을 전개하였다.

69) 『로동신문』, 1972년 6월 2일. 김일성의 담화는 『로동신문』 보도 전에 『뉴욕타임스』 5월 31일자에 먼저 보도되었다. 김일성의 『뉴욕타임스』 담화에 대한 미 국무부의 반응은 다소 부정적인 평가가 많았다. 미 국무성 대변인은 '북한이 미국에 대해 많은 적의(hostility)를 보이고 있음에 비추어 관계개선의 성의가 없는 것으로 볼 수 있다'고 평가했다. 주미대사, "외무부장관 보고전문(1972.5.31)," 외무부, 『공개외교문서(제10차)』 v.16.(마이크로필름), 2005.
국무부 한국과 및 정보조사국 북한 담당관들은 '김일성이 인터뷰를 통해 미국 여론에 영합하고자 무척 세심한 배려를 한 것으로 보인다'고 평가했다. 주미대사, "외무부장관 보고전문(1972.5.31)," 외무부, 『공개외교문서(제10차)』 v.16.(마이크로필름), 2005.

제3절
대미 승리인식의 제도화

1. 김정일 체제 등장과 푸에블로호 호명

북한은 푸에블로호 사건이 승리로 끝난 이후 이 사건을 반미 선전선동에 적극 활용하였다. 그러나 『로동신문』 지면에서 푸에블로호 사건에 대한 보도는 1969년 4월 15일 북한의 미국 해군 EC-121기 정찰기 격추 이후 사라진다. 푸에블로호 사건에 대한 언급이 사라진 자리는 EC-121 사건 기사가 차지하게 된다. 그러나 이것도 1969년 6월 25일 북한이 한국전쟁 개전일부터 정전협정 조인일까지 『반미공동투쟁월간』으로 선정하면서 사라진다. 소재素材적 가치에서 푸에블로호는 더 이상 부각되지 않는다.

이후 푸에블로호가 『로동신문』을 통해 등장하는 것은 1970년 1월 26일 나포 2주년을 기념하는 기사에서였다.[70] 일본의 군사평론가의 글이라면서 '미제와 일본군국주의자들은 수치스러운 참패에서 교훈을 찾아야 한다'는 제하의 글이 게재된 것이다. 그러나 이마저도 지속되지 못하고 한동안 중단되다 1975년 8월 북한을 방문한 중국 예술단이 원산의 푸에블로호 나포 부대를 방문했다는 기사에서 다시 등장한다.[71] 푸에블로호에 대한 보도는

70) 『로동신문』, 1970년 1월 26일.
71) 『로동신문』, 1975년 8월 20일.

1976년 8월 22일 판문점 사건 당시 일본사회계 인사들의 반향이라며 푸에블로호 사건과 EC-121사건을 거론한 이후 1990년대까지 찾아보기 힘들다.[72] 사건 이후 한동안 푸에블로호 사건을 통해 대미 승리를 선전하였지만 오랫동안 지속되지는 않은 것으로 볼 수 있다.

푸에블로호 사건이 사건 이후 별로 주목받지 못했던 이유는 무엇일까? 그 이유는 당시 국제상황과 북한의 대내정치를 함께 살펴보아야 할 것이다.

국제적 측면에서는 미국과 중국의 화해가 직접적인 요인이었을 것이다. 1969년 7월 닉슨 독트린과 이어서 전개되는 미·중 화해 분위기는 미국과 대결하는 상황을 완화시키고 있었다. 미국과 중국의 화해는 남북한의 대화를 유도하고 있었다. 미국의 대중對中 접근을 미국이 백기를 들고 왔다고 선전하는 상황에서 미국과의 대립각을 세우는 것은 긴박한 사안이 되지는 못했을 것이다.

대내적 측면에서는 김일성 유일지도체제의 형성과 강화, 항일유격대 기억의 강조 분위기와 관련이 있을 것이다. 유일지도체제의 공고화와 항일유격대 따라 배우기가 성공적으로 진행되는 상황에서 푸에블로호 사건까지 군이 동원할 필요를 느끼지 못했을 것이다. 이런 대내·외적 측면에서 당시 정책결정자에게 푸에블로호 사건의 동원은 더 이상 필요로 하지 않았다고 보여진다.

푸에블로호를 역사의 기억에서 현재로 불러온 것은 김정일이었다. 시기적으로는 1990년대이다. 원산항에 격리 보관되어 있던 푸에블로호를 관람용으로 활용하기 시작하였고 전시장소도 평양 대동강으로 옮겼다. 푸에블로호 사건을 소재로 한 영화와 소설 등 문학작품을 제작하여 푸에블로호 불러오기를 적극적으로 전개하였다.

---

72) 『로동신문』, 1976년 8월 22일.

그렇다면 김정일은 왜 푸에블로호를 현재로 불러왔을까? 이것은 김일성의 사망과 사회주의권의 붕괴, 그리고 이 과정에서 새 지도자 김정일의 등장을 상호 관련지어 살펴보아야 할 것이다.

1990년을 전후하여 동구 사회주의권과 소련 연방이 붕괴되었다. 남한의 북방외교는 북한을 중국과 소련으로부터 고립되게 하였다. 1차 북핵 위기가 시작되어 미국의 영변 핵시설에 대한 공격이 거론되었고, 1994년 7월 김일성이 사망하였다. 이어 닥쳐온 자연재해는 북한을 정치적, 경제적으로 어렵게 만들었다. 북한은 이 당시를 다음과 같이 묘사하고 있다.

> 지난 세기 90년대는 우리 조국과 인민의 자주성을 고수하느냐 못하느냐 하는 운명적인 시기였다. 미제를 괴수로 한 제국주의 련합세력은 우리나라가 몇 해를 넘기지 못하고 ≪붕괴≫될 것이라고 떠들면서 인민대중중심의 우리식 사회주의를 없애버리기 위하여 정치, 군사적 압력과 경제봉쇄책동을 그 어느 때보다도 악랄하게 감행하였으며 몇 해째 계속된 자연재해는 우리 인민의 생활을 어렵게 만들었다.[73]

당시 북한의 새 지도자 김정일에게 필요한 것은 무엇이었을까? 김정일은 사회주의 재생재건전략으로 '민중중심의 사회주의 건설 전략'을 추진했다고 한다.[74] 그리고 민중중심의 재생재건전략을 위해 필요한 것은 민중들에게 당시 북한의 시련 상황을 합리화시켜 줄 수 있는 소재가 아니었을까? 합리적인 이유를 통해 체제 내부의 결속을 다지고 지도자로서 자신의 이미지도 공고하게 할 수 있는 무언가가 필요했을 것이다. 주체사상이든 선군정치든 북한의 통치이데올로기는 처음부터 적을 밖으로부터 찾을 수밖에 없었으며 그 결과 지배체제의 정당성을 위해 '남조선'과 '미제국주의자'를 적

73) 리성철 · 리만렬 · 강설경, 『우리식 사회주의는 주체성이 강한 사회주의』(평양: 사회과학출판사, 2012), 22쪽.

74) 조성철, 『김정일장군의 사회주의 재생재건전략』(평양: 평양출판사, 2001), 135쪽.

으로 만들지 않으면 안 되었다.[75] 이런 배경에서 김정일에게 이데올로기로서 반미의 강화가 필요했을 것이다.[76]

왓킨스(Frederick Mundell Watkins)는 근대 이데올로기의 특징에 대해 지향하는 목표는 전형적으로 유토피아적이며, 우리와 그들, 즉 친구 아니면 적이라는 지나치게 단순한 개념을 토대로 생각하는 습관이라고 했다. 특히 적과 친구의 이분법적인 사고는 그 사회에 존재하는 여러 가지 의견을 모두 무시해 버리고 흑백의 논리로써 취급하게 한다는 것이다.[77] 이데올로기는 사물을 단순화시키고, 선과 악, 친구友와 적敵을 명확히 구분시키기 때문에 대중을 통합시키는 목적에 있어서 매우 유효적절한 수단이 된다.[78]

북한과 같이 폐쇄적이고 사상과 언론이 통제되는 사회에 왓킨스의 이데올로기에 대한 설명을 적용해 보면 쉽게 이해될 수 있다. 김정일은 자신의 등장과정에 이데올로기를 활용했다고 볼 수 있다. 특히 북한이 건국 이후 강조해오던 반미 이데올로기를 강조함으로써 체제 내적으로 사상의 통제와 친구와 적의 이분법적 구도를 조성함으로써 자신의 리더십을 공고히 했다고 할 수 있다.

김일성의 사망, 사회주의권의 붕괴, 이어지는 1차 북핵 위기는 김정일에게 새로운 대책을 요구하고 있었던 것이다. 그것의 가장 효과적인 것은 반미였고 이런 구조적 배경은 푸에블로호를 다시 등장시키게 하였다.

---

75) 김영수, "국가이데올로기의 변화: 이데올로기적 국가장치의 역할을 중심으로," 『북한의 국가성격 변용에 관한 연구』(서울: 한울아카데미, 2001), 81쪽.

76) 임동원은 이 무렵 북한당국이 공산권 붕괴의 충격과 자유화 바람의 유입을 막기 위한 일종의 '대증(對症)요법'으로 '통일열풍'을 조성하고 있었다고 평가했다. 임동원, 『피스메이커』(서울: 중앙북스, 2008), 196쪽.

77) F.M. 왓킨스 저, 이홍구 역, 『이데올로기의 시대』, 제3판(서울: 을유문화사, 1997), 42~44쪽.

78) 위의 책, 230쪽.

2. 푸에블로호 사건의 반미 소재적 유용성

지배자들은 피지배자들에 대해 힘과 강제를 행사하여 순종과 동의를 얻으려 한다. 그러나 확실하고 나은 방법은 가능한 한 많은 피지배자들의 '마음과 생각을 얻는 것'이다. 피지배자들에게 가급적이면 '현존하는 질서를 당연히 존재해야 하는 것'으로 피지배자들에게 납득시킴으로써 지배하는 방법이다.[79] 피지배자에 대한 설득의 수단으로 기억은 이용된다.[80]

북한식 기억의 정치의 상징적 테마는 항일유격대이다. 이는 김일성의 업적이며, 태생적으로 제국주의 타도를 부르짖던 북한의 존재 정당성이기 때문이다. 북한은 1959년 유격대원들의 회상기 출판을 시작으로 항일 유격대를 불러왔다. 종파사건을 통해 내부적으로 정치적 우위를 확보한 김일성은 빨치산 회상기를 통해 북한 사회에 항일 유격대의 기억을 널리 퍼지게 하였다.

그렇다면 김정일은 많은 사건 중에서 왜 푸에블로호를 불러왔을까? 그것은 푸에블로호가 가지는 반미소재로서 유용성 때문이다.

푸에블로호가 가지는 반미소재로서 첫 번째 유용성은 푸에블로호 사건이 북미대결의 확실한 승리의 '증거'로 자랑할 만하다는 점이다. 미국 정부로부터 받은 사과문이 있고, 북한이 몰수한 증거물로써 배가 있다. 반미소재로써 이보다 훌륭한 소재는 찾기 어려울 것이다.

두 번째는, 푸에블로호 사건은 1866년 제너럴셔먼호 사건과 연결할 수 있는 유용함이 있다. 북한은 푸에블로호가 100여 년 전 제너럴셔먼호의 후예들이라고 일체화를 시켰다.[81] 북한은 이 사건을 김일성의 증조할아버지가

79) 하비 게이 저, 오인영 역, 『과거의 힘: 역사의식, 기억과 상상력』(서울: 삼인, 2004), 105쪽.

80) 위의 책, 108쪽.

81) 제너럴셔먼호 사건은 조선과의 교역을 요구하면서 조선인들을 납치하는 등 적대적 행위를 범하다 평양 감사 박규수에 의해 배는 불타고, 선원들은 전원 사망한 사건이다. 이 사건은 5년 후인 1871년 신미양요의 원인이 되었다.

주도했다고 역사를 조작하였다. 결국 김일성의 조상이 무찌른 제너럴셔먼호 사건을 푸에블로호 사건과 동일시하였다. 일종의 역사 조작이 이루어진 것이다.[82] 이것은 100여 년 전부터 계속되어온 미국의 대조선 적대시 정책과 이에 대한 북한의 계속된 승리를 창조하는 데 중요한 소재가 된 것이다.

세 번째는 김정일의 업적으로 활용할 수 있다는 점이다. 이것은 가장 중요한 이유가 될 수 있다. 북한은 한국전쟁을 미제에 대한 승리라고 선전하고 있다. 그러나 김정일의 입장에서 전쟁 당시 10살 정도인 어린 아이의 역할을 강조하는 것에는 한계가 있을 수밖에 없다. 그러나 푸에블로호 사건 당시 김정일은 만 26세로 김일성 유일지도체제 형성시기에 당 일꾼으로써 일정한 역할을 하고 있었다. 시기적으로 김정일과 관련 있고, 활용 면에서 유용했기에 푸에블로호 사건은 다시 현실로 불려나오게 된 것이다.

북한은 김일성이 1937년 일제와의 『보천보 전투』를 승리로 이끌었다고 선전하고 있다. 김일성은 보천보 전투의 역사적 의의에 대해 "조선사람은 죽지 않고 살아있다. 일본놈과 싸우면 승리할 수 있다는 것을 전 세계에 선포하였습니다"[83] 라고 강조하였다. 작은 전투였지만 상징성을 강조한 것이었다. 보천보 전투가 김일성의 항일활동의 상징이 되었듯 김정일의 입장에서 푸에블로호 사건은 보천보 전투와 성격이 같은 것이었다. 비록 대규모 전투는 아니었지만 하나의 사건은 곧 상징성을 갖게 되었고, 북한은 반제 반미세력의 전설이자 신화의 존재가 되는 것이었다.

푸에블로호 사건의 호명은 대미협상 측면에서도 유용성을 찾을 수 있다. 1990년대 들어서면서 북한과 미국은 1차 북핵 위기를 계기로 정부간 협상을 시작하게 되었다. 북미 협상의 상황에서 푸에블로호는 '협상카드'로도

---

82) 북한의 고등중학교 2학년용 교과서에는 "대동강에 처박힌 ≪샤만≫호"라는 제목의 단원이 있다. 이 교과서에는 샤만호의 조선침략 배경과 구체적 활동 등이 당시 상황을 보여주는 '격침도'라는 지도와 함께 자세히 설명되어 있다. 교육도서출판사, 『조선력사(고등중학교 2학년용)』(평양: 교육도서출판사, 2000), 64~67쪽.

83) 황만청, 『항일무장투쟁이야기-보천보의 메아리』(평양: 금성청년출판사, 1987), 51쪽.

활용할 수 있었다. 북한은 미국의 군함을 가지고 있다는 사실을 대내·외에 홍보함으로써 대내적으로 단결을 도모하고, 대미 대결에서 미국을 자극함과 아울러 미국보다 우월하다는 인식을 가질 수 있었을 것이다. 또 수시로 푸에블로호의 미국 반환을 언급함으로써 협상의 큰 카드는 아니지만 유용한 카드로 활용할 수 있었을 것이다.[84]

김정일이 푸에블로호 사건을 새롭게 들고 나온 것은 변화된 환경 속에서 반미 이데올로기의 확산과 대미협상에서 북한의 상대적 우위를 형성하고, 협상 카드로 활용할 수 있는 등 여러 목적이 있었기 때문일 것이다. 그리고 그 내막에는 자신과 무관하지 않은 사건이자, 자신의 치적이 배여 있는 사건이며, 궁극적으로 대미 승리의 상징으로 활용할 충분한 가치가 있었기 때문이었을 것이다.

3. 대미 승리인식의 제도화 과정

신제도주의는 제도를 인지과정에서 당연한 것으로 받아들이는 규칙, 습관, 일상적 처리과정 등으로 본다.[85] 신제도주의에서 말하는 제도는 규칙, 법률 등 공식적인 측면을 지닐 수도 있고, 규범, 관습 등의 비공식적인 측

84) 북한에게 푸에블로호가 대미 대결의 전리품이라면 미국에게는 패배의 증거라 할 수 있다. 패전국에게 전리품은 아픈 상처의 의미가 있다. 미국의 입장에서는 푸에블로호의 반환을 통해 '1968년의 악몽'을 치유하고 싶을 것이다. 이 점에서 푸에블로호가 북한의 대미협상 카드로서 의미가 있다 할 수 있다. 패전국의 적극적 전리품 반환 요구 사례를 소개하면, 한국 문화재청은 1871년 신미양요 당시 미국이 전리품으로 빼앗아간 '어재연 장군기'를 136년 만에 미 해군으로 부터 임차해 한국에 전시하면서 깃발의 영구 반환을 미국에 요구했다. 러시아는 1904년 러일전쟁 당시 인천 앞바다에서 패한 러시아 군함 '바랴크호'의 깃발(일본의 전리품으로 인천박물관 보관)의 영구반환을 한국정부에 요청하였다. 『동아일보』, 2007년 10월 23일; 『조선일보』, 2012년 10월 17일.

85) 염재호, "국가정책과 신제도주의," 『사회비평』, 11권(1994), 20쪽.

면을 지닐 수도 있으며, 더 나아가 개인이 인지과정에서 받아들이는 규칙, 습관, 업무처리과정(SOP)까지도 포함된다.[86)]

이 책에서 사용하는 제도는 신제도주의에서 사용하는 개념을 유용한다. 승리인식의 제도화란 승리에 대해 사회적으로 당연한 것으로 받아들이는 규칙, 규범, 습관, 관습, 표준화된 행위양식 등으로 이해할 수 있다. 그 사회의 구성원들이 갖고 있는 일종의 신화(myth) 또는 신념체계라고도 할 수 있다.

북한에서 푸에블로호 승리인식의 제도화는 푸에블로호 사건이 대미 승리의 상징인 만큼 미국과의 대결에서 북한이 승리하는 것을 당연하게 받아들이는 사회적 신념체계이자 표준화된 사고양식으로 받아들여지는 것을 의미한다.

승리인식을 제도화하는 데는 네 가지 조건이 필요하다고 생각된다.

첫째, 제도화하고자 하는 승리가 확실하고 명확한 사례이어야 한다. 둘째, 승리의 기억을 다수가 공유하여야 한다. 정책결정자 혼자만 알고 있는 기억은 효과가 작을 수밖에 없다. 다수가 그 사건을 확실한 승리로 공유하는 기억이어야 한다. 셋째, 현재의 상황을 다수가 과거의 상황과 같거나 최소한 유사하다고 인정해야 한다. 유사성이 높을수록 제도화의 공고함은 높아질 것이다. 넷째, 공유된 승리의 기억을 재구성하는 것이 선행되어야 한다.

승리한 상황을 기억하고 재구성한 후에는 이것을 현재의 구성원들에게 주입하는 동원 작업이 필요하다. 대부분 이 작업은 승리를 활용하고자 하는 정책결정자들의 몫이다. 정책결정자들, 또는 국민들은 유사한 상황이 조성되었을 때 과거의 경험을 찾게 된다. 그리고 그들의 기억 속에 현재 직면한 상황이 과거와 같게 느껴진다면 과거의 경험을 불러내게 된다. 이렇게 승리의 제도화는 일정한 조건과 방법으로 만들어진다.

기억, 특히 집단기억은 다양한 방식으로 제도화되고 구조화된다. 기억을

---

86) 권기헌, 『정책학의 논리: Lasswell 정책학의 현대적 재조명』(서울: 박영사, 2007), 127~128쪽.

불러내고, 제도화하는 데 있어서 기억의 매체가 필수적으로 요구된다.[87] 기억매체에는 박물관, 기념관, 기념비, 기념일, 학교, 영화, 역사서, 축제 등 다양하다.

북한에서 푸에블로호 사건이 승리인식의 제도화로 전개되는 과정은 시기적으로 세 단계로 구분해 볼 수 있다. 1단계는 소설과 영화 등 문학 예술 분야에서의 푸에블로호 호명을 통해 사회 전 분야에 푸에블로호의 기억을 되살리는 단계이다. 2단계는 기억의 사실적 증거로 실제 물건인 '푸에블로호'를 전시 · 활용하는 단계이다. 3단계는 사회적으로 확산된 푸에블로호의 기억과 역사적 사실성이 북한의 선군정치의 근거로 선군정치와 일원화되는 과정이다.

〈그림 4-3〉 푸에블로호 승리인식의 제도화 단계

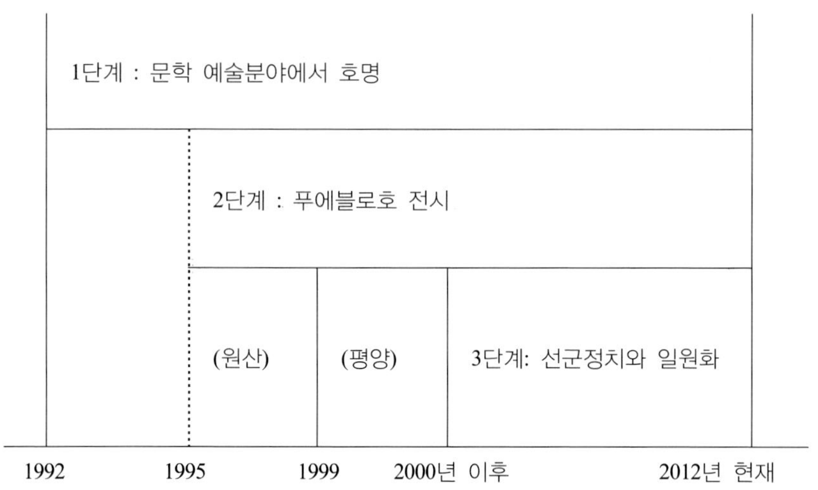

87) 강선주 "미국 교과서의 1, 2차 대전과 베트남 전쟁 기억 만들기," 전진성 · 이재원 편, 『기억과 전쟁』(서울: 휴머니스트, 2009), 61쪽.

1) 1단계 : 문학 예술분야의 푸에블로호 호명

북한에서 문학예술의 역할은 당의 지침을 대중에게 전달해주는 전달자이자 교육적인 기능을 수행한다. 푸에블로호를 소재로 한 소설, 영화 등이 발표되면서 푸에블로호는 기억 속에서 현재로 불려오기 시작했다.

김정일의 대미 승리인식의 제도화 1단계는 문학 예술분야에서 푸에블로호 호명으로 시작되었다. 푸에블로호 사건은 북한의 집단기억(collective memory)이다. 이 기억이 김정일 개인만의 기억이라면 푸에블로호 사건은 '승리인식의 제도화'로 진행되지 못했을 것이다. 그러나 김정일 체제가 등장하는 1990년대에서 거슬러 올라간다 해도 푸에블로호 사건이 발생하는 1968년까지는 20년이 조금 더 지난 시간이다. 많은 인민들은 사건을 경험했고 기억하고 있었고, 또 많은 인민들은 교과서 등 간접적 수단을 통해 사건을 전수받았을 것이다. 과거의 기억을 불러오는 매개체로써 문학예술의 효과는 매우 효과적이었다고 할 수 있다.

1990년대 푸에블로호를 소재로 한 문학 예술분야의 첫 작품은 영화에서 나왔다. 1992년 10월 '조선 2·8 예술영화촬영소'에서 제작된 예술영화『대결』이다.[88] 이 영화는 1968년 푸에블로호 사건 당시의 상황을 재구성해 만들었다. 기록영화와 달리 예술영화로서 허구(fiction)적 성격이 일정부분 가미되었다고 할 수 있지만, 푸에블로호 사건의 발생과 북한의 대응자세를 엿볼 수 있다.

『대결』은 전형적인 반미 영화라 할 수 있다. 북한은 미국에 비해 사상적

88) 북한에서 '예술영화'는 "객관적인 현실을 극적방식으로 보여주는 영화로 인간과 그 생활을 등장인물의 말과 행동을 기본형상수단으로 하여 형상적으로 반영하는 영화예술의 기본 종류의 하나"이며, '기록영화'란 "자연과 사회에서 벌어지는 구체적인 현상, 사건과 사실들을 있는 그대로 생동하게 보여주는 영화"라고 정의되어 있다. 과학백과사전출판사, 『조선말사전』(평양: 과학백과사전출판사, 2004), 194쪽, 1692쪽.

으로 우세한 나라로 그려지고 있다. 영화는 북한의 푸에블로호 나포사건과 동해안에서 미국의 무력시위가 전개되었던 시기를 그리고 있다. 그리고 북미 간의 대결은 무력에 의한 대결이 아니라 사상 대 사상의 대결이었으며, 결국 사상적으로 우세한 북한이 승리했다는 주장을 담고 있다.

푸에블로호를 소재로 한 다른 영화로는『미제 간첩선 푸에블로호의 말로』가 있다. 이 영화는 기록영화라는 이름이 붙어 있다. 20분 분량의 이 영화는 1968년 푸에블로호가 나포되던 날부터 12월 23일 승무원들이 송환되기까지의 전 기간을 당시 기록영화를 이용하여 다큐멘터리 식으로 제작한 것이다. 2001년 이후 북한은 매년 푸에블로호 나포일인 1월 23일, 정전 기념일, 그리고 북미관계 대결 시기 등에 이 영화를 조선중앙TV로 상영하고 있다.[89)]

소설로는 1996년『함장의 웃음』이라는 '단편실화소설'이 발표되었다.[90)] 2000년에는 단편소설『평양의 눈보라』가 발표되었다.[91)]

『함장의 웃음』은 실화소설이라는 말이 의미하듯 매우 사실적으로 쓰여져 있다. 1995년 원산항에 푸에블로호를 공개한 직후 미국 CNN의 마이크 치노이(Mike Chinoy) 베이징 지국장의 푸에블로호 취재를 소재로 하고 있다. 소설에는 치노이 지국장이 한 말이라고 소개되는 장면이 있다.

> 우리가 오늘밤 위성중계로 세상에 공개하겠습니다. 그러면 미국공민들은 좋던 싫던 이 ≪푸에블로≫호는 무장간첩선이며 국제법을 란폭하게

---

89) 현재 접근 가능한 2005년 이후 조선중앙TV 편성표에서 확인 결과 2005년 이후 매년 1월 23일 전후 방송되었다. 또 2009년도에는 3월 10일, 2010년도에는 3월, 9월 11월에도 보도되었다. 통일부 북한자료센타 인터넷 홈페이지(http://unibook.unikorea.go.kr. 2012년 8월 1일 검색)

90) 조수희, "함장의 웃음,"『조선문학』, 제1호(1996), 47~54쪽.

91) 전인광, "평양의 눈보라,"『조선문학』, 제11호(2000), 45~55쪽. 이 소설은 2006년『통일문학』에 재게재되었다. 전인광, "평양의 눈보라,"『통일문학』, 제4호(2006), 155~185쪽.

> 위반했다는 것을 알게 될 것입니다" (중략) "나는 오늘 ≪조미회담≫이 왜 전진을 가져오지 않는지 여기 와서 똑똑히 알게 되였습니다. 회담이란 상대방에 대한 신의에 기초해야 합니다. 그런데 앞에서는 해양탐색선이라고 하고 뒤에서는 간첩임무를 주는 것처럼 미국을 대표하여 사죄한다면서 선원들을 데려간 이후에는 아니라는 식으로 뒤집으니 누가 그런 사람들의 말과 행동을 믿겠습니까?[92]

CNN 지국장이 그와 같은 말을 진짜로 했는지는 확인되지 않는다. 다만 북한의 입장을 잘 대변하고 있다고 보여진다.[93] 이 소설의 제목에서 말하는 함장은 푸에블로호의 책임자인 장규정 소좌를 말한다. 흥미로운 점은 장규정이 미군의 신천 대학살로 부모를 잃은 자였고 성장하여 푸에블로호의 북한 함장이 되어 미국 함장이 쓰던 방을 자신의 사무실로 사용하고 있다는 것이다.

푸에블로호 사건을 소재로 한 또 하나의 소설이 『평양의 눈보라』이다. 이 소설에서 주인공은 북한의 외국어대학을 나와 영어실력이 뛰어난 자로, 나포 당시 승무원 관리를 위해 파견 나왔던 군인이었다. 그가 시간이 흘러 부하들을 이끌고 대동강의 푸에블로호 관람을 와서 과거를 회상하는 내용이다. 그 회상 속에는 당시 승무원들의 동성연애, 백인과 흑인의 갈등, 금전에 대한 욕심, 신체적 냄새 등 미국이라는 나라에 대해 '불결한 냄새'를 맡았다고 그려진다. 그는 푸에블로호 승무원들을 통하여 '미국이라는 나라가

---

92) 조수희, 앞의 글, 53쪽.

93) CNN의 푸에블로호 취재는 사실이었다. CNN은 취재결과를 1995년 4월 27일 보도하였는데 그 내용은 "북한은 미국과의 관계를 개선키 위한 노력의 일환으로 68년 나포한 미 함정 푸에블로호를 전시하기 시작했다"고 보도했다. 당시 미국기자로는 처음으로 푸에블로호에 승선이 허용된 CNN의 마이크 치노이는 북한이 푸에블로호를 "세계에서 가장 사악한 적 미국에 대한 승리를 기리는 성스러운 기념물로 여기고 있다고 전했다. 그러면서 북한이 푸에블로호의 대미반환을 검토하고 있다는 조짐은 없지만 미국인들의 승선과 관람을 허용하는 것 자체가 상황이 변하고 있음을 보여주는 것이라고 하였다. 『경향신문』, 1995년 4월 29일.

아무리 인권과 자유를 얘기하지만 속으로는 썩을 대로 썩은 거대한 시궁창이었다'고 생각한다. 북한의 청년들이 이 배를 돌아보고 제국주의자들의 침략성과 그 추함을 다 알고가기를 바라며, 앞서 간 세대는 그들에게 꼭 말해주어야 할 의무감이 있다고 생각한다. 소설은 주인공이 말한 것처럼 단순히 총과 칼로 미국과 경쟁하는 것을 넘어 사상의 전쟁, 미국의 '더러운 사상'의 북한 침투를 경계하는 내용을 담고 있다.

〈표 4-6〉은 푸에블로호를 소재로 한 문학작품 및 영화를 일부 정리한 것이다. 이들 문학작품의 공통적인 내용은 푸에블로호 사건을 기억하게 하고 그것을 미국과 비교할 때 북한 체제가 우수하다는 것을 강조한다는 점이다. 문학 예술분야에서 푸에블로호를 활용한 소설과 영화의 등장은 사회적으로 잊혀지던 푸에블로호의 기억을 현재로 불러오는 역할을 수행하였다.

〈표 4-6〉 푸에블로호 소재 문학작품 및 영화 현황

구분	제 목	게재 잡지/제작사(년도)
소설	함장의 웃음	『조선문학』, 1996년 1월호
	평양의 눈보라	『조선문학』, 2000년 11월호
수필	≪푸에블로≫호의 갑판우에서	『청년문학』, 2002년 1호
혁명일화	≪푸에블로≫호 사건과 옷도안	『인민교육』, 2005년 제6호
동시	물에 묶인≪푸에블로≫호	『아동문학』, 2001년 제8호
영화	기록영화-미제침략군 무장간첩선 ≪푸에블로≫호 (영어더빙, 14분)	조선인민군 군사과학교육 영화촬영소(1999년)
	기록영화-미제무장간첩선 푸에블로호의 말로(20분)	조선중앙방송위원회 기록영화촬영소(2000년 4월)
	예술영화-대결(74분)	조선 2.8 예술영화촬영소 (1992년 10월)
	기록영화 - 푸에블로호 견학/관광 관람자용(2분)	미확인

2) 2단계 : 실체적 물건의 활용 - 푸에블로호 전시

1단계 문학 예술분야의 호명에 이어 푸에블로호 사건을 통한 대미 승리 인식의 제도화 2단계는 푸에블로호 자체를 활용하는 것이었다. 과거에 대한 증거로써 실재하는 물건은 과거의 기억을 경험한 자들에게는 회상의 기능을 하고, 경험해 보지 못한 자들에게는 신뢰성을 주기에 충분할 것이다. 푸에블로호는 실재하는 증거로서 사실성과 미국의 북한에 대한 항복의 상징성을 함께 줄 수 있는 기억의 매개체였다.

기억은 매개체 없이는 물질적 · 공간적 현실에 정박하지 못함으로 객관성과 지속성을 확보할 수 없다. 전쟁 기억을 포함하여 모든 기억은 과거의 '재생'이 아니라 그것을 현재의 자리에 '재현'하는 행위이다. 기억행위를 통해 현재의 삶은 의미를 획득하며 그것에 의해 기억은 다시 영향을 받는다.[94]

북한은 1995년 푸에블로호를 관람용도로 원산항에 처음 공개하였다. 이것은 김정일의 지시에 의한 것으로 알려져 있다.[95] 이전까지 푸에블로호는 군사적으로 통제된 상태에서 관리되고 있었다.[96]

---

94) 전진성 "트라우마의 귀환," 전진성 · 이재원 편, 『기억과 전쟁』(서울: 휴머니스트, 2009), 40쪽.

95) 푸에블로호를 소재로 한 북한의 소설 『함장의 웃음』에는 1995년경 김정일이 원산항에 '방치'되어 있던 '노획물(푸에블로호 지칭)'을 '썩히지 말고 원산 앞바다에 갖다놓고 관광으로 쓰면서 미제 침략자들의 침략적 본성을 폭로하라'고 지시하였다고 한다. 조수희, 앞의 글, 54쪽. 북한에서 소설 창작은 '사회주의적 사실주의'에 따라 비록 소설이지만 사실적으로 또는 사실에 가깝게 서술하는 경향이 있다. 특히 이 소설은 '실화소설'이라는 부제가 달려있다.

96) 재미교포 기자 김희중 씨가 북한 방문 후 르포 "내가 보낸 북한 20일"을 통해 원산에 간 일화를 소개 한 부분이다. 김 기자는 원산 여행 중 안내자가 푸에블로호 나포에 대해 설명하자, 푸에블로호가 어디 보관되어 있느냐고 물었고, 안내자는 군사기밀이라고 답변했다고 하였다. 『동아일보』, 1974년 10월 4일. 나포 이후 북한 해군에서는 푸에블로호라는 원래 이름 대신 배가 나포된 날짜를 따서 ≪123호함≫이라 부르고 있었다고 한다. 조수희, 위의 글, 48쪽.

푸에블로호는 1999년부터 평양의 대동강으로 자리를 옮겨 전시되고 있다.[97] 북한이 대동강에 푸에블로호를 옮겨놓은 것도 김정일의 지시라고 한다. 김일성은 1998년 12월초 반미교양을 더욱 강화할 데 대해 지시하면서, 인민군대가 나포한 푸에블로호를 가지고도 당원들과 근로자들에 대한 교양을 잘할 수 있다고 하면서 배를 가져다 놓을 위치까지 일일이 지정해 주었다고 한다.[98]

대동강은 원산보다 지리적 접근성이 좋다. 평양을 방문하는 외국인들에 대한 관람도 용이하다. 북한의 심장인 평양에 반미 승리의 상징을 전시하는 것 자체가 반미의 홍보와 교육이 되는 것이다.

한편으로 평양의 푸에블로호가 전시된 곳은 1866년 미국 상선 제너럴셔먼호를 평양 민중이 불태워 버린 곳이라고 한다. 북한은 푸에블로호를 제2의 제너럴셔먼호로 간주하고 있다. 푸에블로호가 제너럴셔먼호의 후예라는 인식이다. 푸에블로호 나포 당시 푸에블로호에 올랐었던 북한 해병 중 한 명인 박인호는 2000년 당시 대좌 계급을 달고, 대동강 푸에블로호에서 해설을 하고 있었다. 그는 해설에서 이러한 역사적 배경을 언급하고, 김정일이 푸에블로호를 대동강에 가져다 놓고 미제에 대한 교육을 시키라고 지시하였다고 밝히고 있다.[99]

북한 『로동신문』은 푸에블로호가 대동강으로 옮겨진 이후부터 2002년까지 3년간 근로자, 인민군군인, 청소년학생 등 40여만 명과 외국인 약 7,000명

97) 『연합뉴스』는 1999년 8월 9일부터 14일까지 남북노동자축구대회에 참가차 방북한 민주노총 방북단의 전언을 근거로 '푸에블로호가 최근 평양 대동강의 쑥섬 옆 '충성의 다리'부근에 전시되고 있는 것으로 알려졌다고 보도했다. 한편 1999년 7월 12일에는 방북했던 로버트 토리첼리 미국 상원의원이 베이징에서 기자회견을 갖고 푸에블로호가 남포항에 있는 것을 목격했다고 말했다. 『연합뉴스』, 1999년 8월 30일. 푸에블로호는 원산항에서 한반도 남쪽 공해상을 지나 평양 남포항까지 간 것으로 알려졌다.

98) 『로동신문』, 1999년 10월 27일.

99) 조선중앙방송위원회 기록영화촬영소 편집, 『기록영화-미제 무장간첩선 푸에블로호의 말로(20분)』(평양: 조선중앙방송위원회 기록영화촬영소, 2000).

이 참관했다고 밝혔다.[100)]

북한은 사회주의 수도라는 평양과 대동강이라는 역사적 장소에 푸에블로호라는 실재적 증거를 전시함으로써 푸에블로호에게 미제에 대한 승리라는 상징성을 부여하고 인민들의 반미의식 고취뿐만 아니라 외국인들에게 선전소재로 활용하고 있다.

3) 3단계 : 선군정치와 일원화

대미 승리인식의 제도화 3단계는 푸에블로호의 기억이 김정일 선군정치로 연결되는 것이다. 북한은 푸에블로호 사건을 김정일 선군정치의 시작이라고 선전하면서 푸에블로호 사건을 선군정치와 같은 선상에서 재형성하였다.

북한에서 '선군정치'라는 용어는 1997년 12월 12일 『로동신문』 정론에서 김정일의 통치행태를 '군을 혁명의 기둥으로 삼는 선군정치'로 집약하면서 처음 등장하게 되었다. 이후 1999년 2월 김정일은 선군정치를 '자신의 기본적인 정치방식'으로, 나아가 '사회주의의 기본적인 정치방식'으로 공식화하였다.[101)] 2001년 12월 15일 『로동신문』에는 김정일이 '1995년 설날에 다박솔 중대를 현지 지도하는 것으로부터 선군정치를 시작하였다'고 보도하기도 하였다.[102)] 그러나 이후 북한은 선군정치의 기원을 점점 과거로 소급하고 있다.

2008년 2월 3일 『로동신문』은 "선군정치사의 갈피에 빛나는 불멸의 군사적 업적"이라는 개인필명의 기사를 보도하였다. 기사에는 "사람들은 ≪푸에블로≫호 사건을 조선인민의 위대한 승리로 결속되도록 하시기 위하여 선

---

100) 『로동신문』, 2003년 1월 23일.
101) 서훈, 『북한의 선군외교』(서울: 명인문화사, 2006), 75~76쪽.
102) 위의 책, 75~76쪽.

군령장 김정일장군님께서 바치신 불철주야의 로고와 심혈을 다는 모른다"고 하였다. 그러면서 다음과 같이 강조하였다.

> 주체49(1960)년 8월 25일 조선인민군 근위 서울류경수 제105땅크사단을 현지지도하시는 것으로부터 선군혁명령도의 첫 자욱을 새기신 위대한 장군님께서는 1960년대 초로부터 60년대 말에 이르는 근 10년간 수백개 단위의 인민군부대들을 현지지도하시여 인민군대에 대한 정치사상적령도와 군사적령도를 실현하기 위한 기초를 튼튼히 쌓으시였다. 이것은 위대한 장군님의 특출한 정치군사실력이 가져온 열매였으며 선군정치실현의 전제로 되였다. **1960년대 초에 시작된 위대한 장군님의 선군혁명 령도는 1960년대말에 이르러 선군정치로 심화발전되어 선군혁명의 새로운 단계를 열어놓았다.**[103](강조-인용자)

2009년 발간된『광명백과사전』에도 선군정치와 푸에블로호 사건을 대단히 밀착된 관계로 설명하고 있다.

> 위대한 장군님께서는 1960년대 말부터 선군정치를 시작하시면서 인민군대에 대한 정치적령도와 함께 군사작전지휘를 직접하시였다. (중략) 비범한 정치군사적 예지와 탁월한 작전적 지휘로 주체 57년 1월 미제의 무장간첩선 ≪푸에블로≫호 사건과 주체 58년 4월 미제의 대형간첩비행기 ≪EC-121≫사건을 우리의 승리로 빛나게 결속하시였다.[104]

선군정치의 목적에 대해서는 "반제반미 대결전에서 결정적 승리를 이룩하며 전반적 사회주의 건설을 힘 있게 다그쳐 사회주의 강성대국을 건설하자는데 있다"고 기술했다.[105]

---

103) 『로동신문』, 2008년 2월 3일.
104) 백과사전출판사, "제5장 선군정치,"『광명백과사전』, 3권(평양: 백과사전출판사, 2009), 182쪽.
105) 위의 책, 194쪽.

김정일 사후 출간된 『위인 김정일』이라는 책에는 김정일의 공격정신과 기질이 과거 행적에 곳곳에 새겨져 있다고 하면서 그 예로 푸에블로호 사건과 EC-121기 사건을 제시했다.[106)]

> 이미 1960년대 벌써 세상을 들었다 놓은 미제무장간첩선 ≪푸에블로≫호와 대형간첩비행기 ≪EC-121≫사건 때에 그이께서는 담력과 배짱이 강한 또 한분의 백두산장군으로 명성을 날리시였다.[107)]

북한은 1990년대 중엽 총대중시, 군사중시사상이 정립 · 체계화되어 혁명과 건설의 확고한 지침으로 요구되었다고 하였다.[108)] 이런 상황에서 김정일이 선군의 기치 밑에 조국과 인민의 존엄과 자주권을 수호하기 위한 가장 올바른 노선과 정책들을 제시하고 빛나게 구현하였다고 선전하고 있다.[109)]

북한은 선군정치를 "제국주의가 남아있는 한 항구적으로 틀어쥐고 나가야 할 정치방식"[110)]이라고 선전한다. 냉전구도의 종결로 "종래의 쏘미사이의 대결구도가 가장 치렬한 조미대결전으로 바뀌게 되었다"[111)]고 보고 있다. 북한은 선군정치가 1990년대 이후 제국주의와의 대결을 위해 반드시 나타났어야 한다는 당위성을 강조한다. 그리고 선군정치는 북미대결로 바뀐 국제환경에서 선군정치의 등장은 필연적이었다고 주장한다.

북한의 이 같은 주장은 북한 현대사에서 '미국과의 대결전'에서 승리한

---

106) 외국문출판사, 『위인 김정일』(평양: 외국문출판사, 2012), 13쪽.
107) 위의 책, 15쪽.
108) 리성철 · 리만렬 · 강설경 공저, 『우리식 사회주의는 주체성이 강한 사회주의』(평양: 사회과학출판사, 2012), 19쪽.
109) 위의 책, 22~23쪽.
110) 조선로동당 당력사연구소, 『우리당의 선군정치』(평양: 조선로동당출판사, 2006), 234쪽.
111) 위의 책, 12쪽.

역사로 평가하고 있는 푸에블로호 나포사건과 선군정치를 연관시킴으로써 김정일 시대에 주창되기 시작한 선군정치의 역사를 새롭게 만들어가고자 하는 노력의 일환으로 보여진다. 또한 이 과정에서 푸에블로호 사건을 김정일이 진두지휘 한 것으로 평가함으로써 항일혁명가로서의 김일성의 정통성에 비견될 수 있는 '조 · 미대결전을 승리로 이끈' 지도자라는 새로운 정통성을 창조해 나가려는 의도로 보여진다.[112)]

푸에블로호 사건은 김정일의 선군정치의 시작이었고, 2000년 이후 본격화되는 선군정치 속에서 승리인식의 제도화로 자리 잡게 되었다. 2000년대 들어서 푸에블로호 사건이 선군정치와 일체화되면서 푸에블로호 사건은 기존의 평가에 새로운 의미를 부여받았다. 대표적인 사례가 교과서 내용의 변화이다.[113)]

2000년 이전에 출판된 교과서에는 대체로 이 사건을 미국과의 숙명적 대결을 강조하는 소재로 활용되었다. 한 사례로써 북한의 '리수복 영웅이야기'에 이 사건을 함께 소개하면서 가족이 대대로 미국과 대결하고 있고, 이것이 현 세대에게 부여된 숙명임을 강조하고 있었다. '할아버지는 한국전쟁을, 아버지는 푸에블로호 사건을, 오늘은 형님이 조국통일을 이룩할 결심을 가지고 조국 보위초소에 서 있다'는 것이었다.[114)]

그러나 2002년에 출판된 고등중학교 제5학년용『공산주의 도덕』에는 제1장의 첫 편에 푸에블로호 사건을 민족적 자존심의 상징으로 소개하고 있다.

112) 전미영, "평양 한복판에 '미제문화' 연주토록 한 북한의 모험,"『통일한국』, 3월호(2008), 76쪽.

113) 국내 연구자로써 북한 교과서 연구는 다른 북한연구의 분야와 마찬가지로 매우 접근이 제한되어 있다. 2012년 현재 통일부 북한자료센터에 소장된 북한 교과서는 1990년대 이후의 것으로 제한되어 있기 때문이다.

114) 교육도서출판사,『공산주의 도덕(고등중학교 제3학년용)』(평양: 교육도서출판사, 2002), 60쪽. 1995년판은 65쪽.

> 민족적 자존심이 강한 민족은 흥하지만 그것을 버린 민족은 망한다. (중략) 우리나라에 전쟁위험을 몰아왔던 ≪푸에블로≫호 사건 당시 미제국주의자들은 우리가 나포한 저들의 배를 당장 내놓지 않으면 원산을 폭격하겠다느니, 전쟁을 일으키겠다느니 하며 숱한 침략 무력을 조선반도 주변으로 끌어들이였다. 미국의 압력과 위협공갈에 눌린 대국이라는 나라들도 우리나라에 압력을 가하려고 하였다. (중략) 오늘 우리 인민이 지닌 민족적 자존심은 그 어느 다른 민족들이 지닐 수 없는 최상의 민족적 자존심이다.[115]

1995년 출간된 같은 5학년용『공산주의 도덕』교과서에는 없던 내용이다. 교과서 내용 개편이 있었던 것으로 보인다. 선군정치의 공고화 과정에서 푸에블로호 사건도 단순한 대미 승리가 아닌 민족적 자존심으로 승화시킨 것이다.

한편, 탈북자들의 증언에 따르면 북한이 푸에블로호 나포일에 별도의 기념행사를 하지는 않는다고 한다. 그러나 2000년 이후 북한은 푸에블로호 나포일인 1월 23일 별도의 기념행사는 아니지만 푸에블로호 관련 영화를 조선중앙TV를 통해 방송하고 있다. 북한이 2000년 제작한 기록영화『미제 간첩선 푸에블로호의 말로』는 매년 1월 23일 무렵 조선중앙TV를 통해 방송되고 있다.

2008년에는『반미공동투쟁월간』[116]을 맞이하여 푸에블로호와 나포되는 승무원의 사진이 들어간 우표를 발행하기도 하였다.[117] 국가가 발행하는 우표에 푸에블로호 사건이 소재로 활용되면서 푸에블로호 사건은 단순한 대미승리의 기억이 아니라 김정일 선군정치의 공고화 속에서 대미승리의

115) 교육도서출판사,『공산주의 도덕(고등중학교 제5학년용)』(평양: 교육도서출판사, 2002), 3~4쪽.

116) 북한은 매년 한국전쟁 발발일인 6월 25일부터 정전협정 체결일인 7월 27일까지를『반미공동투쟁월간』으로 정하고 기념하고 있다.

117)『통일뉴스』, 2008년 5월 29일.

상징으로 제도화되어갔다. 여기에 김정은은 2013년 푸에블로호를 '전승기념관'으로 옮겨 전시함으로써 대미 승리인식의 제도화를 더욱 공고히 하였다.[118)]

118) 이에 대한 자세한 내용은 이신재, "북한의 기억의 정치와 푸에블로호 호명", 『현대북한연구』 제17권 1호(2014), 186~188쪽을 참조할 것.

제V장

푸에블로호 사건과 대미 협상전략의 재형성

제1절
북한 대미 협상전략의 재형성

1. 푸에블로호 협상과 대미 협상전략의 상관성

북한은 푸에블로호 사건을 대미승리의 상징으로 평가하고 있다. 북한과 미국이 적대적 관계를 청산하지 않는 이상 북한에게 푸에블로호 협상의 경험은 좋은 교훈이 될 것이다. 푸에블로호 협상경험이 대미협상 전략으로 형성된 배경은 네 가지 측면에서 그 상관성相關性을 찾을 수 있다.

첫째, 상황적 측면이다. 한반도에는 북미 간 적대적 대결과 남·북·미의 삼각구도라는 구조적 상황이 지속되고 있다. 북한과 미국은 한국전쟁 이후 적대적 관계가 지속되고 있을 뿐만 아니라 미국은 북한을 정상국가로 인정하지 않고 있다. 북한과 미국 사이에는 남한이 존재하고 있고 남한과 미국은 동맹관계이다. 이런 기본구조는 한국전쟁 이후 변하지 않고 지속되고 있다. 비록 1970년대 이후 남북대화가 시작되었고, 2000년과 2007년에는 남북정상회담도 개최되었으며, 북미관계에서도 1994년 북미 제네바 기본합의와 2000년 북미 공동코뮤니케가 발표되는 등 일부 변화도 있었지만, 북한과 미국의 적대적 관계, 남·북·미의 삼각구도는 본질적으로 변하지 않고 지속되고 있다.

둘째, 북한의 정치문화와 협상행태 측면이다. 북한의 협상행태는 정치문화에 영향을 받는다.[1] 따라서 북한의 정치문화가 변화하지 않는 한 북한의 협상행태는 지속된다고 보아야 할 것이다. 푸에블로호 사건 당시 북한의 정치문화는 현재와 크게 달라 보이지 않는다. 결국 푸에블로호 협상의 행태는 앞으로도 지속될 가능성이 높다고 볼 수 있다.

셋째, 협상을 주도하는 인물의 측면이다. 북한은 푸에블로호 사건을 김정일이 주도한 것으로 선전하고 있다. 탈북자의 증언이나 정황상 김정일의 개입 가능성은 높다고 볼 수 있다. 1990년대 들어서면서 본격적으로 북미 간 양자회담이 성사되었다. 이것은 김정일 체제의 등장과 비슷한 시기였다. 김정일의 입장에서 푸에블로호 사건은 자신이 주도해 승리를 얻은 것이었기에 여기에서 교훈을 찾고 이 경험을 적용하고자 하는 노력이 있었을 것이다. 김정일 뿐만 아니라 대미 실무그룹 중에도 푸에블로호 협상경험을 갖고 있는 인물이 있을 것이며, 그들의 협상 경험이 이후 대미 협상에 적지 않은 영향을 미쳤을 것으로 볼 수 있다.[2]

---

1) 송종환은 북한의 협상행태가 지속되는 면이 강한 것은 협상행태를 결정짓는 주요 요인인 정치문화가 오랫동안의 각종 교육을 통한 학습의 결과이며 사회생활의 모든 분야를 포괄하는 속성이 있는 동시에 그 사회의 지배적 가치와 사상이기 때문이라고 강조한다. 반면, 협상행태에 영향을 미치는 또 다른 요인인 대외환경에의 적응과 실리추구는 상황변화에 따라 나타나는 임시 변통적이기 때문에 북한의 협상행태는 변화하기 어렵다고 주장한다. 송종환, "북한의 협상전략연구(3): 한국은 북한과 어떻게 협상을 하여야 하는가," 『북한』, 2월호 (2003), 150~151쪽.

2) 김정일과 함께 대미협상 부문에서 살펴 볼 인물이 강석주 노동당 국제비서(2015년 기준)이다. 강석주는 북미 제네바 합의를 이끌어냈고, 북미 간 주요 협상마다 직접 개입하면서 북한 외교의 '제갈공명'으로 불리는 '외교실세'이다. 임동원은 강석주에 대해 김정일이 가장 신임하고 김정일에게 직보가 가능한 인물로 평가했다. 임동원, 앞의 책, 437쪽. 강석주가 푸에블로호 협상에 직접 개입했었다는 증거는 확인되지 않고 있다. 그러나 1939년생인 강석주가 1960년대 당 국제부에서 외교업무를 시작했다는 사실, 영어 통역자가 부족했던 당시 상황에서 강석주의 영어 실력이 능통했다는 사실은 그가 푸에블로호 협상을 직·간접적으로 경험했을 가능성을 높여주고 있다. 실제로 일부 탈북자들은 그가 북미협상 당시 영어 통역을 했다고 증언하기도 한다. 한편 천안함 사건의 북측 주도자로 알려진 김영

넷째, 승리의 경험이다. 푸에블로호 협상은 북한에게 북미 양자협상에서 처음이자 최대의 승리를 얻은 경험이었다. 북미 간에 적대적 대결이 지속되는 상황에서 북한이 푸에블로호 사건에서 교훈을 찾고자 하는 노력은 당연한 것이다. 역사적 제도주의의 주장에 따르면 하나의 사건이 이후의 경로에 영향을 미친다는 경로의존성(path dependence)을 강조한다. 북한에게 대미 승리의 경험은 이후 북한의 대미협상에서 중요한 참고자료로써 활용되고 있다고 볼 수 있다.

결국 북미관계의 구조적 지속성, 북한 협상행태의 지속성, 협상 주도인물의 경험, 사건 자체의 승리성이라는 네 가지 측면에서 푸에블로호 협상의 경험은 이후 북한의 대미 협상전략으로 형성되는 데 충분한 조건을 갖게 되었다고 할 수 있다.

2. 대미 협상전략의 재형성과 전개

휘셔(Roger Fisher), 유리(William Ury), 패튼(Bruce Patton) 같은 학자들은 협상에서의 전략을 '장기간에 걸쳐 목표 달성을 위한 기본방향'으로, 전술은 '전략의 하위 개념'으로 정의하고 있다.[3] 이점에서 전술은 전략을 위해 수시로 변화하는 성격을 갖게 된다.

곽태환은 북한의 협상전략에 대해서 북한이 협상에서 자신에게 유리한 결과를 얻기 위해 수립해 놓은 지침이라고 정의하고 있다. 협상전략은 북한이 추구하는 외교전략과 유기적인 관계를 맺고 있으면서도 협상전술과

철 정찰국장은 푸에블로호 나포 시 군정위 연락장교로 북미 협상을 지원한 경험이 있다고 알려졌다. 서울신문사, 『2005 북한 인명사전』(서울: 서울신문사, 2004), 41쪽; 『세계일보』, 2010년 4월 10일.

3) Roger Fisher, William Ury, and Bruce Patton, *Getting to Yes : Negotiating Agreement without Giving In* (Boston: Houghton Mifflin Company, 1981).

협상행태를 결정하는 중범위적 개념으로 간주하고 있다.[4]

이러한 측면에서 협상전략은 협상자가 협상의 목적을 달성하기 위해 갖고 있는 기본 방향, 태도, 지침 등으로 정의할 수 있다. 그리고 그 성격은 쉽게 변하지 않는다. 이에 반해 협상 전술은 협상전략의 하위개념으로 협상목표 달성을 위해 사용되는 세부기술 및 방법으로 정리할 수 있다.

이 책에서는 협상전략에 대한 이들 논의를 토대로 북한이 미국과의 협상에서 협상목적을 달성하기 위해 지속적으로 견지하면서 반복적으로 보이는 기본 태도를 북한의 대미 협상전략으로 정의한다.

그렇다면 푸에블로호 사건 이전까지 북한의 대미 협상전략은 무엇이었는가? 사건 이전 북한은 세 가지 종류의 대미협상을 경험했었다. 한국전쟁 휴전회담과 군정위 회담, 그리고 제네바 정치회담이 그것이다. 그러나 이전의 대미협상들은 협상전략이 부재한 가운데 전형적인 공산주의 협상전술에 의해 이루어졌다는 평가를 받고 있다. 특히 이들 회담의 기본적인 협상전술은 한국전쟁 휴전협상을 통해 형성된 전형적인 공산주의 협상전술이었다.

푸에블로호 협상은 북한이 미국과 이전에 경험했던 세 종류의 협상과는 협상의 구조와 진행과정, 그리고 결과에서 확연한 차이점을 지니고 있다. 푸에블로호 협상은 건국 이후 미국과의 첫 정부간 양자협상이자 북한이 협상의 주도권을 갖고 협상 목적을 달성한 첫 회담이었다. 협상의 주도권을 가진 북한은 협상에서 궁극적으로 이루고자 하는 협상 목표를 향해 협상전략을 구사할 수 있었다. 푸에블로호 협상 전 과정에 걸쳐 지속되는 협상의 특징인 인질 활용, 통미봉남, 인정투쟁은 북한이 첫 단독 대미협상에서 승리를 성취한 중요한 협상경험이 되었다. 이 점에서 푸에블로호 협상경험은 이후 북한의 대미 협상전략을 새롭게 형성시켜준 계기가 되었다.

---

4) 곽태환, "북한의 협상전략-쟁점과 분석방향," 곽태환 외 저, 『북한의 협상전략과 남북한 관계』(서울: 경남대학교 극동문제연구소, 1997), 5쪽.

푸에블로호 협상경험을 통해 재형성된 북한의 대미 협상전략은 세 가지이다. 이것은 관심유인 전략, 통미봉남 전략, 인정투쟁 전략이다. 세 가지 전략은 푸에블로호 협상 당시 인질 활용, 통미봉남, 인정투쟁의 경험이 전략으로 형성된 것이다.

재형성된 북한의 대미 협상전략은 궁극적으로 북한의 대미 승리를 공통의 목적으로 추구한다. 세 가지 협상전략을 명확히 구분하는 것은 어려우며, 서로 의미적, 수단적 측면에서 매우 중첩되어 있다고 할 수 있다.

첫째, 관심유인誘引 전략은 협상의 성사와 주도권 확보에 목적을 두고 있다. 푸에블로호 사건 당시 승무원이라는 인질을 활용하여 회담을 성사시켰던 것과 같이 미국의 관심유인을 통해 협상의 성사에 주력하는 전략이다. 이 전략의 전술, 즉 수단으로 '인질'이 활용된다. 여기서 '인질'은 사람만을 의미하는 것은 아니다. 구체적인 내용은 2절에서 상술하기로 한다.

둘째, 통미봉남 전략은 대미 협상의 기본자세이자 방법론이다. 푸에블로호 협상 당시 형성되었던 미국과의 협상과 남한고립이라는 전략을 구사하는 것이다.

셋째, 인정투쟁 전략은 미국에게 정상국가로 인정받고 나아가 북미수교를 추구하고자 한다는 점에서 대미협상의 궁극적인 목표라 할 수 있다.

푸에블로호 사건을 통해 재형성된 북한의 대미 협상전략은 1970년대 이후 지속적으로 반복되고 있다. 북한의 대미 협상전략은 냉전기와 탈냉전기를 비교할 때 큰 차이를 보이고 있지는 않는다. 그러나 냉전기와 탈냉전기 협상전략은 전개의 강도면에서 탈냉전기에 더 강해졌다고 평가할 수 있다. 이것은 북한이 탈냉전기에 직면하게 된 체제생존의 문제와 관련이 있다고 할 수 있다. 냉전시기 양분된 국제정치는 북한에게 공산주의 진영이라는 '보호막'을 제공해 주었다. 그러나 탈냉전기에 들어서면서 '보호막'의 해체로 국가 붕괴의 위기에 직면하게 되었다. 결국 북한의 입장에서 생존문제는 국제사회의 유일 강대국으로 등장한 미국과의 관계에서 해결될 수밖에 없다는 절박함이 작용했고 대미 접근 정책의 일환으로 대미 협상전략은 강도를 높일 수밖에 없었던 것이다.

이하에서는 푸에블로호 협상을 통해 재형성된 북한의 대미 협상전략으로 관심유인 전략, 통미봉남 전략, 인정투쟁 전략의 개념과 전개에 대해 상세히 살펴보고자 한다. 푸에블로호 사건 이후 세 전략의 전개현황에 대해서는 냉전시기(1970~1990년)와 탈냉전시기(1991~2012년)로 구분하여 서술하였다.

제2절
관심유인 전략

1. 약소국의 대 강대국 협상전략

약소국의 강대국 협상전략에 관한 연구들에 따르면, 약소국의 강대국 협상이 약소국에게 꼭 불리한 것만은 아니라는 것을 보여주고 있다. 협상과정에서 약소국과 강대국의 관심 대상의 차이, 약소국이 강대국의 협상 능력을 어떻게 제한하는가에 따라 약소국도 우세한 협상능력을 발휘할 수 있다는 것이다.

조셉 나이(Joseph Nye)는 강대국과 약소국간의 협상에서 '주의력의 불균형(asymmetry of attention)'을 지적했다. 강대국은 자신의 관심영역이 너무 많아 특정 문제에 집중할 수 없게 된다는 것이다. 반면에 약소국은 협상 이슈가 자국의 사활이 걸린 문제로 약소국의 '강한 응집력과 집중력(greater cohesion and concentration)'이 불균형협상을 극복하는 요인임을 지적하였다.[5)]

하비브(William Mark Habeeb)에 따르면 국가간의 비대칭적인 협상에서 약소국의 협상 능력은 대안(alternative), 헌신성(commitment), 통제권(control)과 밀접하게 영향을 받는다고 결론지었다.[6)] 이는 협상 당사자들이 자기들이 원하는

5) Joseph S. Nye, "Transnational Relations and Interstate Conflicts: An Empirical Analysis," *International Organization*, vol 28, (Autumn, 1974), p.992.

바를 달성할 수 있는 실현 가능한 대안(alternative)을 가지고 있는가? 협상 당사자들이 자기들이 원하는 바를 달성하려는 욕망이나 필요성을 반영하는 집착력(commitment)이 어느 정도인가? 협상 당사자들이 일방적으로 자신이 원하는 결과를 가져올 수 있도록 하는 능력의 정도인 통제력(control)이 어느 정도인가에 따라 약소국의 협상능력이 영향을 받는다는 것이다.7)

그러나 문제는 약소국이 강대국을 어떻게 협상장으로 끌고 오는가가 선행되어야 한다는 점이다. 일반적으로 강대국의 관심은 또 다른 강대국이지 약소국이 아니라는 것이다. 특히 미국과 같이 북한을 국가로 간주하지 않는 협상 상대라면 협상 성사 자체부터가 문제가 되는 것이다. 결국 북한과 같이 미국에게 인정받지 못하는 국가의 입장에서 미국과의 협상이 성사되기 위해서는 필수적으로 미국의 관심을 끄는 수단이 필요하다고 할 수 있다.

푸에블로호 사건을 예로 들면, 미국의 승무원들이 있었기 때문에 북한은 미국과 협상을 성사시킬 수 있었다. 인질로써 승무원의 존재가 중요한 수단이 되었다. 만약 승무원들이 인질로 잡혀 있지 않았다면 협상은 성사되지 않았을 것이다.

강대국과의 협상에서 약소국의 유리한 측면을 강조하는 국제정치이론의 설명에도 불구하고, 약소국 북한과 강대국 미국의 협상에는 협상 성사를 위한 조건이 필요한 것이다.

북한은 대미 협상의 성사를 위해 미국의 관심을 끄는 전략을 구사해 왔다. 특히 지금까지의 북핵 협상과정은 북한의 대미협상 요구, 미국의 무시 혹은 대북 압박, 북한의 벼랑 끝 위기 고조, 북미 양자협상, 극적 타결도출

6) William Mark Habeeb, *Power and Tactics in International Negotiation: How weak Nations Bargain with Strong Nations* (Baltimore: The Johns Hopkins University Press, 1988), p.21, p.130.

7) *Ibid.*, pp.89-90.

이라는 위기와 협상의 패턴을 반복해 온 것이라고 볼 수 있다.[8)]

핵 협상과정에서 북한은 매번 위기 조성전략(crisis strategy)을 통해 미국을 협상테이블로 이끌어내었고 타협과 양보를 요구했다. 이른바 벼랑 끝 전술(brinkmanship)로 상대방이 인내할 수 없는 상황을 조성한 뒤, 위기를 완화시키고 해소하려면 자신의 요구에 응해야 한다는 식이었다. 북한의 위기조성전략의 핵심 요인은 미국을 협상테이블로 끌어내고 양보를 획득하기 위한 외교적 차원의 대미 압박으로 설명된다.[9)]

이 연구에서는 북한이 미국을 협상장으로 끌어내기 위한 전략을 북한의 '관심유인 전략'으로 부르고자 한다. 관심유인 전략이란 북한이 미국과의 협상 성사를 목적으로 미국의 관심을 유인한다는 의미이다. 그리고 이런 목적에서 전개하는 북한의 구체적 행동과 수단을 포함한다. 이 전략에서는 미국의 관심을 끌기 위한 수단(전술)으로 '인질'을 활용한다는 점을 중요시하고 있다.

일반적으로 인질이란, 어떤 조건의 충족을 위해 담보로 잡혀 있는 사람을 지칭한다.[10)] 그러나 이 책에서 제시하는 대미 관심유인 전략의 수단으로써 '인질'은 사람만을 의미하는 것은 아니다. 여기서의 인질은 상대방의 약점, 협상 상대국인 강대국의 약점을 의미한다. 강대국을 움직이게 할 수 있는 '강대국의 아킬레스건(Achilles' tendon)'을 총칭한다. 이 점에서 가장 좋은 인질은 역설적으로 상대방의 가장 치명적인 약점이 될 것이다.

북한이 미국과의 비대칭 협상에서 구사하는 전략의 이름을 벼랑 끝 전술이건 위기조성전략으로 부르건 그 본질은 상대의 약점을 '인질'로 활용하여 협상의 주도권을 행사하고 유리한 결과를 이끌기 위한 전략이라는 점이다.

---

8) 김근식, "북한의 핵협상: 주장, 행동, 패턴," 『한국과 국제정치』, 제27권 1호(2011), 151쪽.

9) 위의 글, 152쪽.

10) 한상암 · 조호대, "문제 해결 지향적 인질 테러 협상의 이론모형," 한국콘텐츠학회 춘계종합학술대회 발표자료(2009), 568쪽.

그리고 북한의 대미 협상전략에서 '인질'의 활용은 푸에블로호 사건이 그 시작이었다.

2. 북한의 대미 관심유인 수단과 '인질'

1) '인질'의 종류

북한의 대미 관심유인 전략은 푸에블로호 사건 이후 대미협상에서 빠짐없이 등장하고 있다. 그리고 이 전략의 중요한 수단으로써 '인질'의 종류는 변화하였지만, 그 활용은 계속 이어가고 있다. 지금까지 '인질'의 활용은 거의 예외 없이 북미회담의 성사로 이어졌다.

북미관계에서 북한이 미국과의 협상을 위해 '인질'을 활용한 사례는 참으로 많았다. '인질'의 종류로는 사람에서부터 규범, 제도, 물건, 유해遺骸, 심지어 다른 나라에 대한 위협까지 다양하였다. 푸에블로호 협상에서 '인질'은 83명의 승무원이었다. 1993년 핵확산금지조약(NPT)에 대한 탈퇴 선언은 미국이 주도하고 있던 핵확산 금지라는 국제적 규범 또는 제도를 '인질'로 활용했다고 볼 수 있다. 북한은 핵개발이라는 국가 자주권을 주장하면서 강대국들만의 핵보유라는 불평등한 규범에 도전한 것이었다. 북한의 미사일 발사와 세 차례의 핵실험은 미국 본토에 대한 위협, 또는 남한과 일본에 대한 위협을 '인질'로 활용한 것이다. '인질'의 대상이 협상 당사국 또는 우방국의 안전인 것이다. 2009년 미국 여기자 억류와 그 해결을 위한 클린턴(Bill Clinton) 전 대통령의 방북은 푸에블로호 사건 때처럼 사람을 '인질'로 활용한 경우이다.

북한이 활용한 '인질'의 종류는 다양하지만 '인질'의 활용이 관심 유인전략으로 성공한 경우에는 일정한 공통점을 찾을 수 있다.

첫째, 상대에게 위협을 주어야 하고 상대방이 위협으로 인식해야 한다. 푸에블로호 사건이나 2009년 여기자 억류사건은 미국 국민을 인질로 활용하며 이들 국민들의 목숨을 위협한 사례이다. 1993년 NPT 조약 탈퇴는 미국이 추진하는 핵 확산 방지라는 국제적 규범에 도전함으로써 미국에게 위협을 준 사례이다. 미국 또한 국제적인 핵 확산을 우려하게 되었던 것이다. 핵실험과 미사일 발사는 미국 본토와 남한 및 일본이라는 우방국에 대한 잠재적 위협을 준 사례라 할 수 있다.

둘째, 명분이 필요하다는 점이다. 그 명분의 대표적인 것은 주권국으로서의 자주권, 자위적 조치 등이다. 핵개발이라는 자주권, 자국의 영토를 침범하는 것을 방어할 것이라는 자위권 등 적절한 명분은 미국과의 대결구도를 북한 대 미국이 아닌 다수의 북한 동조세력 대 미국으로 변화시킬 수 있다.

셋째, 강대국의 관심사가 '인질'이라는 한 가지 상황에 집중 되지 않는 구조 속에서 이루어져야 한다. 즉, 강대국의 집중도가 분산된 상황에서 이루어져야 한다. 푸에블로호 사건 때는 베트남 전쟁이 미국의 관심을 분산시켰고, NPT 탈퇴 당시에 미국은 이라크전쟁을 치루고 있었다. 북한의 위기조성전략은 미국의 대외정책이 중동지역 등 타 지역에 우선순위를 두고 집중될 때에 두드러지게 나타났다. 또한 북한은 미·중 협력이 강화되어 소외감을 느낄 때 북한에 대한 주의를 집중토록 돌출행동, 즉 위기를 조성했다.[11]

11) 신종대, "북한 위기조성전략의 분석과 전망," 경남대 극동문제연구소 편, 『한반도 정세: 2010년 평가와 2011년 전망』(서울: 경남대학교 극동문제연구소, 2011), 114쪽.

2) '인질' 활용의 한계

약소국 북한에게 인질의 활용은 협상의 성사와 주도권을 확보하고 궁극적으로 협상의 목적을 달성하는 데 중요한 수단임에 틀림없다. 그러나 인질 활용에도 한계가 있다. 협상 상대의 관심을 유도해야 하지만, 미국의 군사적 공격을 유발해서는 안 된다는 점이다. 인질 활용으로 미국과 전쟁이 발생한다면 스스로 얻고자 하는 협상의 이익이 소멸되고 새로운 위험이 생기는 것을 의미한다. 적절한 협상의 방법으로 협상 상대를 유도할 수 있어야 한다.

이런 점에서 북한 소설에 나와 있는 미국 전쟁 발발 조건에 대한 북한의 인식은 참고할 만하다. 1993년 NPT 탈퇴시기를 대상으로 한 북한 소설 ≪총서 불멸의 력사≫ 시리즈 중 『영생』에는 미국과 전쟁발발 가능성에 대한 북한 당국의 생각이 여러 곳에 잘 나타나 있다.[12] 소설에서 북한은 미국이 전쟁을 일으킬 가능성은 있지만, 미국이라는 나라가 그리 쉽게 전쟁을 하지 않는다고 믿고 있다.

김일성은 돈에 의해서 좌지우지되는 미국 정치에서 전쟁비용으로 결코 800억 달러를 뿌리려 하지는 않을 것이며, 그보다 북한에서 전쟁이 일어나 미국의 핵전략이 파탄되는 것을 두려워할 것이라 생각하며 전쟁 가능성을 낮게 보고 있다.[13] 김일성은 미국이 최후의 수단을 쓰게 되면 단호히 맞설 것이고 그렇게 될 경우 미국의 핵 독점은 깨지는데, 미국은 이것을 두려워한다고 판단한다. 결국 미국의 선택은 북미 회담 재개라고 평가하고 있다.[14]

---

12) 북한이 김일성과 김정일의 일대기를 소설로 창작한 ≪총서 불멸의 력사≫와 ≪총서 불멸의 향도≫ 시리즈는 단순한 가공의 창작물이 아닌 국가가 기획하고 주도한 국가적 창작물이라는 점에서 의의가 있고 이점에서 북한의 문화정전으로 평가받고 있다.

13) 백보흠 · 송상원, 『영생』(평양: 문학예술종합출판사, 1997), 195쪽.

14) 앞의 책, 195쪽. 실제로 1993~94년 한반도 핵위기 당시 미국 클린턴 정부는 영변

물론 이것은 북한 소설에 나타난 내용일 뿐이다. 그러나 국가가 주도하는 북한의 소설 창작과정과 당시 현실적인 내용을 비교해 볼 때 이를 황당한 이야기로 치부할 수만은 없을 것 같다.

결국 북한은 자신들이 보는 미국의 전쟁 발발 조건 속에서 인질 활용의 한계를 설정하고 있는 것으로 보인다. 그러나 약소국 북한의 입장에서 인질의 활용이 지속적으로 효과를 거두기 위해서는 강도나 영향 면에서 더 강하게, 더 넓게 확대할 필요가 있을 것이다. 이것을 통해 미국의 관심을 계속해서 끌 수 있기 때문이다. 그러나 이것도 협상 상대가 군사적 공격까지는 못하게 하는 지점이 한계점으로 설정되어야 할 것이다.

3. 관심유인 전략 전개

1) 냉전기 관심유인 전략

북한의 관심유인 전략은 푸에블로호 사건 이후 지속적으로 전개되고 있다. 북한은 계속해서 한반도의 위기를 고조시킴으로써 미국과의 협상을 이끌어내는 전략을 쓰고 있다.

푸에블로호 사건 이후 북한의 관심유인 전략의 첫 번째 사례는 1969년 4월 15일 EC-121기 격추 사건이었다. 미군의 정찰기를 강제로 북한 비행장에 착륙시켜 31명의 승무원을 '인질'로 활용할 수 있었다면, 북미 간의 제2의 푸에블로호 협상이 성사될 수 있었던 사건이었다. 그러나 북한은 정찰기를 공해상에서 격추시켜 버렸다. 북한은 이 사건으로 미국과 또 다시 협상을

핵시설에 대한 '외과수술식 정밀공격(surgical strike)'을 검토했으나 시뮬레이션(모의실험) 결과 전면전으로 발전해 90일내에 미군 5만 2천명과 한국군 49만 명이 사상하는 매우 위험한 결과를 초래할 가능성이 있다는 판단에 따라 취소했던 것으로 알려져 있다. 『연합뉴스』, 2004년 11월 7일.

하길 원했지만, 승무원이 모두 사망한 상황에서 미국은 협상을 거부하였다.[15)]

이후 북한은 1970년대 초반 루마니아를 통해 미국에 북미접촉을 제의하거나, 키신저(Henry A. Kissinger)의 방중 시 미국에 대한 요구사항 8개를 중국을 통해 전달하는 적극성을 보였다.[16)]

이런 가운데 관심 유인전략 차원에서 북한이 미국과 직접 한반도 문제를 담판 짓겠다는 생각에서 들고 나온 '인질'이 서해 북방한계선(NLL) 문제였다.[17)]

북한은 1973년 12월 1일 제346차 군정위에서 서해 5도 주변 해역이 자신의 '연해'라면서, 유엔사측이 서해 5도를 드나들려하는 경우에는 북측에 신청하고 사전 승인을 받아야 한다고 주장했다.[18)] 북한이 서해 5도 해역에 대해 공식적으로 자신의 관할임을 주장한 것은 이것이 처음이었다.[19)]

서해 북방한계선은 휴전협정 당시 협상의 장기화 속에서 유엔군과 공산군 간에 해상 군사분계선에 대한 토의가 부족한 데서 그 원인을 찾을 수 있다. 그러나 1953년 8월 30일 유엔군사령관 클라크(Mark W. Clark) 대장은 한반도 해역에서 남북 간의 우발적 무력충돌을 예방해 정전체제를 안정적으로 관리하기 위해서 북방한계선을 설정했다.[20)] 북한도 이를 인정하여 1959년 『조선중앙년감』은 황해남도 지도에 NLL을 "군사분계선"이란 명칭의 점선으로 표시한 바 있다.[21)]

---

15) 이문항, 앞의 책, 49~51쪽.

16) 이 사항에 대해서는 4절 인정 투쟁에서 자세히 살펴볼 것임.

17) 서해 북방한계선은 1953년 8월 30일 유엔군 사령관이 "유엔군의 해상 및 공중작전구역의 북방 한계를 지정하기 위하여 일방적으로 설정한 선"을 지칭한다. 이용중, "서해북방한계선(NLL)에 대한 남북한 주장의 국제법적 비교분석," 『법학논고』, 제32집(2010), 540쪽.

18) 합참 정보참모본부, 『군사정전위원회 편람』, 제4집(서울: 합동참모본부, 1999), 312~313쪽.

19) 이용중, 위의 글, 545~548쪽.

20) 국방부, 『북방한계선(NLL)에 관한 우리의 입장』(서울: 국방부, 2007), 6쪽.

그렇다면 북한은 왜 이 시점에 서해 북방한계선 문제를 제기했을까? 그것은 1973년 12월 유엔총회에서 결의된 언커크(UNCURK, 유엔한국통일부흥위원회) 해체와 관련이 있다.[22] 1973년 11월 21일 유엔총회 정치위원회(제1위원회) 의장은 언커크를 즉시 해체하기로 결의한다는 내용의 성명을 발표했다. 의장 성명은 별도의 토론 없이 만장일치로 통과되었고, 그 결과 언커크는 해체되었다.[23]

북한의 불만은 '언커크만의 해체'에 있었다. 북한은 언커크 문제를 유엔군사령부 해체 및 주한미군 철수문제와 연계해서 처리하려고 했는데 언커크만 별도의 논쟁 없이 조용히 해체한 것에 불만이 클 수밖에 없었다.[24]

언커크 해체문제는 1972년 2월 닉슨의 방중 때부터 미·중 사이에 한반도 관련 핵심의제였다. 그러나 이후 미국의 언커크 문제해결에 대한 유보 요청과 중국의 암묵적 협조 하에 총회 상정이 유보되고 있었다. 북한은 유엔총회에서 한반도 문제를 성사시키려고 노력했지만, 중국의 입장은 소극적이었다.[25]

언커크 문제는 1973년 11월 11일 키신저의 6차 베이징 방문과정에서 저우언라이(周恩來)와의 담판을 통해 해결되었다. 두 사람은 양측이 표 대결을 하지 않고 만장일치로 언커크 해체만을 합의하여 공표하는 방식으로 조용히 해결하기로 했다. 1973년에 언커크를, 1974년에는 유엔군 사령부를 해체한다는 미국의 단계적 해결안을 중국측이 수용한 것이다.[26]

북한의 서해 NLL문제 제기는 이런 배경에서 이해될 수 있다. 북한은 유

---

21) 조선중앙통신사, 『조선중앙년감 1959』(평양: 조선중앙통신사, 1959), 254쪽.
22) 언커크((United Nations Commission for the Unification and Rehabilitation of Korea, UNCURK)는 1950년 10월 유엔총회 결의로 유엔한국위원회(UNCOK)의 임무를 이어받아 한국의 통일 및 평화회복을 위해 설치된 유엔의 기구였다.
23) 외무부, 『유엔 한국문제 결의집(1947-1976)』(서울: 외무부, 1976), 453쪽.
24) 홍석률, 『분단의 히스테리』(서울: 창비, 2012), 357쪽.
25) 위의 책, 353쪽.
26) 위의 책, 356쪽.

엔군사령부 해체를 목적으로 유엔군 사령부 문제를 쟁점화 시키기 위해 NLL문제를 제기했다고 할 수 있다. 그러나 북한의 서해 5도 분쟁화 전략에 대해 미국은 연루되지 않기 위해 발을 빼는 모습을 보였다. 지금까지도 미국은 유엔군사령관이 NLL을 설정했음에도 불구하고, 이것의 성격과 해역의 관할권문제에 대해 남북한이 처리해야 할 문제라고 하면서 침묵을 지키고 있다.[27)]

냉전기 '인질'을 활용한 북한의 관심유인 전략이 늘 성공한 것만은 아니었다. 1976년 판문점 사건은 북한의 극단적인 인질 활용이 실패로 돌아간 사례라 할 수 있다. 북한은 서해 NLL을 쟁점화 한데 이어 1976년에는 판문점을 부각시키기 시작했다. 북한은 한반도의 전쟁 위기가 고조되고 있다며 1976년 정부차원에서 특별성명을 냈다. 이어서 8월 16일 중국, 소련 등 북한의 입장을 지지하는 24개국은 유엔군 사령부 철폐와 외국군 철수, 휴전협정의 평화협정으로 대체할 것을 주장하는 결의안을 제31차 유엔총회에 제출하였다.[28)] 그러나 북한은 8월 18일 판문점 도끼 사건을 일으키면서 이전까지 지속했던 유엔사 해체 주장에 부정적 영향과 함께 세계 여론으로 부터 지지를 잃게 되었다. 북한의 잘못된 위기조성, 실패한 관심유인 전략의 사례라 할 수 있다.

1980년대 북한의 관심 유인 전략으로 볼 수 있는 사례는 찾기 힘들다. 그러나 1980년대 북한은 남한에 대해 두 차례의 큰 테러 행위를 벌였는데, 이를 관심유인 전략차원에서 살펴보자.

북한은 1983년 미얀마에서 아웅산 폭파사건을 저질렀다. 아웅산 폭파사건은 당시 전두환 대통령이 미얀마를 공식 방문하고 있던 상황에서 발생하였다. 대통령을 제외하고 상당수의 고위급 수행관료들이 순직했다. 북한은 또 1987년 11월 KAL 858기 폭파사건을 저질렀다. KAL 858기 폭파는 대통령

27) 위의 책, 360쪽.
28) 홍석률, 앞의 책, 381쪽.

선거와 서울 올림픽을 앞두고 이를 방해하기 위한 목적에서 실행한 것으로 알려졌다.

이 두 사건을 미국의 우방인 남한을 인질로 미국을 겨냥한 관심유인 전략이라고 볼 수 있을까? 이것은 두 가지 측면에서 살펴볼 수 있다. 첫째, 국가적인 차원에서 테러를 감행하는 것이 미국에게 관심과 영향을 줄 수 있었을까? 둘째, 미국이 북한의 테러행위로 대북 접근의 움직임이 있었을까?

첫 번째 측면에서 북한의 전략은 실패하였다. 미국은 이 사건을 통해 북한을 테러국가로 낙인찍고 제재를 강화하는 조치를 취했다.[29] 이로 인해 북미관계는 더욱 악화되었다. 두 사건을 북한이 미국을 겨냥한 관심유인 전략의 사례라고 보기에는 무리가 있는 측면이다.

두 번째 측면은 미국이 우방인 남한의 올림픽 개최에 불안을 느껴 한반도의 긴장 완화를 위해서 북한에 접근할 필요성을 느끼고 있었는가 하는 점이 확인되어야 한다. 북한의 KAL기 테러로 미국이 북한에게 접근하는 움직임을 보였다면 위 사건을 북한의 관심유인 전략으로 볼 수도 있는 것이다.

김계동은 미국이 남한의 올림픽 개최를 지원하기 위해 북한에 접근하였다고 분석한다. 또 북한도 KAL기 사건 이후 국제적인 비난을 완화시키고 외교적 고립을 막기 위해 미국과의 대화를 필요로 하고 있었다고 한다. 북한은 미국내 여론을 긍정적으로 유도하기 위해 1987년 12월 워싱턴 주재 소련 대사관을 통해 솔라즈 의원에게 한국전쟁 당시 실종된 미군들의 송환문제를 제기하였고 미국도 북한 기술자들의 미국 입국을 허용하는 등 유화적 태도를 보이기 시작하였다. 이어서 남한정부가 1988년 7·7선언을 발표하면서 북미 관계는 한동안 가속화되게 된다.[30]

---

29) 미국은 1988년 1월 20일 KAL 858기 폭파를 북한의 테러행위로 결론짓고 북한을 테러국으로 규정하고 제재조치를 취했다. 『동아일보』, 1988년 1월 21일.

30) 김계동, "북한의 대미정책," 『국제정치논총』, 제34권 2호(1995), 79쪽.

1984년 북한은 미국에 대해서 남한도 참여하는 3자회담을 제의했었으나 미국은 거부하였었다. 그러나 KAL기 사건과 남한의 7·7선언을 통해 환경이 변화하면서 북한은 미국과 접촉을 재개하게 되었다. 결과적 측면에서 북한의 관심유인 전략은 부분적으로는 성공했다고 평가할 수 있을 것이다.

2) 탈냉전기 관심유인 전략

북한과 미국의 협상은 1990년대 이후 본격화되었다. 본격화된 협상의 시작은 항상 북한의 관심유인 전략에서 출발하였다. 북한은 미국과의 협상을 위해 '위기조성 - 대화 - 갈등 - 교착 - 위기조성'이라는 지루한 유형을 반복해 왔다.[31)]

북미협상의 반복된 유형에서 위기조성은 대화를 위한 '인질'의 성격을 지니고 있다. 위기조성이라는 인질은 미국의 관심을 유인하였고, 미국을 협상장에 나오게 했을 뿐만 아니라 회담의 주도권을 북한이 갖게 하였다.

1990년 이후 북한 관심유인 전략의 대표적 사례는 1993년 NPT 탈퇴와 제네바 북미회담의 성사였다. 1차 북핵 위기 당시 북한이 '인질'로 활용한 핵확산금지조약 탈퇴는 핵의 국제적 확산을 막기 위해 강대국 간에 합의한 국제규범이었다. 그러나 북한은 이 규범에 정면 도전함으로써 위기를 조성하고, 궁극적으로 미국과의 협상을 성사시킨 것이다.[32)]

북한의 NPT 탈퇴는 1970년 NPT가 발효된 이래 탈퇴를 선언한 첫 국가였

31) 신종대, 앞의 글, 126쪽.

32) 장달중은 북한의 NPT 탈퇴가 남한의 북방정책에 대한 북한의 남방정책의 일환이라고 평가한다. 남방정책의 시발점이었던 일본과의 국교정상화 교섭이 어렵게 되자 북한이 미국을 직접 교섭의 상대로 끌어들이려 내건 카드가 NPT탈퇴라는 것이다. 북한의 눈에는 미국과 거래가 성사되면 일본과 남한은 저절로 따라 올 것으로 보였다는 것이다. 장달중·임수호·이정철 공저, 『북미대립 : 탈냉전 속의 냉전 대립』(서울: 서울대학교출판문화원, 2011), 16쪽.

다. 당시 미국 등 핵 강대국들은 NPT의 영구조약 승격을 추진하고 있었기 때문에 북한의 행동은 적법성 여부를 떠나 중대한 국제안보 이슈로 부각될 수밖에 없었다.[33] 또한 북한의 핵 개발은 동북아에서 핵 도미노 현상을 부추기는 불안정 요인이 되었기 때문에 미국은 이것을 용납할 수 없었던 것이다.

북한의 소설 ≪총서 불멸의 향도≫ 시리즈 중 1차 북핵 위기 시 북한의 대응을 소재로 한『력사의 대하』에는 북한의 '인질' 활용을 통한 관심유인 전략이 잘 묘사되어 있다 .

> 핵문제를 법률 실무적으로가 아니라 정치군사화하고 **미국이 가장 아파하는 정통을 찌르면 움직이지 않을 수 없다**고 타산하신데 기초하여 장군님, 드디여 **조약탈퇴를 지레대로 하여 미국을 끌어내시였다.** 전쟁을 울부짖던 **미국이 더는 어쩌지 못하고 코가 꿰여 끌려나왔다. 미국이 굴복**하였다.[34](강조-인용자)

1993년 북한의 NPT 탈퇴와 북미 간 제네바 회담은 푸에블로호 사건 이후 북한이 미국에 활용한 대표적인 '인질'이었다고 평가할 수 있다. 이후 북한은 대표적으로 핵과 미사일을 이용하여 미국을 협상장으로 나오게 하고 있다.

〈표 5-1〉은 북한과 미국의 협상사례별로 북한의 미국에 대한 요구와 이를 위협하기 위해 북한이 한 행동, 미국의 대북 보상 및 평가를 정리한 것이다. 표에서 '위협/억지력'이 일종의 '인질'과 같은 의미이다.

33) 위의 책, 64쪽.

34) 정기종,『력사의 대하』(평양: 문학예술종합출판사, 1997), 486쪽.

〈표 5-1〉 북한의 대미 강제 성공과 실패 사례

시기	대미요구	위협/억지력	대미보상	성공/실패
89-91	·주한미군 핵철수 ·소극적 안전보장 ·북미 직접 협상	·재처리(89-91) ·안전협정 서명거부 ·미래형 사찰거부	소극적 보상 ·안전협정서명, 사찰 수용 적극적 보상 ·미래형 핵포기(재처리포기)	부분적 성공(실패) (성공) ·핵철수, 김용순-켄터회담, 한국의 비핵화 약속 (실패) ·소극적 안전보장 미획득, 북미고위급회담 1회성에 그침, 재처리/농축포기 약속
93	·특별사찰 철회 ·소극적 안전보장 ·경수로 제공 ·북미관계 개선 ·북미 직접 협상	·'과거핵' 불투명성 확보 ·NPT 탈퇴 ·노동미사일 시험발사	소극적 보상 ·NPT 복귀(탈퇴유보) 적극적 보상 ·미래형 핵포기경수로대체)	성공(1,2차고위급회담발표문 ·특별사찰요구 간접철회 ·소극적 안전보장 공개약속 ·경수로제공 검토약속 ·북미관계 개선 약속 ·북미고위급회담 지속
94	·'과거핵' 묵인 ·일괄타결	·폐연료봉 무작위 인출	소극적 보상 ·재처리 유보, 핵동결 적극적 보상 ·미래형 핵포기(경수로대체) ·미래형 특별사찰 암시	성공 ·제네바 합의
98-99	·제네바합의 미국측 의무 이행 ·경제지원, 제재 해제	·대포동 시험발사 ·제네바 합의파기 위협	소극적 보상 ·시험발사유예 적극적 보상 ·미래형 핵포기(경수로대체) ·미사일수출 중단(경제보상)	성공 ·페리 프로세스
01-05	·CVID 포기 ·금융제재 등 적대정책 철회 ·소극적 안전보장 ·경수로제공 ·북미관계 개선	·재처리('03,'05)	소극적 보상 ·핵동결(보상전제) ·2.13합의 이후 폐쇄 및 불능화로 발전 적극적 보상 ·미래형 핵포기(경수로대체 및 북미관계 정상화 전제)	실패
06-07 .6월		·미사일 시험발사 ·핵실험		성공 ·2.13합의

* 임수호, "북한의 대미 실존적 억지 · 강제의 이론적 기반," 『전략연구』, 14권 2호(2007), 156~157쪽.

북한의 대미 요구가 미국과의 협상 성사와 일정한 성과로 나타나기 위해서 북한은 미국에 대한 위협과 억지력을 발휘할 수단이 필요했다. 그것의 예로써 핵재처리, NPT탈퇴, 폐연료봉 무작위 인출, 미사일 발사, 핵실험 등이 활용되었다.

북한의 대미 위협은 결과적으로 북미 간 회담을 성사시켰다. 1993년 3월 NPT탈퇴선언, 1998년 8월 대포동 장거리 미사일 실험, 2006년 10월 제1차 핵실험, 2009년 5월 제2차 핵실험 등 모든 대미 위협은 거의 예외 없이 북미 회담과 미국의 보상을 이끌어냈다. 협상장으로 미국을 끌어낸 북한의 위협, 즉 관심유인 전략은 매번 성공으로 이어진 것이다. 그리고 NPT를 탈퇴한 이후 대미 협상력 제고를 위한 '인질'은 미사일 발사와 핵실험으로까지 강도가 강해지고 있다.

탈냉전기 북한의 대미 관심유인 전략의 대표사례가 핵과 미사일의 개발과 활용이었던 점에 반해 2009년 발생했던 미국 여기자 납치사건은 푸에블로호 사건과 가장 유사한 사례로 평가할 수 있다. 푸에블로호 사건 당시 승무원을 인질로 활용하였던 점과 같이 여기자 2명을 인질로 활용한 것이다. 이 사건은 2009년 3월 17일 북중 국경지대에서 취재 중이던 미국 방송사 여기자가 북한군에 체포되면서 시작되었다. 미국 커런트(Current) TV[35] 소속 한국계 유나 리(Euna Lee)와 중국계 로라 링(Laura Ling) 기자가 국경 침범 혐의로 북한군에 체포돼 억류된 것이다.[36] 이 사건은 당시 북한의 장거리 로켓발사 및 2차 핵실험과 맞물리면서 북미관계의 주요 변수가 되었다.

북한은 이들에 대해 '반공화국 인권모략책동에 이용할 동영상물을 만들 목적'이라는 죄명으로 12년의 노동교화형을 언도하였다.[37] 그러나 사건은 여기서 끝나지 않았다. 2009년 7월 7일, 북한에 억류된 로라 링 기자는 미국

35) 커런트 TV는 클린턴 행정부 시절 부통령이었던 엘고어가 창립자이자 회장이었다.
36) 『로동신문』, 2009년 6월 17일.
37) 『로동신문』, 2009년 6월 17일.

가족에게 전화를 걸어 북한 법규 위반사실을 인정하고 미국 정부에 외교적 해결책을 강구할 것을 요청하였다. 결국 북미 간의 물밑 접촉 끝에 2009년 8월 4일 빌 클린턴 전 대통령이 방북하여 여기자를 데리고 귀국하면서 사건은 일단락되었다.[38]

북한은 여기자 억류를 통해 미국 정부와 접촉을 성사시켰다. 북한은 클린턴 전 대통령의 방북을 대대적으로 보도하면서 김정일이 여기자들을 특사로 석방했다고 선전했다. 그리고 클린턴의 방북이 "조선과 미국 사이의 이해를 깊이하고 신뢰를 조성하는 데 기여하게 될 것"[39]이라고 하였다.

푸에블로호 나포사건과 여기자 억류사건을 비교하면 매우 유사하다. 다음 〈표 5-2〉는 이 두 사건의 발생부터 해결과정을 비교한 것이다. 여기자 납치 사건은 푸에블로호 사건과 거의 일치하는 사건이었으며, 해결은 1968년의 방식을 이용하였다. 이 점에서 북한이 푸에블로호 협상경험을 대미협상에 활용한 사례라고 볼 수 있다.

〈표 5-2〉 푸에블로호 나포와 여기자 억류사건 비교

구분	푸에블로호 사건	여기자 억류사건
발생일자	1968.1.23	2009.3.17
장소	동해안 원산 앞바다	북중 국경 두만강
억류인원	83명	2명
중재국	루마니아 등	주북 스웨덴대사관
국제기구지원	UN, 국제적십자사 등	국경없는 기자회(RSF) 국제언론인협회(IPI) 등
북미접촉채널	판문점	뉴욕 북한대표부
인질대우 (좋은대우)	평양 근교 시설(2곳)	평양인근 초대소
인질 태도	승무원들 - 영해 침범 인정, 미국 정부 사과 요구 편지	여기자 - 범죄사실 인정, 미국정부에 외교적 해결 촉구
해결	미 정부의 사과문	클린턴 전 대통령
결과	경외추방	특별사면, 석방

38) 『연합뉴스』, 2009년 8월 4일.
39) 『로동신문』, 2009년 8월 5일.

제3절 통미봉남 전략

1. 남 · 북 · 미 삼각관계와 통미봉남의 형성

통미봉남通美封南이라는 용어는 1994년 11월 1일 당시 노재봉 국회의원이 국회 대정부질문에서 처음 사용했다고 한다. 1차 북핵 위기 이후 제네바에서 북미 간 회담이 성사된 것과 관련하여 정부 외교정책을 비난하면서 제기한 것이다. 당시 노재봉 의원은 '통미봉남 정책이란 북한이 미국과의 접촉을 통해 남한을 봉쇄하려는 전략'이라고 주장했다.[40)]

학자들에 따라 통미봉남을 보는 시각에는 차이가 있다. 통미봉남을 북한의 대미 및 대남 정책으로 보는 시각이 있는 반면, 단순히 하나의 현상으로 보는 시각과 통미봉남의 프레임은 성립이 불가능한 것으로 이런 용어를 사용해서는 안 된다는 주장도 존재한다.[41)] 이 연구에서는 통미봉남을 글자

---

40) 『동아일보』, 1994년 11월 2일.

41) 장노순은 북한의 통미봉남 정책이 미국과의 관계를 새롭게 정립함으로써 체제를 유지하려는 방법이라고 주장한다. 그는 북한이 탈냉전 이후 유일한 강대국으로 부상한 미국으로부터 체제와 정권존립을 인정받기 위한 도전과 협상이 통미봉남 정책으로 구현되고 있다고 주장한다. 장노순, "약소국의 갈등적 편승외교정책: 북한의 통미봉남정책," 『한국정치학회보』 제33집 1호(1999), 387~388쪽. 한편 강원식은 한미관계의 긴밀성, 핵문제의 국제성 등을 고려할 때 통미봉남은 성립자체가 불가하다고 주장한다. 강원식, "통미봉남 프레임의 자기훼손성 연구-개념 성립의 불가능성과 용어 사용의 부적절성-," 『북한연구학회보』 제13권 제2호(2009년), 1-24쪽.

그대로의 뜻, 즉 북한이 미국과 접촉하고, 남한을 봉쇄 또는 고립한다는 뜻으로 사용하며, 북한의 대미 협상전략 측면에서 살펴보고자 한다.

북한의 통미봉남 전략은 언제부터 시작되었는가? 1차 북핵 위기와 이어진 제네바 합의를 통해 북한과 미국의 관계는 새로운 변화를 맞게 되었다. 남한에겐 큰 충격을 주었고, 역으로 북한은 전략적으로 큰 성공을 거두었다. 이 때문에 통미봉남 정책의 기원을 1차 북핵 위기라고 하는 주장도 있다.[42]

그러나 북한의 통미봉남의 시작은 남 · 북 · 미 삼각관계의 형성과 관련이 있다. 한국전쟁 이후 한국과 미국은 안보조약을 통해 동맹이 되었고, 북한과 미국은 상호 전쟁의 당사자로 적대적 관계였다. 남북은 1970년 이전까지는 별다른 교류가 없는 상황이었다. 북한과 미국은 군정위에서만 만날 수 있었고, 이것도 정전협정에서 규정한 군사문제에 한정된 만남이었다. 당시 이 같은 구도는 미국에게 별도의 대북정책을 필요로 하지 않았다. 미국의 대 한반도 정책은 모두 남한을 통해 이루어지고, 남한과 협력하면 되는 것이었다.

한국전쟁 이후 한미동맹, 경쟁적인 남북관계, 적대적인 북미관계 등 남 · 북 · 미의 삼각구도가 유지되어 왔다. 서보혁은 이 구도를 '전략적 삼각관계(strategic triangles)'로 표현한다. 전략적 삼각관계란 세 행위자가 공통의 관심사를 둘러싸고 벌이는 일련의 복합적인 상호작용의 총합 혹은 그 패턴을 말한다. 이때 '전략적'이란 삼각관계가 세 행위자의 생존과 이익에 영향을 미치는 사안을 둘러싸고 벌어지고, 세 행위자가 삼각관계 내 역학관계를 고려한 합리적 행동을 취한다는 의미이다.[43] 이점에서 남 · 북 · 미의 전략적 삼각관계의 기원은 한국전쟁이고, 그 지속은 분단체제라고 할 수 있다.[44]

---

42) 예동균, 『북한 통미봉남 전략의 실효성에 관한 연구』(고려대학교 대학원 석사학위 논문, 2009), 15쪽.

43) 서보혁, "탈냉전기 한반도 안보질서 변화에 관한 연구: 남 · 북 · 미 전략적 삼각관계를 중심으로," 『국가전략』, 제14권 2호(2008년), 65쪽.

44) 위의 글, 68쪽. 서보혁은 남북미 사이에 전략적 삼각관계가 지속되어 왔고 그 근

따라서 한국전쟁으로 형성된 남·북·미의 삼각구도가 북한 통미봉남 전략의 구조적 출발점이라고 할 수 있다. 그리고 통미봉남은 삼각 구도 속에서 삼자가 공통의 이익을 갖지 않는 한 사라지기 힘든 전략인 것이다.

2. 푸에블로호 사건과 통미봉남의 본격화

남·북·미의 삼각구도 속에서 통미通美와 봉남封南이 이루어지기 위한 조건은 쉽지 않다. 기본 조건이 구비되어야 하는데, 첫째는 미국이 북한을 받아주어야 하는 것이고, 둘째는 남한과 미국의 교류를 차단해야 하는 것이다. 그러나 한·미 두 나라는 동맹관계에 있는 만큼 북한으로서는 이 두 가지 조건을 충족시키는 것이 결코 쉽지 않은 것이다.

그러나 한국전쟁으로 형성된 남·북·미 삼각구도는 푸에블로호 협상을 통해 새롭게 재편성 될 수 있음을 실증적으로 보여주었다. 북한은 미국과의 1차에서 5차까지의 회담을 예비회담이라고 부르고 있다. 북한은 예비회담에서 이후 회담을 위한 회담 조건이 만들어지게 되었다고 주장하고 있다. 그 조건에는 미국의 군사력 철수, 배상요구 철회 등 미국에 대한 조건뿐만 아니라 남한을 겨냥한 조건도 있었다.

북한은 자신들의 요구에 대해 "미 제국주의자들이 정부의 명의로 우리 공화국에 사죄하게 하며 유엔의 간판을 도용하여 자기의 죄상을 가리울 수 없게 할 뿐 아니라 **남조선괴뢰들이 이 담판에 끼여들지 못하게 하기 위한**

거로 다음 네 가지를 제시하고 있다. ① 평화, 안보, 통일 등 세 행위자의 이익에 중대한 영향을 미칠 수 있는 사안들이 항상 작동하여 왔고, ② 그것을 둘러싸고 세 행위자간 복잡한 상호작용이 지속되어 왔고, ③ 일방의 이익 혹은 어느 한 양자관계의 변화가 다른 두 행위자의 이익 혹은 다른 두 양자관계에 영향을 미쳐왔고, ④ 이러한 양상은 오랜 시간을 거쳐 구조화되었는바, 이런 요소와 행동방식에 변화가 없는 한 삼각관계는 지속할 수 있다.

현명한 조치였다"[45]고 강조하고 있다(강조-인용자). 남한 배제가 의도적이었다는 것이다. 이 때문에 남한의 회담 참여 및 회담 진행사항에 대한 정보는 거의 이루어지지 않았다.[46]

남한은 북미 간 협상에서 완전히 소외되었다. 미국과 협상하면서 남한을 완전히 소외시켜 버린 당시 상황은 북한 입장에서 대단한 성공으로 받아들여졌을 것이다. 한미 간의 분리된 상황 조성은 북한에게는 최대의 목표였을 것이다. 이런 점에서 푸에블로호 사건은 미국이 남한을 배제하고 북한과 단독으로 만나게 된 계기로서 통미봉남의 첫 성공사례이자 통미봉남이 본격화된 출발점이라고 할 수 있다.

푸에블로호 협상 이후 북한은 대미협상에서 통미봉남의 전략을 지속적으로 전개하고 있다. 특히 1990년대 1차 북핵 위기를 통해 완벽한 통미봉남 구도를 형성한 사례가 있으며, 이후에도 지속적으로 통미봉남의 전략 속에서 대미정책을 전개하고 있다. 2차 북핵문제를 해결하기 위한 6자회담이라는 다자적 틀 속에서도 중요한 문제들은 북미 양자회담을 통해 이끌어내고 있다. 다자 회담 속에서 양자회담을 추진하는 것 또한 통미봉남 전략으로 평가할 수 있다.

3. 통미봉남 전략 전개

1) 냉전기 통미봉남 전략

푸에블로호 사건은 북한과 미국의 첫 양자간 비밀접촉이었다. 이전까지 미국이 추진해온 남한을 통한 대북접촉의 틀이 변화하기 시작한 것이었다.

---

45) 사회과학출판사, 『조선민주주의인민공화국 대외관계사 2』, 65쪽.
46) 당시 회담에서 남한이 배제된 세부 내용은 이 책 Ⅲ장 3절 협상의 특징을 참조.

북한은 미국과 직접 접촉함으로써 남한을 배제할 수 있었다. 이것은 매우 큰 변화라 할 수 있었다.

푸에블로호 사건 이후 남한을 제외하고 미국과 만나려고 하는 북한의 통미봉남 전략은 계속해서 등장하였다. 푸에블로호 사건 이후 통미봉남의 대표적 사례가 1974년 북미 평화협정 체결 제의이다. 1973년 12월 31일 김일성은 당 중앙위원회 정치위원회에서 북미 평화협정의 조속한 체결방침을 내놓았고,[47] 1974년 3월 25일 북한 최고인민회의 제5기 제3차회의에서 "미합중국 국회에 보내는 편지"를 채택하여 미국과 평화협정 체결을 정식 제기하였다.[48] 미국 국회 상·하 양원에 보낸 편지에는 북한과 미국간 "평화협정을 체결하기 위한 회담을 진행할 것을 정식으로 제기한다"[49]고 명시하였다. 또 "회담은 지금 판문점에 있는 군사정전위원회보다 한 급 높은 대표들로 구성하며 회담장소로서는 판문점 또는 제3국으로 정할 수 있을 것이다"[50]라고 하였다. 미국에 평화협정 체결을 제의한 배경에 대해 "오늘 남조선에서 군사통수권을 가지고 있는 것은 남조선 당국자들이 아니라 미군사령관이라는 것은 세상이 다 아는 사실이다"라고 강조하면서 "군사 통수권을 갖지 못한 남조선당국자들이 남조선에 미국 군대를 그냥 남겨둔 채 ≪불가침조약≫을 맺자고 하는 것은 평화에 대한 아무런 담보도 할 수 없는 빈 말

47) 김일성, "올해사업총화와 다음해 사업방향에 대하여-조선로동당 중앙위원회 정치위원회에서 한 연설(1973년 12월 31일)," 『김일성 저작집』, 제28권(평양: 조선로동당출판사, 1984), 642쪽.

48) 북한 최고인민회의가 미국 국회에 편지를 보낸 것은 이것이 처음은 아니었다. 북한 최고인민회의는 1973년 4월 6일 미국 국회에 편지를 보냈다. 내용은 쌍방간 오해와 불신임을 풀고 신뢰의 분위기를 조성하기 위해 무력증강과 군비경쟁 중지, 외국군대 철거, 군대축소, 외국으로부터의 무기반입중지, 평화협정 체결 등을 제안하였다. 그러면서 미국 국회가 이 편지에 대한 긍정적 대책을 강구할 것을 기대한다는 것이었다. 통일원, 『북한의 '평화협정' 제의관련 자료집』(서울: 통일원, 1994), 38~39쪽.

49) 『로동신문』, 1974년 3월 26일.

50) 『로동신문』, 1974년 3월 26일.

공부에 지나지 않으며 따라서 론의할 가치조차 없는 것이다"[51)]라고 비난했다.

북한의 대미 회담제안에 남한은 철저히 빠져있었다. 북한의 당시 대미 제안은 북미 간의 직접협상을 요구하는 최초의 제안으로 평가되고 있다.[52)] 북한의 제안에 대해 미국 국무부는 '한국문제는 남북한 스스로 해결하지 않으면 안 된다는 점을 강조하고 싶다'는 논평을 내면서 북한의 제안을 무시했다.[53)]

북한이 남한을 배제하고 미국과 단독 접촉하려는 전략은 1973년 뉴욕에 상주 대표부를 설치하면서 더욱 본격화되었다. 미국 뉴욕 한복판에 설치된 대표부는 북한의 미국 외교 거점으로 미국과의 접촉 기회를 늘려주었다. 그리고 이 과정에서 북한의 통미봉남 전략은 이전보다 더욱 좋은 환경적 조건을 갖추게 된 것이었다.

북한의 대미접촉, 남한배제 전략이 잘 나타난 또 다른 사례가 1979년 평양에서 개최된 제35차 세계 탁구선수권 대회였다. 북한은 1977년 4월 국제탁구연맹총회에서 세계 탁수선수권대회의 평양 개최권을 얻게 되었다.[54)] 김일성은 참가를 희망하는 나라 사람들을 다 오도록 하였다고 했지만 남한과 이스라엘의 참가는 봉쇄하였다.[55)] 그러나 미국에 대해서는 세 차례에 걸쳐 초청장을 보냈을 뿐만 아니라, 입국 비자에 대한 편의까지 제공하면서 적극적으로 미국의 참가를 위해 공을 들였다.[56)] 결국 미국은 42명의 대

51) 『로동신문』, 1974년 3월 26일. 남한의 박정희 대통령은 1974년 1월 18일 연두기자회견에서 남북한 상호 불가침 협정 체결을 제의하였다. 『동아일보』, 1974년 1월 19일.

52) 정규섭, 『북한외교의 어제와 오늘』(서울: 일신사, 1999), 140쪽.

53) 『동아일보』, 1974년 3월 26일

54) 『경향신문』, 1977년 4월 4일.

55) 김일성, "꼴롬비아 조선친선문화협회 위원장일행과 한 담화(1979년 5월 4일)," 『김일성 저작집』, 제34권(평양: 조선로동당출판사, 1987), 166쪽

56) 북한은 편리한 시기에 미국 선수단 일행의 입국비자를 북경주재 북한대사관에서 받아가라고 통보했다. 또 미국 선수단에는 한국계 미국인뿐만 아니라 미국 영주

표단을 파견했다. 한국전쟁 이후 북한을 방문한 최초의 미국 대표단이 되었다.[57] 북한이 남한을 배제하고 미국과 접촉하는 것은 푸에블로호 사건 이전에는 상상할 수 없는 행태였다. 김일성의 입장에서는 통미봉남의 전략을 통해 미국에 다가갈 수 있었던 좋은 기회가 되었고, 한국을 철저히 봉쇄시킨 사례가 되었을 것이다.

1980년대 북미관계의 주목할 만한 변화는 없는 것 같다. 그러나 북한의 통미봉남적 대미 접근태도는 계속해서 나타났다. 대표적인 사례가 3자회담 제의이다. 3자회담은 그 제안방법과 내용면에서 철저히 남한을 배제하고, 미국과 대화하겠다는 북한의 태도가 잘 나타나 있는 사례이다.

북한은 1983년 10월 8일 중국을 통해 3자회담을 미국에 제의했다.[58] 북한은 12월 3일 재차 같은 경로와 방법으로 미국에 제의했다. 그리고 1984년 1월 10일 당시 중국 수상 자오쯔양(趙紫陽)의 미국 방문을 통해 공개 제안형식으로 제의했다.[59] 북한이 남한에 3자회담을 제의한 것은 미국에 3회에 걸쳐 제의한 이후인 1984년 1월 10일 방송을 통해서였다.

북한이 제안한 3자회담의 내용은 회담 당사자 측면에서 북한이 계속해서 주장해 온 미국과의 직접 협상에 남한 당국도 참가시킨다는 것이었다. 회담의 주된 당사자는 북한과 미국이며 남한은 옵서버 정도의 자격을 주겠다는 것이었다.[60]

회담 의제도 북미 간 평화협정 체결과 주한미군 철수문제를 우선 논의하고, 남북한 군비축소, 군사적 대치상태 해소를 위한 '불가침선언' 채택문제를 제기해야 한다고 주장했다. 북미가 직접 해결해야 할 문제가 우선이고

권만을 가진 재미교포도 있었는데 이들에게도 비자를 발급하겠다고 했다. 『동아일보』, 1979년 4월 3일.

57) 『경향신문』, 1979년 4월 24일.

58) "북한의 3자회담 제의의 내막," 『통일한국』 2월호(1984), 79쪽.

59) 위의 글; 이정수, "북한의 3자회담: 내용 · 배경 · 저의," 『평화연구』 제4권 1호(1984), 186쪽.

60) 『동아일보』, 1984년 1월 12일.

남북한 문제는 부차적이라는 인식이었다.

1979년 7월 1일 방한한 미국 카터 대통령은 북한에 '3당국회담'을 제의했었으나 이 당시 북한은 미국의 제안을 공식 거부하였었다.[61] 특히 '남한은 정전협정의 일방이 아니기 때문에 주한미군철수와 대미평화협정 체결에는 참가할 자격이 없다'고 주장했다.[62] 카터가 제안한 '3당국회담'은 남북이 주主가 되고 미국이 옵서버격이고, 북한의 '3자회담'은 북한과 미국이 주가 되고 남한이 옵서버격이라는 데 중요한 차이가 있다.[63] 북한은 미국과 모든 문제를 풀겠다는 기본 인식이 전혀 바뀌지 않았던 것이다. 비록 남한을 회담에 참가시킨다고 하지만 미국과 교류하고, 남한은 (그때까지는 봉쇄했다가) 그 다음 단계에 상대하겠다는 통미봉남의 전략을 지속적으로 견지하고 있는 것이었다.

2) 탈냉전기 통미봉남 전략

탈냉전기 전개된 북한의 통미봉남 전략의 대표 사례는 북한 핵문제와 북미협상이었으며 군정위 해체문제에서도 통미봉남의 전략은 시도되었다. 여기서는 북미 간의 핵문제 해결과 군정위 해체 사례를 토대로 탈냉전기 북한의 통미봉남 전략에 대해 살펴보고자 한다.

보통 강대국은 문제해결을 위해 양자방식을 선호하고, 약소국은 다자방식을 선호하는 것으로 알려져 있지만, 미국은 북한에 대해 그 반대를 선택했다.[64] 북한은 북핵 문제 해결을 위해 미국과의 양자협상을 지속적으로 주장하고 있다. 북한은 북핵 문제가 미국의 대북한 적대시 정책의 산물이

61) 『동아일보』, 1979년 7월 10일.
62) 『동아일보』, 1979년 7월 10일.
63) 이정수, 앞의 글, 183쪽.
64) 전봉근, "북핵협상 20년의 평가와 교훈," 이수훈 편, 『핵의 국제정치』(서울: 경남대학교 극동문제연구소, 2012), 266쪽.

라는 입장에서 양자협상에 집중하였다.

1차 북핵 위기는 북미 양자협상으로 문제가 해결된 사례이다. 1993년 3월 12일 북한의 NPT 탈퇴 선언으로 북핵 위기는 고조되었다. 미국은 유엔과 IAEA라는 국제기구를 통해 대북 압박을 주도하였다. 그러나 북미고위급 회담 개최에 대한 중국의 요청과 중국정부의 요청을 수용한 한국정부의 입장 변화에 따라 북한과의 직접 접촉을 조심스럽게 추진하였다. 1993년 5월부터 북미 간 베이징 참사관급 접촉을 통해 북미고위급 회담 개최에 원칙적으로 합의하였다. 이후 북미 양국은 뉴욕채널을 가동하여 북미 고위급 회담을 준비하게 되었다.[65]

북한이 희망하는 북미 간 양자협상이 성사된 것이다. 이후 1993년 6월 2일 미국 뉴욕 유엔대표부에서 1차 북미고위급 회담이 열렸고, 6월 11일 북미공동성명이 발표되었다. 북한은 회담 결과에 대해 "조미쌍방이 핵위협을 하지 않으며 서로 상대방의 제도와 자주권을 존중할데 대하여 합의"하였다고 보도했다.[66]

1차 북미고위급 회담에 대해 미국과 북한은 대체로 만족했다. 그러나 문제는 한국이었다. 북핵문제가 국제사회의 관심사로 떠올랐을 때 북미회담의 필요성을 제기하고 이를 적극적으로 추진하도록 한 것은 한국이었다. 그러나 막상 회담이 진행되면서 한국정부는 협상과정에서 소외되고 있다는 느낌을 갖게 되었고, 이를 더욱 부채질한 것은 회담 종결 후 보여준 북한 대표의 자신감과 만족감이었다.[67] 북미 간 양자협상을 북한의 통미봉남이라며 강도 높은 비난들이 제기되었다. 한국 내 언론들은 북미관계가 남북관계를 앞지르고 있다는 불안을 느껴 비판적 논조를 게재하고 있었다. 이에 부담을 느낀 김영삼 당시 대통령은 1993년 6월 17일 영국 BBC TV와의

65) 서훈, 앞의 책, 135쪽.
66) 『로동신문』, 1993년 6월 13일.
67) 정기웅, 『투-레벨 게임에 대한 새로운 모색』(서울: 한국학술정보, 2006), 164~166쪽.

회견에서 공개적으로 불만을 표출하기도 하였다.[68)]

1차 북핵 위기 시 북한의 대응을 소재로 한 소설로 『력사의 대하』가 있다. 소설내용 중에는 북한이 국제원자력기구(IAEA) 대신 미국을 협상의 당사자로 끌어들이며 양자회담을 추진하는 부분이 잘 묘사되어 있다. 북한이 추구하는 통미봉남 전략이 국가가 주도하여 창작한 소설에 까지 등장한다는 것은 이런 대미 전략이 매우 보편화된 것이라는 해석도 가능할 것 같다.

> (김정일은) 지금 기구는 한갓 미국의 사환군에 불과하므로 이것들은 줴버리고 미국과 직접 맞붙어야 합니다. 미국을 끌어내시오!(중략) 강경하게 나가도록 하시오. 지금 **미국은 우리의 핵문제를 우리와 기구사이의 문제로 못박아놓고** 저들은 저들대로 정치군사적 목적을 이루어 보려고 꾀하고 있는데... 안될 것이요. 적들의 이 유인전술에 걸려들지 말아야 합니다. **오히려 이것을 조미사이의 문제로 얽어매놓고 다 불러대면 바빠날 것은 미국밖에 없습니다.** 주동을 쥐고 배심있게 행동하게 하시오. 배심이자 곧 승리요! [69)] (강조-인용자)

김정일의 혁명 역사를 가르치는 북한의 교과서에도 이 부분은 역시 강조되고 있다. 1차 북핵 위기 시 미국과 경수로 제공문제에 대해 합의한 내용을 기술하면서 미국과 이 문제를 풀어야 한다고 강조하고 있다.

> 위대한 장군님께서는 **경수로문제는 우리와 미국과의 관계에서 풀어야 할 문제**이기 때문에 **미국이 절대로 빠져 나가지 못하게 해야 한다**고 하시며 대미외교전을 주동적으로 이끌어 나가시였다. (중략) 미국주도하의 캐도는 경수로 발전소건설자금과 설비들을 보장할 뿐이고 **우리의 기본 상대자는 미국이며 따라서 총 결산도 미국과만 한다**는 것을 명백히 하였다.(강조-인용자)[70)]

---

68) 앞의 책, 164~166쪽.

69) 정기종, 앞의 책, 129~130쪽.

70) 교육도서출판사, 『위대자 지도자 김정일 원수님 혁명력사(제6학년용)』(평양: 교

2차 북핵 위기상황에서도 북한의 북미 양자협상 전략은 지속되었다. 6자회담은 북미 양자협상을 대체하기 위해 미국이 제안한 것이었다. 부시 행정부가 6자회담을 제기한 배경에는 무엇보다 북미 양자협상 틀 내에서 자신의 막강한 국력을 효과적으로 활용하지 못한다는 판단에 따른 것이었다. 북한은 미국이 주도하는 세계 정치경제질서 밖에 있는 체제외적 국가이며, 또한 북미관계가 사실상 전무하기 때문에 미국의 영향력이 거의 미치지 못한다. 부시정부는 북한과 특수관계에 있는 중국뿐만 아니라 주변국까지 모두 끌어들여 5대 1의 대북 포위와 압박구조를 만들고자 하였다.[71]

그러나 북한은 미국의 제안에 대해서 6자회담의 틀 속에서 북미양자회담 개최를 지속적으로 주장하였다. 북한의 대미 협상전략인 통미봉남 전략이 양자협상 추구로 나타나는 것이었다.

2003년 8월 4일 북한 외무성 대변인은 '최근 뉴욕에서 진행된 조미쌍무접촉들에서 우리는 베이징에서 6자회담을 직방 열고 그 테두리 안에서 조미쌍무회담을 진행할 데 대한 대범한 제안을 내놓았다'고 밝혔다. 그리고 '이것은 조미사이의 핵문제를 어떻게 하나 대화의 방법으로, 평화적으로 해결하려는 입장으로부터 나온 것으로서 우리의 최대의 아량의 표시'라고 강조하였다.[72]

2003년 8월 27일 『조선중앙통신』은 논평을 통해 "오늘부터 중국의 베이징에서 6자회담이 집행되며 그 속에서 조미 쌍무접촉도 있게 된다. **이번 6자회담에는 조미 사이의 핵문제해결의 직접적 책임 있는 당사자들인 우리나라와 미국, 그리고 유관측들인** 중국과, 로씨야, 남조선, 일본이 참가한다"(강조-인용자)[73]고 밝히고 있다. 핵문제 해결의 직접적인 당사자는 북한과

육도서출판사, 2003), 176쪽.

71) 전봉근, 앞의 글, 267쪽.

72) 『조선중앙통신』, 2003년 8월 4일.

73) 『조선중앙통신』, 2003년 8월 27일.

미국이라는 것이다. 북한은 6자회담을 '조미사이의 핵문제에 관한 6자회담'이라고 부르고 있다.

2003년 8월 27일 베이징에서 개막된 6자회담에서 북한 대표단 단장인 김영일 외무성 부상은 핵문제 해결을 위한 조치로 미국과 북한의 동시행동원칙을 제시했다. 미국은 북한과 불가침조약을 체결하고, 외교관계를 수립하고 경수로제공지연으로 인한 전력손실을 보상하고 경수로를 완공하면, 북한은 핵무기를 만들지 않고 그에 대한 사찰을 허용하며 궁극적으로 핵시설을 해체하고, 미사일 시험발사를 보류하고 수출을 중지한다는 것이었다.[74] 6자회담이지만 주된 협상의 대상자는 미국임을 명확히 보여주는 것이다. 지금까지 6자회담을 돌이켜 볼 때 실제로 6자회담은 북미 협상의 결과에 따라 좌우되었다. 이점에서 일부에서는 지금까지의 6자회담은 사실상 북미 양자회담이라고 해도 과언이 아니라고 평가하고 있다.[75]

북한이 미국과의 양자회담에 주목하는 것은 '모든 한반도 문제가 북미 간에 결정되어야 한다'는 북한 지도부의 인식을 반영하고 있는 것으로 보인다.[76] 미국과의 양자협상을 통해 미국으로부터 체제를 인정받기 위한 인정투쟁의 수단이 통미봉남의 전략으로 나타나고 있다고 볼 수 있다.

한편 탈냉전기 북한의 통미봉남 전략은 군정위에서도 적극적으로 나타났다. 군정위에서의 북한 통미봉남 전략은 1991년 3월 25일 유엔사 군정위 수석대표를 기존 미군 장성에서 한국군 장성으로 임명한 것에 대해 북측이 군정위 본회담 개최에 불응하면서부터 본격적으로 표면화되기 시작하였다. 북한은 마지막 군정위였던 1992년 5월 29일 제460차 군정위 본회의에 불응하였고, 1992년 8월 24일 북측 군정위 수석대표 최의웅 소장을 보직해임과

74) 『조선중앙통신』, 2003년 8월 29일.
75) 류길재, "북핵 6자회담 전망: 쟁점과 전망," 경남대 극동문제연구소 편, 『한반도 정세: 2010년 평가와 2011년 전망』(서울: 경남대학교 극동문제연구소, 2011), 130~131쪽.
76) 서훈, 앞의 책, 120쪽.

동시에 인민무력부로 소환하였다. 소환이유는 현 군정위 상황하에서는 수석위원직을 유지하는 것이 불필요하기 때문이라는 것이었다. 1992년 11월 16일 북한은 남북간의 군사적 현안문제는『남북 군사공동위원회』에서 다루어야 하며, 한국군 장성이 수석위원으로 있는 한 절대로 군정위에서 마주앉아 있지 않을 것이라고 했다. 1994년 4월 28일 북한은 외교부 성명을 통해 군정위 대표단을 판문점에서 모두 철수시키겠다고 발표하였다. 그리고 차후 최고사령부에서 위임받은 인원이 미군과 판문점에서 접촉을 가질 것이라고 하였다.[77] 1993년 4월과 1995년 2월에는 중립국감독위원회에서 체코와 폴란드 대표단을 각각 철수시켰다.

1994년 8월 30일, 북한 외교부 부부장 송호경은 중국 외교부를 방문하여 중국측 군정위 요원들의 철수를 정식 요청했다.[78] 중국은 북한의 요구를 받아들여 1994년 12월 판문점에서 철수했다. 이후 북한은 1995년 3월 2일 유엔사측 신임 군정위 비서장의 신임장 접수를 거부하면서, 조선인민군은 미군하고만 대화할 것이라고 주장했다.[79]

1995년 2월 24일 북한 외교부는『평화보장체제 수립』관련 담화를 발표하였다. 내용에는 미국이 정전협정에 서명했으므로 평화협정 체결 문제는 한국이 아니라 미국과 해야 하며, 한국이 평화보장체제에 개입하려는 것은 남북기본 합의서를 백지화하려는 것이라고 하였다.[80]

1996년 2월 22일에도 북측은『북미 잠정협정 체결』을 제의했다. 북한은 외교부 대변인 발표를 통하여 새로운 평화보장체제 수립을 위한 조치로서 북미 간 잠정 협정을 제의하였다. 내용 중에는 판문점에 군정위를 대신하는 북미 공동군사기구를 조직 운영하자는 것을 포함하고 있었다.[81]

---

77) 국방정보본부,『군사정전위원회 편람』, 제3집, 26~27쪽.
78) 국방정보본부,『군사정전위원회 편람』, 제3집, 29쪽.
79) 위의 책, 30쪽.
80) 위의 책, 30쪽.
81) 위의 책, 32쪽.

북한과 유엔사는 수십 차례의 협상과 절충 끝에 1998년 6월 8일 『유엔사-북한군간 장성급 회담 절차』에 합의, 장성급 회담이 군정위 본회담을 대신하여 정전협정 관련 업무를 수행하고 있다.[82] 그러나 북한은 지속적으로 유엔사 해체를 요구하였다. 북한군 판문점 대표부 이찬복 상장은 2001년 9월 29일부터 10월 17일까지 베이징을 방문, 북한과 외교관계를 수립한 베이징 주재 유엔사 연락장교 파견 7개국(영국, 호주, 캐나다, 뉴질랜드, 벨기에, 네덜란드, 필리핀) 대사들과의 접촉을 통해 해당 국가들이 유엔군 사령부에서 역할을 중단할 것을 요청하고 유엔사 해체의 당위성을 주장하는 본인 명의의 서한을 전달하기도 하였다.[83]

북한의 입장에서 군정위는 미국과의 회담이라고 인식하고 있는 것이다. 북한이 그동안 군정위를 미국과의 대화 채널로 생각해 왔는데, 한국군 장성을 수석대표로 임명함에 따라 군정위를 무력화 시키는 과정이었던 것이다. 결국 북한은 중국측과 중감위를 철수시키고 조선인민군 판문점 대표부로 모양을 바꾸었다. 그리고 지속적으로 남한의 참여를 견제하고 미국과 협상을 시도하고자 하였다. 미군이 유엔사의 일원으로 나오는 것을 제거하기 위해 유엔사 연락장교단 파견국에 철수를 외교적으로 요구하기 까지 하였다. 결국 북한이 원하는 것은 한국이 배제된 상태에서 미국과의 단독 접촉을 요구하는 것이다. 군정위에서도 북한의 통미봉남 전략은 전개되고 있었던 것이다.

82) 합참 정보본부, 『군사정전위원회 편람(2000-2003)』 제6집(서울: 합참 정보본부, 2003), 62쪽.
83) 위의 책, 62쪽.

제4절

인정투쟁 전략

1. '불법국가' 북한의 인정투쟁

1) 인정투쟁의 형성

북한은 태생적으로 '불법국가'였다. 1948년 12월 12일, 제3차 유엔총회는 한반도에서 유일한 합법정부는 대한민국뿐이라고 결의했다.[84] 이 결의로 북한은 자동적으로 '불법국가'가 된 것이었다.[85] 여기에 더하여 1950년 6월 27일 유엔 안전보장이사회는 북한을 한국전쟁의 '침략국'으로 결정했다.[86] 유엔의 북한에 대한 이 같은 두 가지 결정, 즉 '불법국가'와 '침략자'라는 낙인은 북한을 국제사회의 '이단아'로 만들어 버렸고, 국제사회에서 북한의

84) "대한민국승인과 외군철수에 관한 결의문(유엔총회 1948년 12월 12일자 결의 제195호-Ⅲ)," 정일형 편, 앞의 책, 6~9쪽.

85) 국가와 정부는 차이가 있다. 국가는 국민과 정부의 쌍방으로 구성된 조직집단이며, 국가는 정부보다 높은 지위에 있는 조직집단이고, 국가는 외국의 침략으로 망하지 않는 한 대대로 지속적인 영구적인 조직체지만 정부는 국민의 지지가 존속되는 한에서만 존립하는 한시적인 조직이다. 이극찬, 『정치학』 제6전정판(서울: 법문사, 2010), 676~677쪽.

86) "한국군사원조에 관한 결의문(안전보장이사회 1950년 6월 27일자 결의 S/1511호)," 정일형 편, 위의 책, 166~167쪽.

활동은 제한될 수밖에 없었다.[87]

독일의 철학자 악셀 호네트(Axel Honneth)는 무시에 대한 경험은 바로 인정투쟁을 동기 짓는 자극제가 되고, 정치적 저항의 동기를 갖게 한다고 하였다.[88] 북한에 대한 국제사회의 제약은 북한이 정부수립 이후부터 인정투쟁(struggle for recognition)[89]을 전개하게 하였다.

북한의 첫 인정투쟁은 유엔 가입 시도였다. 북한은 유엔에서 한반도의 유일한 합법정부로 남한을 인정한 이후인 1949년 2월 9일 외무상 박헌영 명의의 전통문을 유엔에 보내 유엔가입을 신청했다. 그러나 미국이 주도하는 유엔에 대한 북한의 가입시도는 실패하게 된다.[90] 이런 상황에서 유엔은 매년 한반도 문제를 유엔 정치위원회와 총회에서 다루었다. 북한은 참여를 희망했지만 이루어지지 않았다. 이 결의 과정에 남한은 대표를 파견했지만, 북한은 대표를 파견할 수 없었다. 북한은 한반도 문제가 상정될 때마다 참여를 희망했지만 받아들여지지 않았다. 결국 북한이 할 수 있는 것은 유엔의 토의 결과를 '무시'하는 것밖에 없었다. 이후에도 북한의 인정투쟁은 지속적으로 시도되었지만 성공하지 못했다. 한국전쟁은 북한에게 침략자의 낙인을 추가함으로써 인정투쟁을 좌절시켰다.[91]

---

87) 북한의 국제 활동을 제한한 대표적인 것이 올림픽 참가였다. 북한의 올림픽 참가는 합법정부인 남한을 통해서만 가능하게 되어 있었고, 북한이 할 수 있는 것은 단일팀을 제안하는 것뿐이었다. 북한의 올림픽 참가 노력은 1972년 뮌헨 올림픽에 처음 참가함으로써 이루어진다.

88) 악셀 호네트 저, 문성훈 · 이현재 역, 『인정투쟁』(서울: 사월의책, 2011), 262~263쪽.

89) 인정투쟁이란 철학 용어이다. 독일의 철학자 악셀 호네트의 책 이름 『인정투쟁』에서 비롯된 말이다. 인간은 누구나 다른 사람들에게 인정받고 싶어 한다는 것이다.

90) 이후 북한은 4번 더 유엔가입을 신청하지만 역시 이루어지지 않았다. 동아일보사 편, 『북한 대외정책 기본자료집 Ⅱ』(서울: 동아일보사, 1976), 461쪽; 성재호, 『국제기구와 국제법』, 44쪽.

91) 북한이 한국전쟁의 침략자로 결정됨으로써, 미국은 북한에 대해 대북 수출을 금지하는 수출관리법(1950.6.28)을 시작으로 미국내 북한 자산 동결, 대북교역 및 금융거래금지 등을 담고 있는 적성국 교역법(1950.11.27) 등 대북 제재를 시행하였다. 이 제재는 1992년까지 10여 가지가 시행되고 있다. 미국의 대북 제재 법안

그러나 인정투쟁이 북한만의 독특한 현상이라고 할 수는 없다. 2차 세계대전 이후 형성된 국제질서 속에서 공산국가들에서는 인정투쟁이 여러 가지 형태로 나타나고 있었다. 공산주의 종주국인 소련도 자신의 위성국가들에 대한 영향력을 인정받기 위해 서유럽 국가들에 대한 인정투쟁을 전개하였었다. 전 소련 외무장관이자 냉전시기 소련의 대외정책을 총괄해왔던 그로미코(Andrei A. Gromyko)는 "안정된 평화는 전쟁의 결과로 유럽대륙에 생겨난 정치적 · 영토적 현실을 존중하는 것을 바탕으로 해서만 확보될 수 있다"면서 "소련이 취해온 입장은 언제나 그런 관점에서 출발하였다"고 회고했다.[92] 소련은 그 수단으로 서방국가들에 대해 지속적인 안보협의기구 창설을 요구했다. 소련의 요구는 여러 난관에도 불구하고, 1975년 8월 1일 헬싱키에서 유럽 35개국과 미국, 캐나다가 유럽안보협력회의(CSCE: Conference on Security and Cooperation in Europe)개최에 대한 최종협정에 조인함으로써 햇볕을 보게 되었다.[93]

인정투쟁의 또 다른 모습은 국제정치에서 소수자였던 사회주의 국가들의 주권강조에서도 나타났다. 이들 국가들은 외국의 간섭 배제와 자기주장을 목적으로 자연법관自然法觀에 입각한 국가주권의 우월성을 특히 강조하였다. 소련의 경우에도 성립초기에는 국제법에 대해 부르주아 국가의 산물로서 국제적 폭력의 기술에 지나지 않는다고 혹평하면서 기존의 국제법을 부인하였다. 또 자본주의 국가의 포위망 속에 있다고 자인하면서 적대국가에 대항하는 법적 수단으로서 주권개념을 이용하였었다.[94] 결국 북한의 인정투쟁도 소련의 서유럽국가들에 대한 인정투쟁, 국제법에 대한 주권평등과 내정불간섭 주장과 같은 맥락에서 평가될 수 있을 것이다.

에 대한 세부적인 사항은 서주석 · 김창수, 앞의 책, 42~43쪽을 참조할 것.

92) 안드레이 그로미코 저, 박형규 역, 『그로미코 회고록』(서울: 문학사상사, 1990), 214쪽.

93) 위의 책, 215쪽.

94) 이한기, 『국제법강의』, 신정판(서울: 박영사, 2005), 254~255쪽.

그러나 북한의 인정투쟁은 북한을 인정하지 않는 국제사회에 대한 측면 뿐만 아니라, 남한이라고 하는 국제사회에서 합법성을 인정받는 정치체계의 존재 속에서 더욱 적극적으로 표출되었다고 할 수 있다. 특히 한국전쟁을 통해 적대국 관계로 변화된 미국과의 관계는 북한의 국가 생존을 좌우할 만큼 중요한 문제가 되었고, 이점에서 북한의 인정투쟁의 핵심은 미국으로 부터 주권국가로 인정받기 위한 투쟁이었다고 평가할 수 있다.

2) 대미 인정투쟁의 성공

푸에블로호 사건은 북한이 미국에 대해 전개했던 인정투쟁 역사에서 큰 성공사례였다. 적어도 푸에블로호 나포 당시 북한은 미국과의 협상을 통해 '조선민주주의인민공화국'으로 인정받을 수 있었다. 그러나 북한의 인정투쟁은 이것으로 끝나지 않았다. 보다 항구적인 인정을 받기 위해서는 지속적인 투쟁을 전개해야만 했기 때문이다.

국가가 존재하기 위한 필수 불가결한 세 가지 요소로 주권, 영토, 국민이 있다.[95] 이 중에서도 주권은 가장 중요한 요소라 할 수 있다. 장 보댕(Jean Bodin)은 그의 『국가론』에서 주권은 '절대적이며 영속적인 힘으로 주권이야말로 국가의 본질'이라고 정의한 바 있다.[96]

국제법에서 국가가 주권을 갖는다는 것은 국가가 국내적으로 최고 권력을 갖고 인민과 영토에 대하여 배타적인 지배권을 갖는다는 의미와 대외적으로는 타국 또는 어떤 국제적 권력에 대해서도 종속적이 아니고 독립적이며 그들로부터 명령되거나 강제되지 않으며 아무런 의무도 지지 않는다는 것을 말한다.[97] 이 점에서 주권은 독립권, 평등권, 자위권 등의 성격을 내

---

95) 이극찬, 앞의 책, 676쪽.
96) 장보댕 저, 임승휘 역, 『국가론』(서울: 책세상, 2005), 130쪽.
97) 김현수 · 이민효, 『국제법』(서울: 연경문화사, 2010), 36쪽.

포하게 된다.[98)]

주권국(sovereign state)이란 국제법상의 관계를 유지하는 데 있어서 완전한 권리능력과 행위능력을 갖는 국가를 말한다.[99)] 국제사회의 국가는 대외관계를 결정함에 있어 타국으로 부터의 종속적 명령을 받지 아니하고 독립적으로 행동하는 주권국가이다.[100)]

현재 북한은 유엔의 회원국이다. 남과 북은 1991년 동시에 유엔 회원국으로 가입하였다. 그러나 미국은 북한을 불량국가(rogue states)로 간주하고 있다. 북한에게 불량국가는 공산국가, 적성국가, 독재국가, 테러지원국 등 기존의 규정(labeling)을 대체한 것이 아니라 거기에 추가되었다는 점이 주목할 부분이다.[101)]

북한의 입장에서 미국의 적대시 정책은 체제 안정을 위협하는 중요한 요소이다. 이런 상황에서 북한의 대미 협상전략의 궁극적인 목표는 체제 인정 투쟁이라 할 수 있다. 북한이 계속해서 핵개발과 위성발사 등 모든 것을 자신들의 자주권임을 강조하고 있는 이유가 여기에 있다. '북한'(North Korea)이 아닌 '조선민주주의인민공화국'(DPRK)으로 인정받고 싶어 하는 것이다.

이 점에서 북한의 인정 투쟁은 미국에게 주권국가로 인정받는 시점까지 지속될 것이며, 인정의 최종 형태는 북미 수교가 될 것이다. 이하에서는 푸에블로호 사건 이후 북한의 인정투쟁 전략의 전개 사례를 냉전기와 탈냉전기로 구분하여 살펴보고자 한다.

---

98) 독립권은 국가가 국제법 이외의 어떠한 권위에도 종속하는 않는 것이고, 평등권은 모든 국가는 실질적인 차이에도 불구하고 같은 국제법상의 인격자로서 병렬적으로 존재한다는 사실에 의하여 법적으로 평등하다고 인정되는 것이며, 자위권은 국가의 가장 기본적인 일반 국제법상의 권리로서 침략에 대항하는 유효한 반격수단을 의미한다. 이한기, 앞의 책, 260~278쪽 참조

99) 위의 책, 245쪽.

100) 김정균 · 성재호, 『국제법』 제5개정판(서울: 박영사, 2006), 124쪽.

101) 서보혁, 『탈냉전기 북미관계사』(서울: 선인, 2004), 145쪽.

2. 인정투쟁 전략 전개

1) 냉전기 인정투쟁 전략

냉전기 북한의 미국에 대한 인정투쟁은 다양한 경로를 통해 대미 접촉을 시도하면서 전개되었다. 푸에블로호 사건 이후 공개적으로는 미국에 대한 민간차원의 인민외교를 통해 점차 정부간 직접 접촉을 추진하는 방향으로 적극화 되었다. 그러나 비공개적으로는 중국이나 루마니아 등 제3국을 통해 대미 접촉을 추진하기도 하였다.

북한의 첫 번째 대미 접촉 시도는 1971년 7월 미 · 중 접촉을 위해 중국을 비밀 방문한 미국 대통령 안보보좌관 키신저에 의해 알려졌다. 키신저는 저우언라이 총리와의 회담에서 '북한이 미국에게 직접 접촉을 제의했다'고 밝혔다. 북한이 1971년 1월 루마니아 부통령을 통해 미국 정부에 북미 간 직접 접촉을 제의해 왔다는 것이다.[102] 당시 루마니아는 공산주의 국가였지만 미국과의 관계가 좋았다. 닉슨 대통령이 루마니아를 방문하기도 했고[103], 닉슨은 1971년 10월 루마니아 차우세스쿠(Nicolae Ceausescu)를 워싱턴으로 초청하기도 하였다. 북한은 오래전부터 루마니아와 교류하고 있었다. 루마니아는 미국과 북한 모두와 관계가 좋았던 만큼 양국관계에서 일종의 메신저(messenger) 역할을 하고 있었던 것이다.

북한의 미국에 대한 접근은 1971년 10월 진행된 키신저의 2차 방중에서 더 적극적으로 나타난다. 중국은 키신저의 1차 방중 결과를 북한에 설명하기 위해 저우언라이를 비밀 방북시켰다. 새로운 정세변화에 북한은 내부토

---

102) 박승준, 『격동의 외교 비록: 한국과 중국 100년』(서울: 기파랑, 2010), 176쪽.
103) 1969년 8월 2일 닉슨 대통령은 아시아 5개국 순방을 마친 후 루마니아를 방문해 양국 정상회담을 개최했다. 루마니아는 당시 순방국 중 유일한 공산국가였고 2차 대전 이후 미국 대통령의 첫 공산국 방문이었다. 『동아일보』, 1969년 8월 2일.

론을 거쳐 중국에 제시할 의견을 집약시켰다. 그리고 7월 30일 김일 제1부수상을 중국으로 보내 북한의 입장을 전달하였다. 당시 북한은 미국에게 전달해 줄 것을 요구하며 중국에게 8개항의 요구사항을 전달하였다.[104)]

북한의 요구사항은 1971년 10월 키신저의 2차 방중에서 저우언라이를 통해 미국에 전달되었다. 이후 북한의 대미 접촉 제의는 점점 더 적극적으로 나타났다. 1973년 2월 15일 키신저가 다섯 번째로 베이징을 방문하기 직전인 2월 11일 북한 허담 외교부장은 베이징을 방문하여 저우언라이를 만났다. 허담은 중국측에 키신저를 만나면 북미 접촉의 가능성을 타진해달라고 부탁하였다. 저우언라이는 이 문제에 대해 측면에서 타진해 보겠다고 약속했다.[105)]

그러나 현재 공개된 미국 정부자료에는 저우언라이가 키신저에게 북미 접촉 문제에 대해 언급한 내용은 보이지 않고 있다. 중국측 기록은 저우언라이가 키신저에게 '조미朝美 접촉 문제'를 거론한 점이 있는 것으로 보아 저우언라이가 북미접촉에 대해 키신저에게 거론을 하지 않았거나, 했더라도 힘주어 강조하지 않았을 가능성이 크다.[106)] 이 사례는 이후 북한의 대미 직접 접근, 즉 중국을 매개로 하지 않고 미국과 직접 담판하겠다는 움직임의 시작으로 볼 수 있다.

---

104) 8개항의 내용은 다음과 같다. ① 남한에서 미군 완전 철수 ② 미국의 남한에 대한 핵무기, 미사일, 각종 무기제공 즉각 중단 ③ 북한에 대해 진행되고 있는 미국의 침범 및 각종 정탐, 정찰행위 중지 ④ 한·미·일 군사공동훈련 중지, 한·미 연합군 해산 ⑤ 일본 군국주의가 부활하지 못하도록 미국이 보증하고 남한에서 미군 혹은 외국군대 대신에 일본군을 대체하지 않겠다고 보증할 것 ⑥ 유엔한국통일부흥위원단(UNCURK) 해체 ⑦ 미국은 남북한의 직접협상을 방해하지 말며, 조선문제의 조선인민에 의한 자체 해결을 방해하지 말 것 ⑧ 유엔에서 한국문제 토의 시, 북한 대표가 마땅히 참여해야 하며, 조건부 초청을 취소할 것이었다. 王泰平 主編, 『中華人民共和國外交史 1970-1978』 第三卷(北京: 世界知識出版社, 1999), 40쪽. 이종석, 앞의 책, 255~256쪽에서 재인용.

105) 王泰平 主編, 위의 책, 41쪽; 홍석률, 앞의 책, 351쪽에서 재인용.

106) 홍석률, 앞의 책, 352~353쪽.

이 무렵 북한 인정투쟁의 작은 반응들이 미국에서 나타나기 시작했다. 1972년 3월 7일 미 국무장관은 1971년도 외교백서와 관련한 기자회견을 통해, 북한이 미국과의 관계개선을 희망하고 있는 징후를 가지고 있다고 밝혔다. 북한이 대미 관계개선의 의사를 갖고 있다는 것을 미국 정부가 처음 확인해 준 것이었다.[107)]

1972년 6월 27일 로저스 미 국무장관은 북한에 대한 호칭을 이전까지 북한(North Korea)이 아닌 'DPRK'로 호칭하였다. 이에 대해 미 국무부는 정식명칭 사용에 큰 의의는 없고, 대북 정책 변화는 없다고 부정하였다.[108)]

그러나 이것은 미국이 북한에 보내는 일종의 '신호'의 의미가 있었다. 1972년 3월 24일 일본 『요미우리(讀賣)』신문은 『뉴욕타임스』 기자 등 미국 언론인의 방북 계획을 발표했다.[109)] 당시 한국 정부는 미국 대북정책의 변화에 대해 미국의 진의를 파악하고자 했다. 미국은 대북정책의 변화는 없다면서도, 오히려 한국측에 "북한이 매우 교묘한 평화공세를 꾀하고 있는데 한국측이 너무 경직되고, 신축성 없는 입장을 고수한다면 한국측에 불리한 세계여론을 자초하지 않을까 생각된다"는 입장을 전달하기도 했다.[110)]

---

107) 주일대사, "외무부 장관 보고전문(1972.3.9)," 외무부, 『공개외교문서(제10차)』 v.15(마이크로필름), 2005.

108) 주일대사, "외무부 장관 보고 전문(1972.7.3)," 외무부, 『공개외교문서(제10차)』 v.15(마이크로필름), 2005. 당시 미국 장관이 북한의 국호를 DPRK로 호명한 것은 대단히 중요한 변화라 할 수 있다. 미 국무부 북한 데스크였던 퀴노네스 박사는 북한이 유엔에 가입한 이후에도 DPRK라는 단어는 이미 유엔에서 사용 중인데도 국무부 내부에서는 DPRK라는 호칭의 사용이 금지돼 있었다고 회고한다. 또 '남한'을 언제나 '북한'보다 앞에 두어야 했다고 한다. 관료사회에서는 이런 규범에서 약간이라도 벗어나면 마치 우방인 한국에게 등을 돌리고 친북인사가 된 것처럼 취급됐다고 회고한다. 케네스 퀴노네스 저, 노순옥 역, 『2평 빵집에서 결정된 한반도 운명』, 34쪽.

109) 1972년 3월 24일 일본 『요미우리』 신문이 워싱턴발 특파원기사로 외교소식통을 인용 보도한 내용에 따르면, 북한은 방북허가를 신청한 기자 3명의 방북을 허가했고, 이들은 방북일 전까지는 일체 이 사실을 공표하지 않도록 북한으로 부터 엄중 통고받았으며, 김일성 환갑(4.15) 직전 방북할 것이라는 내용이었다. 이 보도에 대해 미 국무성 관리들은 아는 바 없다고 했다.

북한의 대미 접촉을 통한 인정투쟁이 미·중 화해의 국제 분위기 속에서 작지만 조금씩 미국의 대북 정책 변화를 이끌어내고 있었던 것이라고 평가할 수 있다.

미·중 화해의 결과로 베이징에 미국 연락사무소가 개설되자, 북한 외교관들은 수시로 이곳을 방문했고 북미 접촉도 증가하기 시작했다.[111] 1978년 8월 1일 당시 미 국무부 동아시아태평양담당 차관보 리처드 홀브룩(Richard Holbrooke)은 그동안 미국이 다섯 차례에 걸쳐 북한과 직접 접촉을 가졌다고 시인하였다. 그러나 접촉 시기, 장소, 이유와 내용은 말하지 않았다.[112]

미국 정부와 직접 접촉하고 협상하려는 북한의 시도는 1974년 3월 북미 평화협정 제안 이후 더욱 본격화된다.[113] 이후에도 북한은 1975년 일본의 우쓰노미아 의원, 1976년에 파키스탄의 부토 대통령, 1978년 유고 티토 대통령을 통해 대미 평화협정을 집요하게 희망하였으나 미국의 거부로 실현되지는 못했었다.[114]

냉전기 북한의 인정투쟁은 군정위에서도 전개되었다. 푸에블로호 협상을 통해 북한은 일시적이라도 미국에 대해 '조선민주주의인민공화국'이라는 국가로 인정을 받았었다. 북한은 푸에블로호의 경험을 군정위에서 미국

110) 미국의 대북한 여행제한 철폐문제에 관해 당시 한국 윤석헌 외무차관은 언더힐(Underhill) 미 대사대리를 초치하여 면담을 한다. 이 자리에서 언더힐은 한국의 경직된 자세에 우려를 표명하면서 "남북한의 군사력을 비교할 때 공군력에 있어서는 북한이 우세한 것을 인정한다. 또한 북한의 호의에 의존할 수 없다는 것도 인정한다. 그러나 그렇다고 해서 긴장을 강조함으로써 북한의 평화 공세 앞에서 수세로 말려들어 가는 것은 좋지 않다고 생각한다"고 발언했다. 외무부, "대북괴 여행제한 철폐문제에 관한 면담록(1972.3.15)," 외무부, 『공개외교문서(제10차)』 v.15(마이크로필름), 2005.

111) 홍석률, 앞의 책, 311쪽.

112) 『동아일보』, 1978년 8월 2일. 그는 앞으로는 한국정부와의 협의 없이는 북한과 접촉하지 않겠다고 하였다.

113) 홍석률, 위의 책, 311쪽.

114) 이정수, 앞의 글, 187쪽.

대표에게 수시로 상기시키곤 하였다.[115)]

그 중 1975년 10월 24일 제368차 군정위 본회의시 북측 수석대표 발언은 이 사건을 북한과 미국의 정부간 협상이자 미국 정부의 사과를 받았다고 강조하는 내용이 있어 북한측 대표의 발언을 그대로 옮겨본다.

> 1968년 1월 23일 미제 무장 간첩선 푸에블로호는 우리측 영해 깊이 침입하여 정탐과 적대행위를 감행하다가 몽땅 사로잡혔다. 이를 계기로 **미제**(The U.S. Imperialist)는 우리나라 주변에 숫한 침략무력을 집결시키면서 정세를 극도로 긴장시켰다. 미제는 그 어떤 침략책동과 위협공갈로써도 우리인민을 놀래 울 수 없었으며 조선인민의 단호한 입장 앞에 굴복하지 않을 수 없었다. 그리하여 **미합중국정부**(The Government of the United States)**는 조선민주주주의인민공화국정부 앞에 정식으로 엄숙히 사죄하고 다시는 그와 같은 범죄행위를 감행하지 않을 데 대한 사죄문에 서명하지 않을 수 없었다.**[116)](강조-인용자. 영문표기는 군정위 영문회의록에서 인용)

군정위에서 북한측은 푸에블로호 사건에 대한 사진 전시 등을 통해 미국에게 사건을 회상시키곤 하였다. 대표적인 사례로 1974년 7월 1일 제352차 군정위 본회의에서 "미제침략자들은 우리의 단호한 조치에 의하여 또다시 조선 인민 앞에 무릎을 꿇고 항복하였습니다. 당신이 저 사진들을 똑똑히 보시오"[117)]라며 푸에블로호 나포사진, 사죄문, 미국 대표의 서명하는 모습 등을 사진으로 전시하였다. 북한은 군정위에서 푸에블로호 사건을 상기시

115) 군정위에서 북한이 푸에블로호 사건을 미국정부와 북한간의 문제이며, 미국이 공화국에 사죄했다는 주장은 군정위 회의록 원문이 공개된 1975년까지 제341차(1973.7.25), 제352차(1974,7.1), 제354차(1974.9.12), 제368차(1975.10.24) 등에서 확인되고 있다.

116) 군사정전위원회 한국군 연락장교단, "제368차 군정위 회의록 송부(1976.1.19)," 외무부, 『공개 외교 문서(제7차)』, v.16(마이크로필름), 2005.

117) 군사정전위원회 한국군 연락장교단, "제352차 군정위 본회의 회의록(1974년 7월 1일)," 외무부, 『공개외교문서(제12차)』, v.26(마이크로필름), 2005.

키면서 미국의 대북한 대결은 자신들의 승리로 돌아갈 것이라는 점을 강조하였다. 더불어 푸에블로호 협상의 경험을 상기시키며 조선민주주의인민공화국으로 인정받기를 희망하였다.

북한의 대미 인정투쟁은 북한이 유엔 옵서버 자격으로 뉴욕에 상주대표부를 개설하면서부터 본격적으로 진행되었다. 북한은 1973년 5월 17일 유엔 세계보건기구(WHO) 회원국이 되었다. WHO 가입은 유엔에서의 남북한 대결과 북한의 대미 접근에 획기적 변화를 가져왔다. 북한은 세계보건기구 가입으로 유엔의 옵서버 자격을 가질 수 있게 되었다. 그리고 유엔 규정에 의거 스위스 제네바와 뉴욕에 상주대표부를 설치 할 수 있게 되었다. 북한은 뉴욕에 옵서버 사무실을 설치하고, 15명의 외교관을 1973년 9월 4일(한국시간) 뉴욕에 파견하였다.[118] 한국전쟁 이후 북한 외교관이 미국에 공식적으로 입국하는 '미증유未曾有의 사건'이 벌어지게 된 것이었다. 북한의 대미 인정투쟁에서 획기적인 전환점이라 평가할 수 있다.[119] 북한이 유엔에서 자신의 목소리를 내게 되면서 1975년 제30차 유엔 총회에서는 한반도 문제에 관한 2개의 서로 다른 결의안이 동시에 통과되기도 하였다. 북한은 유엔외교를 통해 자신들의 존재를 입증하기 시작했고 인정투쟁의 강도를 높여가기 시작했다.

1980년대 들어서도 북한의 대미 접촉 시도는 계속되었다. 1984년 1월 북한은 미국에 남·북·미 3자회담을 제의했다. 김일성은 1987년 북한을 방문한 도이 다카꼬 일본 사회당위원장과 면담에서 미국이 좀 더 적극적으로 북한에 대하여 유화정책을 취해주기를 요청하기도 하였다.[120]

남한에서 올림픽 개최를 앞두고 있던 시기 북한은 미국과의 접촉을 계속 시도하였다. 1988년 5월 미·소 정상 회담 시 소련은 북한이 미국과의 직접

118) 『동아일보』, 1973년 9월 3일.
119) 지금까지도 뉴욕대표부는 북한의 대미외교 거점으로 활용되고 있다.
120) 김계동, 앞의 글, 78쪽.

대화를 바라고 있으며 이는 한반도의 갈등해소에 핵심적인 요인이라고 말하고, 만약 미국이 원한다면 소련이 그러한 대화의 중재자가 될 의사가 있다고 하였다.[121] 냉전시기 북한의 대미 인정투쟁이 지속적으로 전개되었던 사례가 될 것이다.

2) 탈냉전기 인정투쟁 전략

탈냉전기 전개되는 북한의 인정투쟁은 핵과 미사일 개발에 대한 북한의 태도에서 두드러지게 나타나고 있다. 북한은 1, 2차 핵문제가 발생했을 때 핵 개발이 미국의 적대시 정책에 원인이 있다고 밝히면서 방어적 성격임과 동시에 주권국가의 자주적 권리임을 강조하였다.[122]

1차 북핵 위기의 본격적인 표출은 1993년 3월 12일 북한의 NPT 탈퇴로부터 시작되었다. 북한은 중앙인민위원회 제9기 제7차 회의에서 NPT 탈퇴 문제가 토의를 통해 결의되었다고 했다. 그러면서 탈퇴 이유를 '민족의 자주권과 나라의 최고 이익을 수호하기 위한 자위적 조치'라며 공화국 정부 성명을 발표하였다. 성명에서는 "조선민주주의인민공화국 정부는 나라의 최고리익을 수호하기 위한 조치로서 부득이 핵무기전파방지 조약에서 탈퇴한 것을 선포한다"고 밝히고 있다.[123] 같은 날 『로동신문』에는 "나라의

121) 신욱희, "북미관계와 한반도 평화체제: 역사적 고찰," 『한국정치외교사논총』, 제33집 제2호(2012), 45쪽. 북한도 1988년 11월 7일에 제시된 아래의 '평화보장 4원칙'은 한반도 문제에 대한 북한의 일관된 입장과 함께 당사자문제에 대한 탄력적 고려의 가능성을 보여주고 있다.

122) 『조선중앙통신』, 2003년 10월 3일. 북한의 핵무기 개발 의도에 대해서는 대체로 방어적 군사목적설, 대남도발 시 미군개입 저지와 헤게모니적 통일의 수단으로 보는 공격적 군사목적설, 외교적 협상카드로 보는 외교목적설, 그리고 정권과 체제의 대내외적 위신을 제고하기 위한 수단으로 보는 정치적 동기설 등 4가지 정도의 해석이 있다. 이 중에서 특히 지배적인 가설은 방어적 군사목적설과 외교목적설이다. 임수호, 앞의 글, 125쪽 각주 3.

123) 『로동신문』, 1993년 3월 13일.

자주권과 안전을 지키기 위한 공화국정부의 응당한 자위적 조치"라는 제목의 기사가 곳곳에 보도되었다.

3월 14일 신문 사설은 "응당한 자위적조치, 우리 인민의 확고부동한 의지"라고도 보도했다. 사설에서도 "우리 공화국이 핵무기전파방지조약에서 탈퇴하기로 한 것은 우리의 사회주의제도를 압살하려는 미국과 국제원자력기구 서기국의 일부 계층들의 불순한 책동에 주동적으로 대처하기 위한 정당한 조치이다"고 강조하였다. 그러면서 "우리 인민은 민족의 존엄과 자주성을 자기의 생명과 같이 귀중히 여기고 있다"면서 "그것은 그 무엇과도 바꿀 수 없는 생명이며 생활이다"라고 하였다.[124]

1993년 6월 11일 1차 북미고위급 회담 종료 후 북한 대표단 단장 강석주는 기자회견에서 '이번 회담에서 쌍방이 핵위협을 하지 않으며 서로 상대방의 제도와 자주권을 존중하며 내정에 간섭하지 않을 데 대하여 합의한 것은 매우 중요한 정치적 문제'라고 강조 하였다.[125] 북한이 NPT 탈퇴를 통해 미국과의 협상을 성사시키고, 협상의 목표가 북미양국의 제도인정과 자주권 존중이었다는 점은 북한의 대미 인정투쟁 전략을 단적으로 보여주는 대목이라 할 수 있다.

2차 북핵 위기 시에도 북한은 주권국가의 자주적 권리를 강조했다. 2004년 7월 북한 외무성 대변인은 "평화적 핵 활동은 우리 국가의 자주적 권리에 속하는 문제로서 동결이나 폐기대상에 포함될 수 없다"면서 "NPT 성원국이 아닌 우리나라가 NPT에 복귀하기 전에라도 이러한 동등한 권리를 향유하는 것은 지극히 응당한 것이며 평화적 핵 활동에 대하여 이상하게 생각할 것은 아무것도 없다"[126]는 점을 강조했다.

2004년 10월 14일 『로동신문』은 "미국은 책임회피를 하지 말고 평등한 립

124) 『로동신문』, 1993년 3월 14일.
125) 『로동신문』, 1993년 6월 13일.
126) 『조선중앙통신』, 2004년 7월 14일.

장에 서야 한다"라는 개인 필명의 논평을 게재했다. 신문은 부시행정부를 비난하면서 "조미사이에 이룩된 합의들에 관통되어 있는 기본정신은 쌍방이 자주권을 호상 존중하고 적대적 의도를 포기하며 핵무기를 포함한 무력을 사용하지도, 사용하겠다는 위협도 하지 않으며 경수로 제공을 통한 신뢰조성으로 력사적으로 지속되여온 두 나라 사이의 비정상적인 사태를 청산하고 미래지향적으로 관계를 정상화하자는 것이였다"[127]고 강조했다. 자주권의 인정을 강조하는 것이었다.

2005년 9월 6일에는 평화적 핵 활동 권리는 북한의 '자주적 권리행사'로 '국제법상의 합법적 권리행사'라며, 이에 대한 침해는 '내정간섭행위'라고 미국을 비난했다.[128]

북한은 인공위성이라고 주장하는 미사일 발사에 대해서도 우주공간이용에 관한 자주권에 속하는 문제라고 주장한다. 북한은 '인공위성 발사는 유엔이 인정하는 우주 공간의 평화적 이용과 과학기술연구를 목적으로 하는 모든 주권국가의 합법적 권리에 속하는 문제로 이를 부정하는 것은 반공화국 압살정책의 전형적인 발로'라고 주장한다.[129]

북한은 자주권을 강조하면서 동시에 평등권도 강조하고 있다. 국제법상 평등권이란 모든 국가가 평등하게 국제법상의 권리의무를 향유하고 국제사회의 동등한 구성원이 될 수 있는 권리를 말한다.[130] 북한도 국제사회의 구성원으로서 국제법에서 보장하는 주권국가로서의 평등한 권리를 행사하겠다는 것이다.

북한과 미국이 합의 발표한 주요 성명에는 북한의 미국에 대한 자주권과 평등권의 인정을 강조하는 내용을 곳곳에서 찾아볼 수 있다. 1993년 6월 11

127) 『로동신문』, 2004년 10월 14일.
128) 『조선중앙통신』, 2005년 9월 6일.
129) 『연합뉴스』, 1999년 7월 20일, 2012년 3월 19일.
130) 김현수 · 이민효, 앞의 책, 36쪽.

일 뉴욕에서 『조선민주주의인민공화국-미합중국 공동성명』이 발표되었다. 북한의 NPT 탈퇴문제를 해결하기 위해 개최된 북미회담의 결과 채택된 성명에는 "조미 쌍방정부들은 평등하고 공정한 기초 위에서 대화를 계속하기로 합의하였다"[131]는 내용이 포함되어 있다. 1994년 10월 21일 북미 제네바 합의에는 "양측은 정치적, 경제적 관계의 완전 정상화를 추구한다"고 명시하였다.[132]

2000년 10월 12일 조명록 국방위원회 제1부위원장이 김정일의 특사로 미국을 방문해 발표한 『북미 공동코뮤니케』에는 "첫 중대 조치로서 쌍방은 그 어느 정부도 타방에 의하여 적대적 의사를 가지지 않을 것이라고 선언하고 앞으로 과거의 적대감에서 벗어난 새로운 관계를 수립하기 위하여 모든 노력을 다할 것이라는 공약을 확언하였다"고 명시하였다. 또 "쌍방은 두 나라사이의 관계가 자주권에 대한 호상 존중과 내정 불간섭의 원칙에 기초하여야 한다는 것을 재확인"[133]하였다고 하였다.

북한 교과서에도 미국에 대한 체제 인정을 강조하는 내용이 잘 나와 있다. 제1차 북핵 위기를 "대미외교전에서의 빛나는 승리"[134]라고 규정하면서 아래와 같이 기술하고 있다.

> 담보서한에서 **클린톤은 위대한 장군님을 ≪조선민주주의인민공화국 최고지도자≫라고 최대의 존칭으로 부르면서** 장군님께 대통령의 모든 권한을 행사하여 조미기본합의문을 책임적으로 리행할것을 다짐하였다. **국교관계도 없는 적대국, 유일초대국으로 자처하는 미국으로부터 담보서한을 받아 낸 것은 일찌기 있어 본 적이 없는 사변으로서 미제의 반공화국책동을 짓부셔 버린 력사적승리였다.**[135](강조-인용자)

131) 국가정보원, 『남북한 합의문 총람』(서울: 국가정보원, 2008), 691쪽.
132) 위의 책, 693쪽.
133) 위의 책, 697쪽.
134) 교육도서출판사, 『위대자 지도자 김정일 원수님 혁명력사(제6학년용)』, 174쪽.
135) 교육도서출판사, 앞의 책, 175쪽.

푸에블로호 사건 당시 북미 협상장에서 북한은 '북한'(North Korea) 대신 '조선민주주의인민공화국'(DPRK)으로 불려지길 바랬다. 정부 대 정부의 협상으로 성격을 규정했고, 사과문에는 북한과 미국의 국가 명칭을 여러 차례 열거하였다.

이것은 북한이 미국에 대해 국가로 인정받으려는 몸부림이었다. 비록 유엔의 회원국이 되었으나, 아직까지 미국이 북한을 '불량국가'로 간주하는 한 북한은 미국을 상대로 한 인정 투쟁을 계속할 것이다. 그리고 그 투쟁은 북미 수교가 이루어져 국가의 체제가 인정되고 보장될 때까지 계속될 것으로 보인다.

제VI장

결론

푸에블로호 사건은 한국전쟁 이후 북미관계에서 처음 직면했던 충격적인 사건이었다. 그러나 사건이 지니는 중요성에 비해 이 사건에 대한 연구는 많이 이루어졌다고 할 수 없다. 특히 푸에블로호 사건이 북한에 미친 영향에 대한 연구는 거의 시도되지 않았었다.

이 점에서 이 연구는 기존 연구에서는 주목하지 않았던 푸에블로호 사건이 북한에 미친 영향을 분석대상으로 하였다. 이 연구는 푸에블로호 사건을 북미관계에서 '중대한 사건(critical event)'이자 '결정적 전환점(critical junctures)'으로 보고, 이 사건이 북한에 미친 영향을 북한의 대미인식과 대미협상전략을 중심으로 규명하고자 했다.

주장을 입증하기 위해 사건, 인식, 정책을 요소로 하는 분석틀을 활용하였다. 이 분석틀은 하나의 사건은 인식에 영향을 미치며 변화된 인식은 정책의 변화로 이어진다는 것을 기본 내용으로 하고 있다. 사건에 따라서는 정책이 사건을 호명할 수 있음도 포함하였다.

또한 푸에블로호 사건이 발생하기 이전 북한의 대미 인식과 협상경험을 살펴보고, 이것이 푸에블로호 사건 이후 변화되는 모습과 전개과정을 살펴보았다. 푸에블로호 사건 당시 북한과 미국의 협상과정과 특징도 상세하게 살펴보았다.

이상에서 푸에블로호 사건이 북한에 미친 영향을 북한의 대미 인식과 협상전략을 중심으로 고찰한 결과 다음과 같은 세 가지의 결론을 도출할 수 있었다.

첫째, 푸에블로호 사건은 한국전쟁으로 형성된 후 지속되던 '단조로운' 북미관계를 변화시킨 '중대한 사건'이자 '결정적 전환점'이었다.

푸에블로호 사건은 약소국 북한의 강대국 미국에 대한 적대적인 행위로 시작되었다. 이것은 약소국은 강대국에 대해 편승과 균형의 정책을 취한다는 국제정치이론의 측면에서 매우 예외적인 상황이었다. 더구나 미국은 사건 초기 준비하던 북한에 대한 군사적 위협을 접고 약소국을 상대로 협상을 개시하였다. 사건 발생 이전 국가로 인정하지도 않던 미국이 당시 국내외적 상황을 고려하여 북한과 협상을 개시했다는 것만으로도 큰 변화라 할 수 있다.

당시 북미 간의 협상은 '조선민주주의인민공화국'과 '미합중국' 정부간 첫 양자협상이었다. 북한은 협상과정 내내 주도권을 행사하였다. 북한은 미국에게 '사죄문'을 받아 냄으로써 사건을 승리로 종결지었다. 푸에블로호 사건은 적대적 관계였던 북한과 미국이라는 당사자, 남한을 제외하고 진행된 양자 비밀회담, 11개월이라는 지속시간, 미국의 사과와 북한의 승리, 사건의 영향력이 현재까지 지속되고 있다는 점에서 '중대한 사건'으로 평가하기에 충분하였다.

둘째, 푸에블로호 사건의 승리는 북한의 대미인식을 변화시켰다.

푸에블로호 사건 이전 북한은 한국전쟁 이후 '철천지 원쑤'라는 단면적이고 획일적인 대미 인식과 소극적인 승리인식을 지니고 있었다. 북한은 푸에블로호 사건의 승리를 통해 대미 승리인식을 공고화시켰고, 통치 이데올로기로서 반미의 유용성을 인식하게 되었으며 이후 적극적인 대미 인민외교를 전개하게 되었다.

푸에블로호를 통한 북한의 대미 승리인식은 사건 종결 이후 20여 년이

경과한 1990년대 새롭게 호명되었음도 확인하였다. 푸에블로호의 승리의 기억은 1990년대 김정일 체제의 등장과 북한의 대내외적 위기 상황, 그리고 미국과 북핵문제에 대한 협상의 상황에서 문학 예술분야에서의 호명을 시작으로 푸에블로호의 전시를 거쳐 김정일 선군정치의 근거로 활용되었다. 그리고 선군정치를 통해 푸에블로호는 대미 승리의 상징이자 대미 승리인식의 제도화로 공고화되었음을 확인할 수 있었다.

셋째, 푸에블로호 사건은 북한의 대미 협상전략을 재형성시켰다. 그리고 재형성된 협상전략은 푸에블로호 사건 이후 미국과의 협상과정에서 지속적으로 전개되고 있음을 확인하였다.

북한은 미국과 첫 양자회담을 통해 경험했던 대미협상의 성공적 구조, 즉 인질 활용, 통미봉남, 인정투쟁을 바탕으로 대미 협상전략을 새롭게 재형성했다. 재형성된 대미 협상전략은 관심유인 전략, 통미봉남 전략, 인정투쟁 전략 등 세 가지로 나타났다. 북한은 이 협상전략을 1970년대 이후부터 현재까지 대미협상에서 지속적으로 활용하고 있음을 확인하였다.

관심유인 전략은 약소국 북한이 강대국 미국과의 협상을 성사시키기 위한 목적으로 활용되고 있었다. 강대국의 관심사는 또 다른 강대국이라는 국제정치의 현실적 상황에서 대미 협상성사를 위한 전략이었다. 미국의 관심을 북한으로 유인한다는 의미가 있다. 관심유인의 수단으로써 '인질'이 활용되었다. 여기서 '인질'은 단순히 사람만을 의미하지는 않았다. 관심유인 전략의 수단으로써 '인질'은 미국의 약점을 의미했다. 구체적으로 북미관계에서 북한이 미국에 대해 협상을 위해 활용한 '인질'의 종류로는 사람에서 부터 규범, 제도, 물건, 유해遺骸, 심지어 다른 나라(남한 등 우방국)에 대한 위협까지 다양하였다.

통미봉남 전략은 한국전쟁 이후 형성된 남·북·미 삼각관계 속에서 구조적으로 시작되었다. 한국전쟁 이후 북한은 계속해서 '통미'와 '봉남'의 전략을 전개하고자 하였다. 그러나 공고한 한미동맹과 미국의 부정적인 대북

인식으로 실질적인 성과를 내지는 못했다. 그러나 푸에블로호 사건을 통해 통미봉남이 결합된 성공을 경험하게 되었고 이 사건을 계기로 북한의 통미봉남 전략은 본격적으로 전개되고 있다.

인정투쟁은 북한의 대미 협상전략의 궁극적인 목표라고 할 수 있다. 건국 이후 미국과 국제사회로 부터 '불법국가', '침략자'의 낙인을 받은 북한이 부족한 정통성을 극복하고 주권국가로써 미국에게 인정받기 위한 전략이다. 북한은 미국으로부터 북한(North Korea)이 아닌 조선민주주의인민공화국(DPRK)으로 인정받기 위해 노력하였다. 푸에블로호 사건은 북한이 미국으로부터 국가로 인정받은 첫 번째 성공사례로 평가할 수 있다. 이후 북한은 적극적인 대미 접촉의 전개를 통해 인정투쟁을 지속적으로 전개하고 있음도 확인하였다.

결론적으로 푸에블로호 사건은 한국전쟁 이후 형성된 북미관계에서 북한의 대미인식을 변화시키고, 대미 협상전략을 재형성시킨 '중요한 사건'이자 '결정적 전환점'으로 평가할 수 있었다. 그리고 현재 북미관계의 상당부분은 1968년 푸에블로호 사건과 유사하다는 점에서 북미관계를 본격적으로 정형화시킨 사건으로 평가할 수 있을 것이다.

그러나 한편으로 이 연구가 지니는 한계도 밝혀야 할 것 같다. 먼저, 이 연구의 분석틀에 대한 보완의 문제이다. 사건, 인식, 정책의 상호관계에 대한 분석틀은 기존 연구에서 충분히 다루어지지 않은 면이 있다. 이 연구에서도 부분적으로 보완을 시도하였으나, 향후 지속적인 보완의 과정을 통해 보다 설득력 높은 분석틀로써 발전시켜야 할 것이다. 다음으로, 사례연구의 방법론적 문제도 지적할 수 있다. 이것은 일반적인 단일사례 연구의 한계, 즉 연구자의 자의성과 일반화의 문제이다. 푸에블로호 협상의 특징을 도출하는 데 있어서 필자의 자의적인 시각을 완전히 배제하지 못했음을 인정해야 할 것이다.

푸에블로호 사건을 북미관계에서 '중요한 사건'이자 '결정적 전환점'으로 평가한 만큼 추가적인 연구과제도 제시할 수 있다. 특히 이 연구에서는 푸에블로호 사건의 영향을 대미 인식과 협상전략에 한정하여 살펴보았다. 그러나 푸에블로호 사건이 북한의 타 부분에 미친 영향을 검토할 필요가 있다. 사건이 인식에 미친 영향이 다른 부분의 정책으로는 어떻게 전개되었는지 확인할 필요가 있는 것이다. 한 예로써 군사부문에 미친 영향을 검토할 수 있을 것이다. 북한은 4대 군사노선을 추진하면서 병영국가, 군사국가화되고 있었다. 이런 과정에서 푸에블로호 사건을 통해 전개된 실전 상황에서 그동안 준비한 전쟁준비 상황을 점검할 수 있었을 것이다. 비록 실제 전투로는 이어지지 않았지만, 이 경험이 이후 북한의 군사부문에 미친 영향을 고찰할 필요가 있을 것이다.

다음으로 푸에블로호 사건이 당시 내부적으로는 한미갈등을 유발했었다는 점과 대비하여 북·중·소 3국의 사회주의 동맹에 미친 영향에 대한 연구도 중요한 의미가 있다. 푸에블로호 사건을 통해 북·소, 북·중 관계의 변화에 대한 부분도 향후 연구과제로 제기할 수 있겠다. 한편으로 푸에블로호 사건을 냉전수립기의 한국전쟁, 냉전확립 및 고착기의 푸에블로호 사건, 탈냉전기의 북한 핵개발과 함께 북미관계의 중대한 전환적 사건으로 비교 고찰하는 연구도 의미가 있을 것으로 생각된다.

2015년 현재 푸에블로호는 평양의 '조국해방전쟁승리기념관'에 전시되어 있다.[1] 북한과 미국간에는 이전부터 푸에블로호 반환 논의가 이어지고 있다고 한다. 미국 정치인들은 매년 푸에블로호 반환 결의를 내고 있으며, 북한도 직·간접적으로 푸에블로호 반환을 미국에 제안하는 것으로 알려졌다.[2] 그러나 북한은 현재까지도 '푸에블로호의 그림자' 속에 갇혀 있다는

1) 2012년 11월 대동강에서 전시되던 푸에블로호가 사라졌다. 12월 3일 조선중앙TV는 푸에블로호가 리모델링 공사 중인 평양 보통강변의 '조국해방전쟁승리기념관'으로 옮겨 계속 전시될 것이라고 보도한 바 있다. 푸에블로호는 2013년 7월 27일 재개관한 전승기념관에 전시되고 있다.

2) 2002년 4월 6일 평양을 방문한 도널드 그레그 전 주한 미 대사는 김계관 부상과

느낌을 지울 수가 없다. 그리고 이 그림자는 북한 새 지도자의 등장과 어려운 북한 현실을 고려할 때 한동안 걷히기 힘들 것으로 보인다.[3)]

푸에블로호가 북한의 미국에 대한 승리의 상징이고 주민들에게 반미교육의 소재였다는 점에서 푸에블로호 승리를 뛰어넘는 더 큰 승리가 성취될 때 비로소 반환하고, 진정한 의미에서 사건을 종결시킬 것으로 전망할 수 있다.

그렇다면 북한에게 푸에블로호 이상의 승리란 무엇일까? 그것은 북미 수교가 될 수 있을 것이다. 북한에게 미국과의 수교는 체제보장을 위한 확고한 조치가 될 것이다. 그러나 그 모습은 '미국의 항복'으로 그려질 것이며, 푸에블로호의 반환은 북미수교에 대한 북한의 '관용의 선물'로 그려질 것으로 예상해 볼 수 있다.

푸에블로호 사건을 통해 한국전쟁 이후 형성된 북미관계가 재형성되었다고 평가할 때, 앞으로 푸에블로호는 새로운 북미관계의 변화 속에서 양국관계의 상징이 될 것으로 보인다. 북한이 계속해서 푸에블로호의 영향을 활용하고 있는 현실에서 향후 북미관계와 북한의 대미정책을 연구하는 데 푸에블로호는 중요한 참고사례로써 의미가 있다고 생각된다. 따라서 푸에블로호 사건에 대한 연구는 앞으로 북미관계를 가늠해 볼 수 있는 '척도'로서 충분한, 그리고 지속적인 논의의 가치가 있다고 하겠다.

의 회담에서 푸에블로호 반환을 제안 받았었다고 한다. 강은지, "평양, 푸에블로호 돌려주기로 약속, 지난해 10월 켈리가 망쳐," 『민족 21』, 12월호(2003), 91~92쪽.

3) 2012년 4월, 북한의 새 지도자 김정은은 동해안의 해군 제155군부대를 방문하였다. 김정은의 부대 방문을 보도한 조선중앙통신은 이 부대가 1968년 1월 푸에블로호를 나포한 부대였으며, 김일성은 27회, 김정일은 29회를 방문하였던 '영광 넘친 부대'라고 설명했다. 『조선중앙통신』, 2012년 4월 6일. 최고사령관이 예하부대를 방문하는 것이 특별한 것이라 할 수는 없을 것이다. 그러나 시기적으로 김일성의 100회 생일인 태양절을 앞두고, 소위 인공위성이라고 하는 광명성 3호의 발사를 예고하고 있던 시점에서, 대미 승리의 상징이라 할 수 있는 푸에블로호 나포 부대를 방문한 것은 이 사건이 40여 년이 지나 새롭게 등장한 지도자에게까지 연결되고 있는 것으로 해석할 수 있다.

참고문헌

1. 1차 자료

1) 대한민국 정부 문헌

외교부, 『공개외교문서(제1차)』, v.10(마이크로필름), 2005.
______, 『공개외교문서(제2차)』, v.16(마이크로필름), 2005.
______, 『공개외교문서(제4차)』, v.9(마이크로필름), 2005.
______, 『공개외교문서(제6차)』, v.10(마이크로필름), 2005.
______, 『공개외교문서(제7차)』, v.16(마이크로필름), 2005.
______, 『공개외교문서(제8차)』, v.17(마이크로필름), 2005.
______, 『공개외교문서(제9차)』, v.13, v.19(마이크로필름), 2005.
______, 『공개외교문서(제10차)』, v.15, v.16, v.22(마이크로필름), 2005.
______, 『공개외교문서(제11차)』, v.17, v.23(마이크로필름), 2005.
______, 『공개외교문서(제12차)』, v.20, v.26(마이크로필름), 2005.
______, 『공개외교문서(제13차)』, v.20, v.21, v.27(마이크로필름), 2006.
______, 『1·21무장공비 침투 및 Pueblo호 납북사건, 1968-69』, v.1(기본문서철), 1969.
______, 『1·21무장공비 침투 및 Pueblo호 납북사건, 1968-69』, v.2(판문점회담), 1969.
______, 『1·21무장공비 침투 및 Pueblo호 납북사건, 1968-69』, v.3(참전 16개국의 한국방위 결의 공동선언교섭), 1969.
______, 『1·21무장공비 침투 및 Pueblo호 납북사건, 1968-69』, v.4(홍보활동 및 일본의 반응), 1969.
______, 『1·21무장공비 침투 및 Pueblo호 납북사건, 1968-69』, v.5(홍보활동 및 각국반응), 1969.

______, 『1 · 21무장공비 침투 및 Pueblo호 납북사건, 1968-69』, v.6(사문회, 1969.1-5월), 1969.
______, 『1 · 21무장공비 침투 및 Pueblo호 납북사건, 1968-69』, v.7(자료집 I), 1969.
______, 『1 · 21무장공비 침투 및 Pueblo호 납북사건, 1968-69』, v.8(자료집 II), 1969.

2) 미국정부 문헌

〈미국 국무부 인터넷 사이트 (http://history.state.gov.historical documents)〉

U.S. Department of State Office of the Historian, *FRUS 1964-1968 Volume XXIX, Part 1, Korea* (August, 2000).

〈국립중앙도서관 디지털 도서관 영인본〉

POL 33-6 Kor N-US, 1967-69 SNF, RG 59, National Archives and Records Administration.
Korean Crisis("Pueblo Crisis") Files, 1968(Lot File 69D219), RG 59, Records of the Department of State.

2. 북한문헌

1) 신문 및 간행물

『경제연구』, 2005년 3호, 2008년 3호(평양: 과학백과사전출판사).
『금수강산』, 2005년 7월, 2007년 1월, 2008년 1월(평양: 오늘의조국사).
『력사과학』, 1979년 제2호, 2003년 제3호, 2006년 제3호(평양: 과학백과사전출판사).
『로동신문』.
『인민교육』, 2005년 제6호(평양: 교육신문사).
『조선녀성』, 1988년 제3호(평양: 근로단체출판사).
『조선문학』, 1969년 2월 · 3월 · 4월 · 7월, 1996년 1월 · 2월, 2000년 11월(평양: 문학예술종합출판사).
『조선중앙통신』.
조선중앙통신사, 『조선중앙년감 1959』(평양: 조선중앙통신사, 1959).

조선중앙통신사, 『조선중앙년감 1963』(평양: 조선중앙통신사, 1963).
조선중앙통신사, 『조선중앙년감 1964』(평양: 조선중앙통신사, 1964).
조선중앙통신사, 『조선중앙년감 1965』(평양: 조선중앙통신사, 1965).
조선중앙통신사, 『조선중앙년감 1966-1967』(평양: 조선중앙통신사, 1967).
조선중앙통신사, 『조선중앙년감 1968』(평양: 조선중앙통신사, 1968).
조선중앙통신사, 『조선중앙년감 1969』(평양: 조선중앙통신사, 1969).
조선중앙통신사, 『조선중앙년감 1970』(평양: 조선중앙통신사, 1970).
『천리마』, 1999년 제9호, 12호(평양: 천리마사).
『청년문학』, 2002년 1월호(평양: 문학예술출판사).
『통일문학』, 2006년 제4호(평양: 평양출판사).

2) 사전류

『광명백과사전』, 3권(평양: 백과사전출판사, 2009).
『국제법 사전』(평양: 사회과학출판사, 2002).
『정치사전』(평양: 사회과학출판사, 1973).
『조선말 사전』(평양: 과학원출판사, 1962).
『조선말 사전』(평양: 과학백과사전출판사, 2004).
『조영대사전』(평양: 외국문종합출판사, 2002).

3) 단행본

강석주, 『김정일 열풍』(평양: 근로단체출판사, 2004).
과학백과사전종합출판사, 『현대국제법연구』(평양: 과학백과사전종합출판사, 1988).
교육도서출판사, 『공산주의 도덕(고등중학교 2학년용)』(평양: 교육도서출판사, 2002).
____________, 『위대한 령도자 김정일 원수님 혁명활동(중학교 3학년용)』(평양: 교육도서출판사, 2001).
____________, 『위대한 령도자 김정일 원수님 혁명력사(중학교 5학년용)』(평양: 교육도서출판사, 2003).
____________, 『위대한 령도자 김정일 원수님 혁명력사(중학교 6학년용)』(평양: 교육도서출판사, 2003).
____________, 『위대한 수령 김일성 대원수님 혁명력사(중학교 5학년용)』(평양: 교육도

서출판사, 1999).
__________, 『위대한 수령 김일성 대원수님 혁명력사(중학교 5학년용)』(평양: 교육도서출판사, 2003).
__________, 『위대한 지도자 김정일 원수님 혁명력사(제6학년용)』(평양: 교육도서출판사, 2003).
__________, 『조선력사(고등중학교 2학년용)』(평양: 교육도서출판사, 2000).
김일성, 『김일성 서작선집』, 5권(동경: 구월서방, 1972).
_____, 『김일성 저작집』, 제7권(평양: 조선로동당출판사, 1980).
_____, 『김일성 저작집』, 제23권(평양: 조선로동당출판사, 1983).
_____, 『김일성 저작집』, 제25권(평양: 조선로동당출판사, 1983).
_____, 『김일성 저작집』, 제27권(평양: 조선로동당출판사, 1984).
_____, 『김일성 저작집』, 제34권(평양: 조선로동당출판사, 1987).
_____, 『김일성 전집』, 15권(평양: 조선로동당출판사, 1996).
김정일, 『김정일 선집』, 제1권(평양: 조선로동당출판사, 1992).
_____, 『김정일 선집』, 제4권(평양: 조선로동당출판사, 1994).
_____, 『김정일 선집』, 제6권(평양: 조선로동당출판사, 2010).
_____, 『주체문학론』(평양: 조선로동당출판사, 1992).
김희일, 『미제는 세계인민의 흉악한 원쑤』(평양: 조국통일사, 1974).
리정근, 『판문점』(평양: 조선로동당출판사, 1986).
배순재 · 라두림, 『신문리론』(동경: 재일본조선인출판인협회, 1967).
백보흠 · 송상원, 『영생』(평양: 문학예술종합출판사, 1997).
북조선로동당중앙본부 선전선동부 강연과, 『제2차 세계대전후의 미국의 대외정책』(평양: 로동당출판사, 1948).
사회과학원 력사연구소, 『조선전사』, 제32권(평양: 과학백과사전출판사, 1982).
사회과학출판사, 『리조실록 379 (고종3)』(평양: 사회과학출판사, 1990).
__________, 『조선민주주의인민공화국 대외관계사 1』(평양: 사회과학출판사, 1985).
__________, 『조선민주주의인민공화국 대외관계사 2』(평양: 사회과학출판사, 1987).
사회과학원언어학연구소, 『조선말대사전2』(평양: 사회과학출판사, 2005).
외국문출판사, 『위인 김정일』(평양: 외국문출판사, 2012).
원영수 · 윤금철 · 김영범, 『침략과 범죄의 력사』(평양: 평양출판사, 2010).
장우현, 『전쟁과 미국』(평양: 사회과학사, 1973).
정기종, 『력사의 대하』(평양: 문학예술종합출판사, 1997).
조남훈, 『조선체육사』 2권(평양: 금성출판사, 1992).
조선로동당력사연구소, 『조선로동당력사』(평양: 조선로동당출판사, 2006).

조선로동당 중앙위원회 당력사연구소, 『항일혁명투사들의 수기』(평양: 금성청년출판사, 1992).
조선로동당출판사, 『조선에서의 미국침략자들의 만행에 관한 문헌집』(평양: 조선로동당출판사, 1954).
평양출판사, 『김정일지도자』, 제3부(평양: 평양출판사, 1994).
한재덕, 『조선과 미국관계의 역사적 고찰』(평양: 국립인민출판사, 1949).
황만청, 『항일무장투쟁이야기-보천보의 메아리』(평양: 금성청년출판사, 1987).

4) 기타 자료(영화)

조선기록과학영화촬영소, 『조선기록영화-조선의 대답(30분)』(평양: 조선기록과학영화촬영소, 2003).
조선중앙방송위원회 기록영화촬영소 편집, 『기록영화-미제 무장간첩선 푸에블로호의 말로(20분)』(평양: 조선중앙방송위원회 기록영화촬영소, 2000).
조선 2·8 예술영화촬영소, 『예술영화-대결(74분)』(평양: 조선 2·8예술영화촬영소, 1992).

3. 남한문헌

1) 단행본

강명도, 『평양은 망명을 꿈꾼다』(서울: 중앙일보사, 1997).
강인덕·송종환 외 공저, 『남북회담: 7·4에서 6·15까지』(서울: 극동문제연구소, 2004).
강종일, 『고종의 대미외교』 (서울: 일월서각, 2006).
강진호 외, 『북한의 문화정전, 총서 '불멸의 력사'를 읽는다』(서울: 소명출판, 2009).
고영환, 『평양 25시』(서울: 고려원, 1993).
곽태환 외 저, 『북한의 협상전략과 남북한 관계』(서울: 경남대 극동문제연구소, 1997).
구갑우, 『비판적 평화연구와 한반도』 (서울: 후마니타스, 2007).
국가정보포럼, 『국가정보학』(서울: 박영사, 2011).
국방군사연구소, 『국방정책변천사(1945-1994)』(서울: 국방군사연구소, 1990).
국방부, 『국방사 3집』(서울: 국방부 전사편찬위원회, 1990).

국방부, 『북방한계선(NLL)에 관한 우리의 입장』(서울: 국방부, 2007).
국방정보본부, 『군사정전위원회편람』, 제1집(서울: 국방정보본부, 1986).
__________, 『군사정전위원회편람』, 제2집(서울: 국방정보본부, 1993).
__________, 『군사정전위편람』, 제3집(서울: 국방정보본부, 1997).
국사편찬위원회, 『북한관계사료집』, 제35권(과천: 국사편찬위원회, 2001).
국토통일원, 『남북대화백서』(서울: 전광산업사, 1988).
________, 『북괴법령집』, 제1권(서울: 국토통일원, 1971).
________, 『북한개요』(서울: 국토통일원, 1978).
________, 『북한연표(1945-1961)』(서울: 국토통일원, 1980).
________, 『북한의 교육실태와 특징』(서울: 국토통일원, 1986).
________, 『북한의 대학교육』(서울: 국토통일원, 1986).
________, 『북한총람』(서울: 국토통일원, 1971).
________, 『정전협정 문본(국 · 영문)』(서울: 국토통일원, 1988).
________, 『휴전협상에서 나타난 공산측 협상전술』(서울: 국토통일원, 1987).
국회도서관 입법조사국, 『세계각국편람(하)』(서울: 국회도서관, 1967).
국회도서관 자료국, 『북한의 외교 연표 1980-1983』(서울: 국회도서관, 1984).
국회도서관 해외자료국, 『북한의 외교 연표』(서울: 국회도서관, 1974).
________________, 『북한의 외교 연표 1974-1977』(서울: 국회도서관, 1978).
________________, 『북한의 외교 연표 1978-1979』(서울: 국회도서관, 1980).
권귀숙, 『기억의 정치』(서울: 문학과지성사, 2006).
권기헌, 『정책학의 논리: Lasswell 정책학의 현대적 재조명』(서울: 박영사, 2007).
김계동, 『북한의 외교정책 : 벼랑에 선 줄타기 외교의 선택』(서울: 백산서당, 2002).
김남식, 『해외교포 북한 방문 실태』(서울: 국제문제조사연구소, 1982).
김달중 편저, 『외교정책의 이론과 이해』(서울: 오름, 1999).
김 덕, 『약소국 외교론』 (서울: 탐구당, 1992).
김동욱, 『한반도안보와 국제법』(파주: 한국학술정보, 2010).
김병섭, 『편견과 오류줄이기-조사연구의 논리와 기법』, 2판(서울: 법문사, 2010).
김성호, 『우리가 지운 얼굴』(서울: 한겨레출판, 2006).
김신조, 『실화수기 1.21의 증언』(서울: 대한승공교육문화사, 1971).
김용호, 『북한의 협상 스타일』(인천: 인하대학교 출판부, 2004).
_____, 『현대북한외교론』(서울: 오름, 1996).
김웅진, 『정치학방법론 서설』(서울: 명지사, 1992).
김윤재 · 허윤희, 『조사방법론』(서울: 은혜출판사, 2008).
김응종, 『페르낭 브로델 : 지중해 · 물질문명과 자본주의』(파주: 살림출판사, 2006).

김정균 · 성재호, 『국제법』, 제5개정판(서울: 박영사, 2006).
김진계 구술 · 기록, 김응교 보고문학, 『조국-어느 '북조선 인민'의 수기』, 상 · 하(서울: 현장문학사, 1990).
김찬규 · 이규창, 『북한국제법연구』(파주: 한국학술정보, 2009).
김현수 · 이민효, 『국제법』(서울: 연경문화사, 2010).
김형찬, 『북한의 교육』(서울: 을유문화사, 1990).
그래엄 앨리슨 · 필립 젤리코 공저, 김태현 역, 『결정의 엣센스: 쿠바 미사일 사태와 세계 핵전쟁의 위기』(서울: 모음북스, 2004).
극동문제연구소, 『북괴의 유엔정책-적화통일을 위한 국제 여건 조성 책동』(서울: 극동문제연구소, 1976).
______________, 『북한전서(1945-1980)』(서울: 극동문제연구소, 1980).
나심 니콜라스 탈레브 저, 차익종 역, 『블랙스완』(서울: 동녘사이언스, 2008).
남기범, 『현대 정책학 강의』(서울: 한국학술정보, 2006).
남수영, 『이미지시대의 역사 기억』(서울: 새물결, 2009).
노암촘스키 저, 박수철 역, 『노암촘스키의 미디어컨트롤』(서울: 모색, 2003).
노화준, 『정책분석론』(서울: 박영사, 2010).
닐 퍼거슨 저, 김종원 역, 『제국』(서울: 민음사, 2006).
다이안 맥도넬, 『담론이란 무엇인가』(서울: 한울, 1992).
다치바나 다카시 저, 이언숙 역, 『멸망하는 국가』(서울: 열대림, 2006).
더글러스 노스 저, 이병기 역, 『제도 · 제도변화 · 경제적 성과』(서울: 자유기업원, 1997).
도널드 데이빗슨 저, 배식한 역, 『행위와 사건』(서울: 한길사, 2012).
도미니크 모이시 저, 유경희 역, 『감정의 지정학』(서울: 랜덤하우스, 2010).
돈 크로포드, 『북한 335일』(서울: 서광문화사, 1970).
대륙연구소, 『북한법령집』, 제1권 · 제5권(서울: 대륙연구소, 1990).
대한민국 국방부, 『2010 국방백서』(서울: 국방부, 2010).
동아일보사 편, 『북한 대외정책 기본자료집 Ⅱ』(서울: 동아일보사, 1976).
라종일, 『제네바 정치회담에 관한 연구』(성남: 일해연구소, 1988).
려 정, 『붉게 물든 대동강』(서울: 동아일보사, 1991).
로날드 칠코트 저, 정치사회학연구회 역, 『비교정치학 이론』(서울: 한울, 1988).
로버트 베번 저, 나현영 역, 『집단 기억의 파괴』(파주: 알마, 2012).
로버트 K. 인 저, 신경식 · 서아영 역, 『사례연구방법』, 4판(서울: 한경사, 2011).
린다 파술로 저, 김형준 외 역, 『유엔 리포트』(파주: 21세기북스, 2011).
마이클 한델 저, 김진호 역, 『약소국 생존론』(서울: 대왕사, 1995).
문정인 편저, 『국가정보론』(서울: 박영사, 2003).

미첼 러너 저, 김동욱 역, 『푸에블로호 사건 : 스파이선과 미국 외교정책의 실패』(서울: 높이깊이, 2011).
미하엘 쿤치크 저, 윤종석 · 권혁준 역, 『국가 이미지 전쟁』(서울: 커뮤니케이션북스, 2008).
민중서림 편집부 편, 『국어사전』, 제6판(파주: 민중서림, 2006).
박명림, 『한국 1950 전쟁과 평화』(서울: 나남, 2002).
박승준, 『격동의 외교 비록 : 한국과 중국 100년』(서울: 기파랑, 2010).
박재규, 『북한의 신외교와 생존전략』(서울: 나남, 1997).
______, 『북한 평론』(서울: 경남대학교 극동문제연구소, 1975).
박재규 편, 『북한의 대외정책』(서울: 경남대학교 극동문제연구소, 1986).
백승기, 『정책학원론』(서울: 대영문화사, 2005).
북한연구소, 『북한총람(1945-82)』(서울: 북한연구소, 1983).
__________, 『북한총람』(서울: 북한연구소, 1983).
서대숙 저, 서주석 역, 『북한의 지도자 김일성』(서울: 청계연구소, 1989).
서보혁, 『탈냉전기 북미관계사』(서울: 선인, 2004).
서주석 · 김창수, 『북 · 미관계 변화에 따른 전략적 대응방향』(서울: 국방연구원, 1996).
서 훈, 『북한의 선군외교』(서울: 명인문화사, 2006).
성재호, 『국제기구와 국제법』(서울: 한울, 2004).
성혜랑, 『등나무집』(서울: 지식나라, 2000).
션즈화, 『마오쩌뚱 스탈린과 조선전쟁』(서울: 선인, 2010).
소련공산당정치문헌출판부 저, 편집부 역, 『선전선동론』(서울: 새물결, 1989).
손호철, 『현대 한국정치: 이론, 역사, 현실, 1945-2011』(서울: 이매진, 2011).
시걸 리언 저, 구갑우 외 공역, 『미국은 협력하려 하지 않았다 : 북한과 미국의 핵외교』(서울: 사회평론, 1999).
신동아, 『원자료로 본 북한 1945-1988』(서울: 동아일보사, 1989).
신일철, 『판문점회담에 관한 국내 정책 전환 문제점』(서울: 국토통일원, 1972).
스즈키 마사유키 저, 유영구 역, 『김정일과 수령제 사회주의』(서울: 중앙일보사, 1994).
스코트 스나이더 저, 안진환 · 이재봉 역, 『벼랑끝 협상』(서울: 청년정신, 2003).
아네트 베이커 폭스 저, 백선기 역, 『약소국의 위력』(서울: 동화문화사, 1973).
악셀 호네트 저, 문성훈 · 이현재 역, 『인정투쟁』(서울: 사월의책, 2011).
안드레이 그로미코 저, 박형규 역, 『그로미코 회고록』(서울: 문학사상사, 1990).
양문수, 『북한경제의 구조』(서울: 서울대학교출판부, 2001).
양승윤, 『인도네시아』(서울: 한국외국어대학교 출판부, 2003).
양승함 외 편, 『박정희 2. 푸에블로호 사건』(서울: 연세대학교 국가관리연구원, 2010).
양영식, 『북한의 협상전술 : 남북대화 20년사를 중심으로』(서울: 국토통일원 통일연수원, 1990).

양영조 · 남정옥, 『알아봅시다! 6 · 25 전쟁사』 제3권(서울: 국방부 군사편찬연구소, 2005).
엠 애플 저, 박부권 · 이혜영 역, 『교육과 이데올로기』(서울: 한길사, 1985).
에드워드 버네이스 저, 강미경 역, 『프로파간다: 대중 심리를 조종하는 선전전략』(서울: 공존, 2009).
와다 하루키 저, 서동만 · 남기정 역, 『북조선』(파주: 돌베개, 2005).
_____________, 고세현 역, 『역사로서의 사회주의』(서울: 창작과 비평사, 1994).
_____________, 이종석 역, 『김일성과 만주항일전쟁』(서울: 창작과 비평사, 1992).
외무부, 『유엔한국문제결의집(1947-1976)』(서울: 외무부, 1976).
유재천 편저, 『북한의 언론』(서울: 을유문화사, 1989).
유일상 · 목철수 편저, 『세계 선전선동사』(서울: 도서출판 이웃, 1989).
육군본부, 『교참 30-500 적전술 편람 제Ⅱ집』(육군본부, 1979).
이강덕, 『북한 '핵보유국'의 진실』(서울: 해피스토리, 2012).
이경서, 『조사방법론』(서울: 학문사, 2001).
이극찬, 『정치학』, 제6전정판 (서울: 법문사, 2010).
이문항, 『JSA-판문점 (1953-1994)』(서울: 소화, 2001).
이상우, 『국제관계이론』, 4정판(서울: 박영사, 2006).
이수훈 편, 『북한의 국제관과 동북아 질서』(서울: 경남대학교 극동문제연구소, 2011).
_________, 『핵의 국제정치』(서울: 경남대학교 극동문제연구소, 2012).
이수혁, 『전환적 사건』(서울: 중앙북스, 2008).
이정식, 『대한민국의 기원』(서울: 일조각, 2006).
이종석, 『북한-중국관계 1945-2000』(서울: 중심, 2000).
이창하, 『북한의 언론』(서울: 통일연수원, 1991).
이학래, 『한국체육사연구』(서울: 국학자료원, 2003).
______, 『한국현대체육사』(용인: 단국대학교출판부, 2008).
이한기, 『국제법강의』, 신정판 (서울: 박영사, 2005).
이홍구 · 스칼라피노 공편, 『북한과 오늘의 세계』(서울: 법문사, 1986).
임동원, 『피스메이커』(서울: 중앙북스, 2008).
______, 『혁명전쟁과 대공전략』 3판(서울: 탐구당, 1968).
장달중 · 임수호 · 이정철 공저, 『북미대립 : 탈냉전 속의 냉전 대립』(서울: 서울대학교 출판문화원, 2011).
장보댕 저, 임승휘 역, 『국가론』(서울: 책세상, 2005).
전인영 편, 『북한의 정치』(서울: 을유문화사, 1990).
전진성 · 이재원 편, 『기억과 전쟁』(서울: 휴머니스트, 2009).
정규섭, 『북한외교의 어제와 오늘』(서울: 일신사, 1999).

정기웅, 『투-레벨게임에 대한 새로운 모색』(서울: 한국학술정보, 2006).
정옥임, 『국제정치환경과 약소국 정책결정』(성남: 세종연구소, 1999).
정용덕 외 공저, 『신제도주의 연구』(서울: 대영문화사, 1999).
정용석, 『카터와 남북한』(서울: 단국대학교출판부, 1979).
정운학, 『한국의 대공산권 접근과 이것이 국내의 정치에 미치는 문제점』(서울: 국토통일원, 1970).
정윤수, 『20세기 인물 100과 사전』(서울: 숨비소리, 2008).
정인흥 외 공편, 『증보 정치학 대사전』(서울: 박영사, 1992).
정일형 편, 『유엔과 한국문제』(서울: 신명문화사, 1961).
정창현, 『곁에서 본 김정일』, 개정 증보판 (서울: 김영사, 2000).
조성남 외 공저, 『질적 연구방법과 실제』(서울: 그린, 2011).
조성훈, 『한미군사관계의 형성과 발전』(서울: 국방부군사편찬연구소, 2008).
조셉 버뮤데즈 저, 김광수 역, 『북한군』(서울: 황금알, 2007).
조엘 위트 · 대니얼 폰먼 · 로버트 갈루치 공저, 김태현 역, 『북핵 위기의 전말-벼랑 끝의 북미협상』(서울: 모음북스, 2010).
존 루이스 개디스 저, 정철 · 강규형 역, 『냉전의 역사』(서울: 에코리브르, 2010).
__________, 강규형 역, 『역사의 풍경』(서울: 에코리브르, 2004).
존 아이켄베리 저, 강승훈 역, 『승리 이후』(서울: 한울, 2008).
제임스 뱀포드 저, 곽미경 · 박수미 역, 『미 국가안보국 NSA』, 1 · 2권(서울: 서울문화사, 2002).
제프리 K. 올릭 저, 강경이 역, 『기억의 지도』(서울: 옥당, 2011).
중앙일보 특별취재반, 『비록: 조선민주주의인민공화국』(서울: 중앙일보사, 1992).
척 다운스 저, 송승종 역, 『북한의 협상전략』(서울: 한울, 1999).
최명 · 김용호, 『비교정치학서설』, 전정판(서울: 법문사, 1993).
최명해, 『중국 · 북한 동맹관계-불편한 동거의 역사』(서울: 오름, 2009).
케네스 퀴노네스 저, 노순옥 역, 『2평 빵집에서 결정된 한반도 운명』(서울: 중앙M&B, 2000).
클라크 네어 저, 동남아지역연구회 역, 『현대동남아의 이해』 (서울: 프레스, 1993).
통일연구원, 『김정일 연구 : 리더쉽과 사상 1』(서울: 통일연구원, 2001).
통일원, 『미 · 북 관계개선과 남북관계 발전방향』(서울: 통일원, 1994).
_____, 『북한 경제 통계집』(서울: 통일원, 1996).
_____, 『북한의 '평화협정' 제의관련 자료집』(서울: 통일원, 1994).
페르낭 브로델 저, 강주헌 역, 『지중해의 기억』(파주: 한길사, 2012).
__________, 이정옥 역, 『역사학 논고』(서울: 민음사, 1990).
프레데릭 왓킨스 저, 이홍구 역, 『이데올로기의 시대』, 제3판(서울: 을유문화사, 1997).
하비 케이 저, 오인영 역, 『과거의 힘 : 역사의식, 기억과 상상력』(서울: 삼인, 2004).

하영선 · 김상배 편, 『네트워크 세계정치』(서울: 서울대학교출판문화원, 2011).
하영선 · 남궁곤 편, 『변환의 세계정치』(서울: 을유문화사, 2007).
하영선 · 이상우 편, 『현대국제정치학』(서울: 나남, 1992).
한국국제문화협회, 『남북대화』, 제20호(서울: 대한홍보협회, 1979).
한미경제협의회, 『미국편람』(서울: 한미경제협의회, 1992).
함택영, 『국가안보의 정치경제학』(서울: 법문사, 1998).
______, 『북한 군사문제의 재조명』(파주: 한울, 2006).
합참 정보참모본부, 『군사정전위원회 편람』, 제4집(서울: 합동참모본부, 1999).
헨리 A. 키신저 저, 『키신저 회고록: 백악관시절』(서울: 문화방송 · 경향신문, 1979).
홍석률, 『분단의 히스테리』(서울: 창비, 2012).
황석영, 『손님』(서울: 창작과 비평사, 2005).
황장엽, 『황장엽 회고록』 3판(서울: 시대정신, 2010).

2) 논문

강원식, "통미봉남 프레임의 자기훼손성 연구-개념 성립의 불가능성과 용어 사용의 부적절성-," 『북한연구학회보』 제13권 제2호(2009), 1-24쪽.
강은숙 · 이달곤, "정책사례연구에 대한 방법론적 논의," 『행정논총』 제43권 4호(2005), 95-121쪽.
고유환, "한반도 평화체제 구축을 위한 남북협력," 『북한학연구』 제2권 1호(2006), 54-91쪽.
김계동, "북한의 대미정책," 『국제정치논총』 제34권 2호(1995), 71-97쪽.
김근식, "북한의 핵협상: 주장, 행동, 패턴," 『한국과 국제정치』 제27권 1호(2011), 143-181쪽.
김기정, "현실적 인식과 허구적 해법: 소설 속에 나타난 한반도 국제정치," 『국제정치논총』, 제35집 2호(1995) 121-151쪽.
김도태, "북한의 핵협상 관련 전략 · 전술연구," 『협상연구』 제5집 1호(1999), 135-169쪽.
김수민 · 윤황, "북한의 6자회담 협상전략 · 전술: 평가와 전망," 『세계지역연구논총』 제26집 3호(2008), 105-128쪽.
김연철, "1954년 제네바 회담과 동북아 냉전질서," 이내영 · 이신화 편, 『동북아 지역질서의 형성과 전개』(서울: 아연출판부, 2011), 230-257쪽.
김영수, "북한의 대미인식," 『현대북한연구』 제6권 2호(2003), 9-52쪽.
______, 『북한의 정치문화: 주체문화 전통정치문화』(서강대학교 박사학위 논문, 1991).
김용순, 『북한의 대미외교행태 분석: 선군 리더십의 위기관리』(연세대학교 박사학위 논문, 2007).

김용철 · 최종건, “한국인의 반미행동 의도에 대한 인과분석: 미국의 이미지와 한국의 이미지를 중심으로,” 『국제정치논총』 제45집 제4호(2005), 123-143쪽.

김용현, 『북한 군사국가화에 관한 연구: 1950-60년대를 중심으로』(동국대학교 박사학위 논문, 2002).

______, “1960년대 북한의 위기와 군사화,” 『현대북한연구』 세5권 1호(2002), 125-160쪽.

김태현, “세력균형이론,” 우철구 · 박건영 공편, 『현대 국제관계이론과 한국』(서울: 사회평론, 2004), 81-117쪽.

금기연, 『북한의 군사협상행태와 결정요인: 유엔사-북한군간 장성급 회담 사례 연구』(경남대학교 박사학위 논문, 2009).

로버트 저비스 저, 김태현 역, “전쟁과 오인,” 박건영 외 편역, 『국제관계론 강의 1』(서울: 한울, 1997), 295-324쪽.

류길재, “1960년대 말 북한의 도발과 한미관계의 균열,” 김경일 외 공저, 『박정희시대 한미관계』(서울: 백산서당, 2009), 185-242쪽.

______, “북핵 6자회담 전망: 쟁점과 전망,” 경남대 극동문제연구소 편, 『한반도정세: 2010년 평가와 2011년 전망』(서울: 경남대학교 극동문제연구소, 2011), 127-139쪽.

문순보, “북미협상에 관한 사례연구 : 푸에블로호 나포사건을 중심으로,” 『본질과 현상』, 제9호(2007), 122-164쪽.

모택동, “항일유격전쟁의 전략과 전술,” 조영운 편역, 『유격전의 원칙과 실제』(광주: 사계절, 1986), 125-295쪽.

박주한, 『남북한 스포츠교류의 사적 고찰과 전망』(한국체육대 박사논문, 1997).

백학순, “북미관계,” 세종연구소 북한연구센터 편, 『북한의 대외관계』(서울: 한울, 2007), 23-156쪽.

서보혁, “북한의 평화 제안 추이와 그 특징,” 『북한연구학회보』 제13권 1호(2009), 61-81쪽.

______, “탈냉전기 북한의 대미 정체성 정치,” 『한국정치학회보』 제37집 1호(2003), 199-217쪽.

______, “탈냉전기 한반도 안보질서 변화에 관한 연구: 남 · 북 · 미 전략적 삼각관계를 중심으로,” 『국가전략』 제14권 2호(2008년), 63-85쪽.

서유석, 『북한 선군담론에 관한 연구: 재생 담론화 과정과 실천양상을 중심으로』(동국대학교 박사학위 논문, 2008).

신욱희, “북미관계와 한반도 평화체제: 역사적 고찰,” 『한국정치외교사논총』 제33집 제2호(2012), 35-61쪽.

신종대, “5.16 쿠데타에 대한 북한의 인식과 대응: 남한의 정치변동과 북한의 국내정치,” 『정신문화연구』 제33권 제1호(2010), 81-104쪽.

______, “북한요인과 국내정치: 1968년 북한요인의 영향을 중심으로,” 『한국과 국제정치』, 제20권 제3호(2004), 93-130쪽.

______, "북한 위기조성전략의 분석과 전망," 경남대 극동문제연구소 편, 『한반도정세: 2010년 평가와 2011년 전망』(서울: 경남대학교 극동문제연구소, 2011), 109-126쪽.

양무진, 『북한의 대남협상전략 유형』(경남대학교 박사학위 논문, 2002).

______, "선전선동 사례연구: 나치독일, 중국, 북한," 『현대북한연구』 제14권 3호(2011), 7-42쪽.

염재호, "국가정책과 신제도주의," 『사회비평』 제11권(1994), 10-33쪽.

예동균, 『북한 통미봉남 전략의 실효성에 관한 연구』(고려대학교 대학원 석사학위 논문, 2009).

오삼교, "6자회담과 북한의 협상전략," 『국제정치연구』 제8집 2호(2005), 57-79쪽.

윤민재, "푸에블로호 사건과 한미관계," 『사회와 역사』 제85집(2010), 239-270쪽.

임재학, 『미국의 대북한 군사개입 억제요인 분석: 푸에블로호 사건과 8.18사건을 중심으로』(경북대학교 박사학위논문, 2011).

이미경, "북한의 역사서술속의 대미인식의 특징과 함의," 『한국정치외교사논총』 제25집 1호(2003), 265-299쪽.

이상민, "미국의 외교문서집 발간사례: Foreign Relations of the United State(FRUS)시리즈," 외교안보연구소 주최 2012년 외교문서 공개와 외교사연구 발표문(2012.5.3), 71-89쪽.

이석호, "약소국 외교정책론," 이상우 · 하영선 공편, 『현대국제정치학』(서울: 나남, 1992), 445-473쪽.

이성봉, 『북한의 자립적 경제발전전략과 김일성체제의 공고화 과정(1957-70)에 관한 연구』(고려대학교 박사학위논문, 1998).

이수석, "2차 북핵위기에서 나타난 북한과 미국의 협상전략," 『북한연구학회보』 제7권 2호(2003), 79-97쪽.

이용중, "서해북방한계선(NLL)에 대한 남북한 주장의 국제법적 비교분석," 『법학논고』 제32집(2010), 537-572쪽.

이신재, 『북한 자립경제노선의 등장과 과학기술의 역할』(경남대학교 북한대학원 석사학위논문, 2003).

______, "조선인민군 총정치국 설치 배경에 대한 연구," 『군사』 제83호(2012), 35-66쪽.

이승현, "1960년대 북한의 권력구조 재편과 유일사상의 대두: 제한적 다원성에서 유일체제로," 『현대북한연구』 제5권 1호(2002), 11-46쪽.

이영철, "사회과학에서 사례연구의 이론적 지위," 『한국행정학보』 제40권 제1호(2006년 봄호), 71-90쪽.

이영훈, 『북한의 경제성장 및 축적체제에 관한 연구(1956-64)』(고려대학교 박사 학위 논문, 2000).

이재봉, "세계의 반미주의: 미국이 '지구상에서 가장 증오 받는 나라'가 된 배경과 과정," 『한국동북아논총』 제35집(2005), 175-193쪽.

이정수, "북한의 3자회담: 내용 · 배경 · 저의,"『평화연구』 제4권 1호(1984), 181-195쪽.
이정옥, "브로델의 사회사: 시간과 공간의 변증법에 입각한 전체사,"『사회와 역사』 6호(1987), 123-145쪽.
이정철, "북핵의 진실 게임과 死卽生의 선군정치,"『현대북한연구』 제7권 1호(2004), 167-196쪽.
이종석,『조선로동당의 지도사상과 구조변화에 관한 연구』(성균관대학교 박사학위논문, 1993).
임수호, "북한의 대미 실존적 억지·강제의 이론적 기반,"『전략연구』 제14권 2호(2007), 123-165쪽.
장노순, "약소국의 갈등적 편승외교정책: 북한의 통미봉남정책,"『한국정치학회보』 제33집 1호(1999), 379-397쪽.
전인영, "북한의 대미 협상행태의 특징,"『북한의 협상행태와 한국의 대응방안』, 광복 50주년 기념 대토론회 발표자료(1995).
정성윤,『북한의 푸에블로호 나포사건과 미국의 위기정책결정』(고려대학교 박사학위논문, 2007).
______, "1968년 북한의 푸에블로호 나포원인에 대한 연구,"『국제정치연구』 제11권 2호(2008), 247-275쪽.
______, "1차 사료를 통한 미북간 협상과정 분석,"『전략연구』 제43호(2008), 165-203쪽.
정영철,『김정일 체제 형성의 사회정치적 기원 : 1967-1982』(서울대학교 박사학위논문, 2001).
______, "북한의 반미 : 이데올로기, 문화, 그리고 균열,"『신아세아』 제18권 2호(2011), 146-170쪽.
조동준, "안보위협에 대처하는 중소국의 선택,"『세계정치 11』 제30집 1호(2009년 봄 · 여름호), 1-23쪽.
차성덕,『북한 외교정책의 결정요인에 관한 연구-탈냉전기 대미 핵 정책변화를 중심으로』(서울대학교 박사학위논문, 1998).
차재훈, "북핵 협상 20년: 연구 쟁점과 과제,"『국제정치논총』 제51집 3호(2011), 135-149쪽.
______,『약소국의 대강대국 협상 특징 연구』(동국대학교 박사학위논문, 1998).
하워드 H. 레너, "푸에블로 사건: 위기의 해부," 국방대학원,『대전략』 제11권 제10호(1969), 55-66쪽.
한관수, "6·25 전쟁의 승패인식 재조명,"『군사』 제81호(2011), 227-259쪽.
한상암 · 조호대, "문제 해결 지향적 인질 테러 협상의 이론모형," 한국콘텐츠학회 춘계종합학술대회 발표자료(2009), 567-574쪽.
홍석률, "1968년 푸에블로 사건과 남한 · 북한 · 미국의 삼각 관계,"『한국사연구』 제113호(2001), 179-208쪽.
______, "1970년대 전반 북미관계 : 남북대화, 미중관계 개선과의 관련하에서,"『국제정치논총』 제44권 2호(2004), 29-54쪽.

홍양호, "북한의 대미협상 행태와 분석," 『군사』 제81호(2011), 199-244쪽.

3) 기타 자료(다큐멘터리, 영화, 인터넷 사이트, 신문, 간행물 등)

Daniel Gordon, 『푸른눈의 평양시민: 원제 Crossing the Line(91분)』(United States: Kino International Corp., 2007).
____________, 『천리마 축구단(80분)』(서울: 스펙트럼 DVD, 2005).
MBC 프로덕션 편, 『이제는 말할 수 있다: 푸에블로 나포사건(51분)』(서울: MBC프로덕션, 2006).
국사편찬위원회 홈페이지 : http://www.history.go.kr.
통일부 홈페이지 : http://www.unikorea.go.kr.
『국방일보』.
『경향신문』.
『동아일보』.
『매일경제』.
『민족 21』.
『세계일보』.
『시사저널』.
『연합뉴스』.
『월간중앙』.
『조선일보』.
『통일뉴스』.
『통일한국』.
『한국일보』.

4. 해외문헌

1) 영문 문헌

(1) 단행본

B. Lerner, Mitchell, *The Pueblo incident : a spy ship and the failure of American foreign policy* (Lawrence, Kan.: University Press of Kansas, 2002).

Brandt, Ed, *The Last Voyage of USS Pueblo* (New York: Norton, 1969).

Bucher, Lloyd M, *Bucher: My Story* (Garden City, N.Y.: Doubleday, 1970).

Das, Veena, *Critical Events: An Anthropological Perspective on Contemporary India* (Delhi : Oxford University Press, 2007).

Easton, David, *A Framework for Political Analysis* (Englewood Cliffs, N.J.: Prentice-Hall., 1965).

____________, *The Political System* (New York: Alfred A. Knopf Inc., 1953).

Finley, James P, *The US Military Experience in Korea, 1871-1982 : In the Vanguard of ROK-US Relation* (SanFrancisco: Command Historian's office, Secretary Joint Staff, Hqs, USFK/EUSA, 1983).

Fisher, Roger, William Ury, and Bruce Patton, *Getting to Yes: Negotiating Agreement without Giving In* (Boston: Houghton Mifflin Company, 1981).

Gallery, Daniel V, *The Pueblo Incident* (Garden City, N.Y.: Doubleday, 1970).

Habeeb, William Mark, *Power and Tactics in International Negotiation: How weak Nations Bargain with Strong Nations* (Baltimore: The Johns Hopkins University Press, 1988).

Jervis, Robert, *Perception and Misperception in International Politics* (New Jersey : Princeton University Press, 1976).

Lasswell, D. Harold, and Kaplan, Abraham, *Power and Society : a framework for a political inquiry* (New Haven: Yale University Press, 1970).

Lasswell, D. Harold, The Policy Orientation, in Daniel Lerner(ed.), *The Policy Sciences* (Stanford: Stanford University Press, 1950).

Mobley, Richard A, *Flash Point North Korea : The Pueblo and EC-121 Crisis* (Maryland: Naval Institute Press, 2003).

Murphy, Edward R, *Second in Command* (New York: Holt, Rinehart and Winston, 1971).

M. Walt, Stephen, *The Origin of Alliances* (Ithaca&London: Cornell University Press, 1987).

Narushige Michishita, *North Korea's Military-Diplomatic Campaigns, 1966-2008* (London:

Routledge, 2010).

Rummel, Rudolph J., *Understanding Conflict and War,* vol. 1, part Ⅱ(Berverly Hills, CA: Sage Publication, 1975).

Schumacher, F. Carl, *Bridge of No Return* (New York: Harcourt Brace, 1971).

Steinmo Sven, et al eds., *Structuring Politics: Historical Institutionalism in Comparative Analysis* (Cambridge: Cambridge University Press, 1992).

(2) 논문

B. Lerner Mitchell, "Mostly Propaganda in nature: Kim Il Sung, the Juche Ideology, and the Second Korea War," *Working paper #3* (Washington, D.C.: Woodrow Wilson International Center for Scholars, 2010).

Chung Sung-Yoon, "A Study on the Intelligence Activity and the Risk Assessment of the U.S. Military,"『국제관계연구』, 제15권 2호 (2010), pp.45-69.

Eckstein, Harry, "Case Study and Theory in Political Science," Fred I. Greenstein and Nelson Polsby, eds., *The Handbook of Political Science,* vol 7 (Reading, Mass. et al.: Addison, Wesley, 1975), pp.79-138.

Labs, Eric, "Do Weak State Bandwagon?," *Security Studies,* vol 1, (1992, Spring).

Michishita Narushige, *North Korea's Military-Diplomatic Campaigns, 1966-2008* (London: Routledge, 2010).

Nye, Joseph, "Transnational Relations and Interstate Conflicts: An Empirical Analysis," *International Organization,* vol 28, (Autumn, 1974).

Schaefer Bernd, "North Korean 'Adventurism' and China's Long Shadow 1966-1972," *CWIHP Working Paper #44* (Washington, D.C.: Woodrow Wilson International Center for Scholars, 2011).

Shin Jong-Dae and Mitchell. B Lerner, "New Romanian Evidence on the Blue House Raid and the USS Pueblo Incident," *NKIDP E-Dossier #5* (Washington, D.C.: Woodrow Wilson International Center for Scholars, 2012).

S. Radchenko, Sergey, "The Soviet Union and the North Korean Seizure of the USS Pueblo: Evidence from the Russian Archives," *CWIHP Working Paper #47* (Washington, D.C.: Woodrow Wilson International Center for Scholars, 2011).

(3) 기타 자료(신문, 인터넷 사이트)

The New York Times.

미국 국무부 홈페이지 : http://history.state.gov
미국 국립 문서 기록 관리청 홈페이지 : http://www.archives.gov
우드로윌슨센터 홈페이지(Woodrow Wilson International Center for Scholars): http://www.wilsoncenter.org
푸에블로호 퇴역군인 협회 홈페이지(USS PUEBLO Veteran's Association): http://www.usspueblo.org

2) 중국 문헌

(1) 논문

鄧峰, "美国与 EC-121 危机 - 对 1969年 美国大型侦察机 被朝鲜击落 事件的 研究,"『世界歷史』(2008年 第2期), 14-23쪽.

부 록

1. 푸에블로호 승무원 송환관련 미국의 사과문 (북한발표)
2. North Korean Document signed by U.S. at Panmunjom (미국발표)
3. 북한 노동신문 1968년 12월 24일자에 보도된 사과문 (한 · 영문)
4. 북한 기록영화에 나온 미국의 사과문
5. 푸에블로호는 왜 전승기념관으로 갔나? (통일한국 기고문)

〈부록-1〉

푸에블로호 승무원 송환관련 미국의 사과문[1)]

조선민주주의인민공화국 정부 앞

미합중국 정부는 1968년 1월 23일 조선민주주의인민공화국 령해에서 조선인민군 해군함정들의 자위적 조치에 의하여 나포된 미국함선 ≪푸에블로≫호가 조선민주주의인민공화국 령해에 여러 차례 불법 침입하여 조선민주주의인민공화국의 중요한 군사적 및 국가적 기밀을 탐지하는 정탐행위를 하였다는 이 함선의 승무원들의 자백과 조선민주주의인민공화국 정부대표가 제시한 해당한 증거문건들의 타당성을 인정하면서,

미국 함선이 조선민주주의인민공화국 령해에 침입하여 조선민주주의인민공화국을 반대하는 엄중한 정탐행위를 한데 대하여 전적인 책임을 지고 이에 엄숙히 사죄하며,

앞으로 다시는 어떠한 미국함선도 조선민주주의인민공화국 령해를 침범하지 않도록 할 것을 확고히 담보하는 바입니다.

이와 아울러 미합중국 정부는 조선민주주의인민공화국 측에 의하여 몰수된 미국함선 ≪푸에블로≫호의 이전 승무원들이 자기들이 죄행을 솔직

1) 『로동신문』, 1968년 12월 24일.

히 고백하고 관용성을 베풀어 줄 것을 조선민주주의인민공화국 정부에 청원한 사실을 고려하여 이들 승무원들을 관대히 처분하여 줄 것을 조선민주주의인민공화국 정부에 간절히 요청하는 바입니다.

미합중국 정부를 대표하여

미 육군 소장 길버트 에이치. 우드워드

1968년 월 일

자필 영문 서명
23 Dec, 1968

〈부록-2〉

NORTH KOREAN DOCUMENT SIGNED BY U.S. AT PANMUNJOM2)

TO THE GOVERNMENT OF THE DEMOCRATIC
PEOPLE'S REPUBLIC OF KOREA

The Government of the United States of America.

Acknowledging the validity of the confession of the crew of the USS "Pueblo" and of the documents of evidence produced by the Representative of the Government of the Democratic People's Republic of Korea to the effect that the ship, which was seized by the self defense measures of the naval vessels of the Korean People's Army in the territorial waters of the Democratic People's Republic of Korea on January 23, 1968, had illegally intruded into the territorial waters of the Democratic People's Republic of Korea on many occasions and conducted espionage activities of spying out important military and state secrets of the Democratic People's Republic of Korea.

Shoulders full responsibility and solemnly apologizes for the grave acts of espionage committed by the U.S. ship against the Democratic People's Republic of Korea after having intruded into the territorial waters of the Democratic Peoples's Republic of Korea.

And gives firm assurance that no U.S. ships will intruded again in future into the territorial waters of the Democratic People's Republic of Korea.

2) "North Korean Document Signed BY U.S. At Panmunjom," *The Department of State Bulletin,* Vol. LX, No. 1541(January 6, 1969), pp.2-3.

Meanwhile, the Government of the United States of America earnestly requests the Government of the Democratic People's Republic of Korea to deal leniently with the former crew members of the USS "Pueblo" confiscated by the Democratic People's Republic of Korea side, taking into consideration the fact that these crew members have confessed honestly to their crimes and petitioned the Government of the Democratic People's Republic of Korea for leniency.

Simultaneously with the signing of this document, the undersigned acknowledges receipt of 82 former crew members of the "Pueblo" and one corpse.[3)]

On behalf of the Government of
the United State of America

영문 자필 서명 부분

Gilbert H. Woodward,
Major General, United States Army
23 Dec. 1968

3) 밑줄 친 부분은 북한 보도자료에는 없는 부분임.

〈부록-3〉

북한 노동신문 1968년 12월 24일자에 보도된 사과문

(한 · 영문)

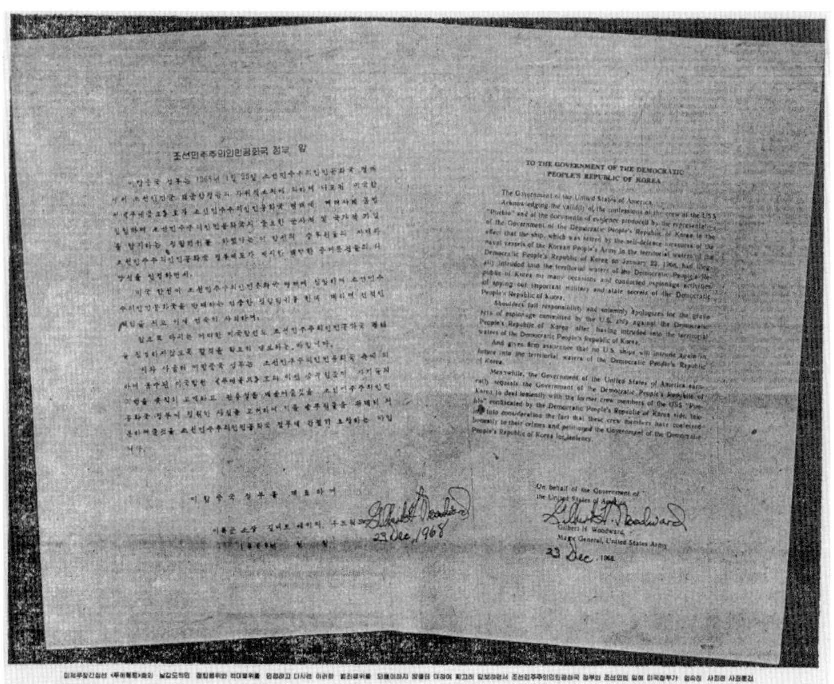

조선민주주의인민공화국 정부 앞

미합중국 정부를 대표하여

미국군 소장 길버트 에이치. 우드워드

TO THE GOVERNMENT OF THE DEMOCRATIC PEOPLE'S REPUBLIC OF KOREA

The Government of the United States of America,

Acknowledging the validity of the confessions of the crew of the USS "Pueblo" and of the documents of evidence produced by the representative of the Government of the Democratic People's Republic of Korea to the effect that the ship, which was seized by the self-defence measures of the naval vessels of the Korean People's Army in the territorial waters of the Democratic People's Republic of Korea on January 23, 1968, had illegally intruded into the territorial waters of the Democratic People's Republic of Korea on many occasions and conducted espionage activities of spying out important military and state secrets of the Democratic People's Republic of Korea,

Shoulders full responsibility and solemnly apologizes for the grave acts of espionage committed by the U.S. ship against the Democratic People's Republic of Korea after having intruded into the territorial waters of the Democratic People's Republic of Korea,

And gives firm assurance that no U.S. ships will intrude again in future into the territorial waters of the Democratic People's Republic of Korea.

Meanwhile, the Government of the United States of America earnestly requests the Government of the Democratic People's Republic of Korea to deal leniently with the former crew members of the USS "Pueblo" confiscated by the Democratic People's Republic of Korea side, taking into consideration the fact that these crew members have confessed honestly to their crimes and petitioned the Government of the Democratic People's Republic of Korea for leniency.

On behalf of the Government of the United States of America

Gilbert H. Woodward
Major General, United States Army
23 Dec. 1968

…첩선 《푸에블로》호의 날강도적인 침략행위와 적대행위를 인정하고 다시는 이러한 범죄행위를 되풀이하지 않을데 대하여 확고히 담보하면서 조선민주주의인민공화국 정부와 조선인민 앞에 미국정부가 엄숙히 사죄한 사죄문

〈부록-4〉

북한 기록영화에 나온 미국의 사과문

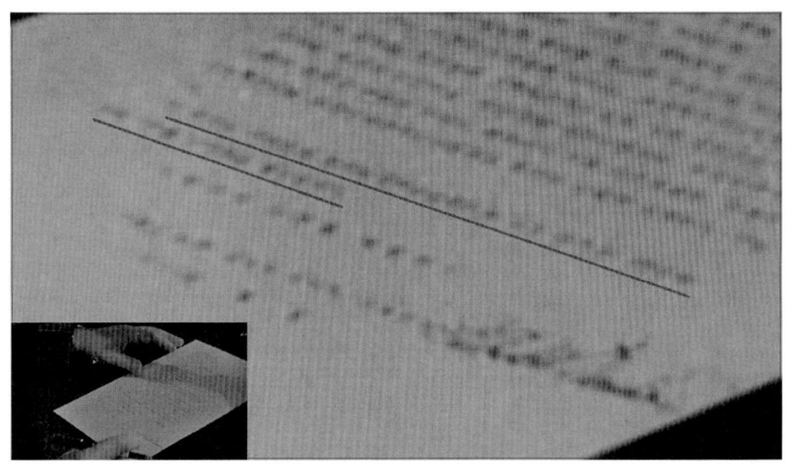

ㅇ 왼쪽 하단의 작은 사진은 1968년 12월 23일 판문점에서 미 정부대표 우드워드 장군이 북한이 제시한 이른바 '사죄문'에 서명하는 북한 기록영화의 한 부분이며, 가운데 사진은 그 '사죄문'을 확대한 것이다.

ㅇ 사진에서 밑줄 친 2줄은 북한의 공식 발표문에는 삭제된 부분인데, 기록영화에는 편집(삭제)되지 않고, 그대로 방송되었다.

ㅇ 밑줄 친 2줄의 내용은 "(미국대표가) 이 문서에 서명함과 동시에 푸에블로호 82명의 승무원과 시신 1구를 인수했음을 인정한다"는 내용을 담고 있다.

ㅇ 이것의 구체적인 의미에 대해서는 이 책 제3장 제2절의 협상내용을 참고할 것.

* 출처: 『기록영화-미제의 무장간첩선 푸에블로호의 말로(20분)』 (평양: 조선중앙방송위원회 기록영화촬영소, 2000).

〈부록-5〉

푸에블로호는 왜 '전승기념관'으로 갔나?[4)]

이 신 재

1. 들어가는 글

2013년 7월 27일은 정전협정이 체결된 지 60주년이 되는 날이었다. 북한은 정전협정 체결일을 '조국해방전쟁승리기념일(이하 전승절)'로 부르며 다양한 행사를 개최했다. '전승절' 기념행사 중에는 '조국해방전쟁승리기념관(이하 전승기념관)' 재개관 행사가 있었다. 2012년 9월부터 개축공사에 들어갔던 기념관을 개관한 것으로 김정은 국방위원회 제1위원장과 중국 '리위안차오' 부주석 등이 참석한 가운데 대규모로 개최되었다.

기념관 재개관 행사에서 단연 시선을 끈 것은 새롭게 공개된 푸에블로호였다. 잘 알려진 바와 같이 푸에블로호는 1968년 북한이 나포한 미 군함이다. 1999년부터 13년 동안 대동강에 전시되다 2012년 11월 사라진지 8개월여 만에 그 모습이 공개된 것이다. 북한은 8월 7일 조선중앙TV를 통해 김정

4) 이 글은 평화문제연구소에서 발간하는 월간 『통일한국』 2013년 9월호에 게재되었던 것을 보완한 것임.

은이 한밤중에 푸에블로호를 참관하는 영상을 방영했다. 그러면서 금년에 만 총 14번을 찾아 기념관 공사를 현지지도 했다고 밝혔다. 일국의 지도자로써 대단한 관심이라 하지 않을 수 없다.

그렇다면 북한은 왜 푸에블로호를 '전승기념관'으로 옮긴 것일까? 그리고 왜 '전승절'에 맞춰 공개한 것일까? 또 김정은은 왜 푸에블로호에 관심을 갖는 것일까? 이 글은 이런 궁금함에 대한 답을 찾고자 한다.

2. 북한에게 푸에블로호 사건의 의미

푸에블로호가 전승기념관으로 옮겨 전시된 의미를 설명하기에 앞서 푸에블로호가 어떤 배이며, 북한에게 푸에블로호 사건은 어떤 의미를 가지고 있는지를 설명하는 것이 글을 이해하는 데 도움이 될 것 같다.

푸에블로호는 1968년 1월 23일 원산 앞바다에서 북한에 나포된 미 해군의 정보수집함이었다. 당시 북한은 자국 영해를 침범했다는 이유로 푸에블로호를 나포했었다. 군사적 위기가 고조되었지만, 북한과 미국은 협상을 통해 이 문제를 해결했다. 결국 12월 23일 83명의 승무원만 판문점을 통해 송환되면서 사건은 일단락되었다. 배는 돌려주지 않고 북한에 남아 있는 것이다.

북한에게 푸에블로호 사건은 어떤 사건일까? 외견상 이 사건은 영해 침범과 억류, 그리고 송환으로 이어지는 간단한 사건으로 보일 수 있다. 그러나 이 사건은 6·25전쟁으로 형성된 북한의 대미인식을 변화시킨 중대한 사건(critical event)이자 북미관계를 새롭게 변화시킨 변곡점變曲點으로서 작용하였다.

구체적으로 살펴보자. 북한은 푸에블로호 사건 이전까지 소극적이면서도 온전하지 못한 대미 승리인식을 갖고 있었다. 비록 김일성이 1953년 7월 27일 "조국해방전쟁의 위대한 승리를 축하한다"라는 발표를 통해 일찌감치

전쟁을 북한의 '승리'로 규정하였지만, 전쟁을 도발했으면서도 엄청난 규모의 인적 · 물적 피해를 입은 북한이 전쟁을 승리로 평가하는 것은 분명 온전치 못한, '자의적 승리'일 뿐이었다.

이런 북한에게 1968년 푸에블로호 사건은 부족했던 승리인식을 충족시켜준 사건이었다. 유엔으로 부터 국가로 인정받지 못했던 상황에서 미국과 사상 첫 '정부간 양자회담'을 개최하였고, 미국 정부를 대표하는 '우드워드' 장군으로 부터 영해 침범인정과 사과, 향후 재발방지를 약속하는 문서에 서명까지 받아낸 것이다. 북한은 이 문서를 미국의 '사죄문'이라고 주장하며, 정전협정에 이어 '제2의 항복문서'라고 선전하고 있다. 북한에게 6 · 25 전쟁은 미국에 대한 '가장 큰 승리'이고 푸에블로호 사건은 '계속된 승리'로 평가되고 있는 것이다.

이 사건 이후 북한의 대미 행태는 이전과 달리 적극적으로 변화되었다. 미 해군의 정찰기(EC-121)을 격추시키는 군사적 도발도 감행하지만, 뉴욕타임스에 김일성 광고를 게재하고, 미국 정치인을 평양으로 초청하며, 미국에 「북한 · 미국 친선공보센터」를 설치하는 등 유화적인 모습도 보이게 된다. 대내적으로 대미 승리를 더욱 강조하면서도 이전까지 이데올로기 차원에서 반미를 강조하였다면, 사건 이후부터는 반미를 경제선동과 정책의 합리화 소재로 활용하는 등 '도구적 반미'의 경향을 띠게 되었다. 결과적으로 북한은 이 사건을 통해 적극적인 대미 인식을 갖게 되었고, 변화된 인식은 적극적인 대미 정책으로 나타나게 되었다.

3. 김정일의 기억의 정치와 푸에블로호 활용

1968년 나포 이후 푸에블로호는 공개되지 않고 관리되었다. 이 사건을 기념하는 별다른 행사도 개최되지 않았다. 푸에블로호가 새롭게 관심을 끌게 된 것은 1995년이었다. 나포 이후 원산항에 비공개로 관리되던 푸에블로호가 오랫동안의 '침묵'을 깨고 전 세계에 공개된 것이다.

푸에블로호를 역사의 기억에서 불러온 것은 김정일이었다. 북한자료에 의하면 김정일은 푸에블로호를 반미교양을 위해 공개하였다고 한다. '노획물(푸에블로호 지칭)을 썩히지 말고 원산 앞바다에 갖다놓고 미제 침략자들의 침략적 본성을 폭로하라'고 지시했다는 것이다.

1998년 12월에는 푸에블로호를 활용하여 반미교양을 더욱 강화하라면서, 대동강으로 옮길 것을 지시했다. 전시 장소도 1866년 미국 제너럴셔먼호가 격침되었던 곳으로 정해 주었다고 한다.

그렇다면 김정일은 왜 잊혀져가던 푸에블로호를 다시 불러오려고 한 것일까? 이것은 김정일이 북한의 새 지도자로 등장하는 1990년대 초반 상황을 이해할 필요가 있다. 당시 북한으로서는 매우 어려운 상황이었다. 김일성이 사망했고, 소련 및 사회주의권이 붕괴되던 시기였다. 남한은 중국과 소련을 향해 북방외교를 성공적으로 전개하면서 북한을 철저히 고립시키고 있었다. 자연재해로 인한 식량난은 수많은 탈북자를 양산하며 체제의 존립을 위태롭게 하고 있었다.

이런 상황에서 김정일이 등장한 것이다. 왓킨스(F. M. Watkins)의 지적처럼 이데올로기는 선과 악, 친구友와 적敵을 명확히 구분시킨다. 그렇기 때문에 이데올로기는 지도자의 입장에서 대중을 통합시키는데 매우 유효 적절한 수단이 된다. 김정일로서는 철저히 미국이라는 '적'을 부각시킴으로써 내부 단결을 도모하고자 했을 것이다. 지배자들이 피지배자들에게 현존하는 질서를 당연히 존재해야하는 것으로 납득시켜 순종과 동의를 얻으려 할 때 설득의 수단으로 기억이 이용된다고 한다. 김정일에게 기억의 매개체로써 대미 승리의 상징인 푸에블로호는 대단히 효과적인 소재였던 것이다.

4. 김정은은 왜 푸에블로호를 전승기념관으로 옮겼는가?

김정은이 푸에블로호를 '전승기념관'으로 옮긴 것은 쉽지 않은 결정이었을 것이다. 대동강은 아버지 김정일이 친히 선정해 준 대미 투쟁의 역사적 장소였기 때문이다. 따라서 김정은이 푸에블로호를 '전승기념관'으로 옮기기로 결정한 것에는 이런 부담감을 뛰어 넘는 명분과 효과가 계산되었을 것이다.

그 명분과 효과는 무엇이었을까?

가장 큰 명분이라면 올해가 북한이 주장하는 '전승' 60주년이라는 점이었을 것이다. 북한은 작년 9월부터 '전승기념관'을 대대적으로 확장하는 공사를 시작하였다. 노동신문에는 전국에 산재되어 있는 대미 승리의 상징들을 모으고 있다는 기사가 보도 되었다. 결국 푸에블로호가 바로 '전승' 60주년에 걸맞는 상징적인 물건이었던 것이다.

그렇다면 푸에블로호를 옮김으로써 얻을 수 있는 효과는 무엇이었을까? 가장 큰 효과는 푸에블로호를 '뉴스거리'로 부각시켰다는 점이다. 40여 년 전 북한의 영해를 침범했던 미국의 간첩선 푸에블로호를 북한이 '전승기념관'에 갖고 있다는 점을 전 세계에 부각 시킬 수 있었던 것이다.

이 점은 푸에블로호를 처음 공개할 때부터 북한이 사용하던 방법이다. 북한은 1995년 원산에서 푸에블로호를 처음 공개할 때 CNN 베이징특파원을 불러 들였었다. 이번 '전승절'에는 북한이 초청한 CNN, ABC 등 100여명의 서방언론이 있었다. '전승기념관'에 새롭게 전시된 푸에블로호는 전 세계에 보도되면서 뉴스거리로써 관심 유발 효과를 충분히 거두었을 것이다.

그렇다면 북한이 단순히 뉴스거리만을 원했던 것인가? 아니다. 북한은 푸에블로호를 뉴스거리로 만들고 대내외적으로 주목받는 것을 통해 자신들의 메시지를 보내려고 했을 것이다. 그리고 메시지의 주 대상은 대내적으로는 북한 인민이며, 대외적으로는 미국일 것이다.

북한 인민들에게는 푸에블로호 사건을 통해 6·25전쟁에 이어 북한의 미국에 대한 '계속된 승리'를 선전하려고 했을 것이다. 그리고 그 승리의 중심에는 제너럴셔먼호를 격침시켰다고 주장하는 김일성의 증조부 김응우를 비롯해 김일성, 김정일, 그리고 김정은으로 이어지는 김씨 가문의 용맹함을 나타내고자 했을 것이다. 또 오늘날 북한에 닥친 어려움이 지도자의 문제라기 보다 6·25전쟁이나 푸에블로호 사건 때와 같이 미국 때문이라고 선전하고자 했을 것이다. 그리고 반미대결은 북한의 숙명이며, 반미투쟁을 더욱 더 전개하면 반드시 승리할 수 있음을 강조하고자 했을 것이다. 이점에서 김정은의 주장처럼 '전승기념관은 반미교양의 거점'이 되는 것이다.

북한이 미국에게 보내는 메시지는 양면적이다. 하나는 미국에 대한 '경고'이고, 또 하나는 '관심'의 호소이다.

지금까지 북한은 푸에블로호를 언급할 때마다 '미국은 푸에블로호 사건의 교훈을 잊지 말라'고 하였다. 미국이 북한을 억압하려고 할 때마다 푸에블로호 사건 때처럼 아무리 군사적으로 위협해도 북한은 굴복하지 않고 결국에는 미국의 사과를 받아냈다는 의미이다. 현재의 북미관계에서 북한은 푸에블로호를 통해 미국에 경고를 보내는 것이다.

다른 한편으론 푸에블로호가 자신들에게 있음을 미국에 상기시키면서, 미국의 관심을 이끌어 내고자 했을 것이다. 강대국의 관심사는 또 다른 강대국일 수밖에 없다. 그렇기 때문에 약소국은 강대국의 관심을 끌기 위해 다양한 수단과 방법을 강구하게 된다. 미국도 푸에블로호에 대단히 관심이 많다. 푸에블로시(市)가 있는 콜로라도 의회를 비롯해 많은 미국 정치인들은 매년 푸에블로호 반환 결의안을 채택하고 있다. 미 해군은 푸에블로호를 현재까지 작전 중인 함정으로 관리하고 있다고 한다. 미국은 푸에블로호를 조속히 반환받음으로써 '1968년의 악몽'을 잊고자 할 것이다. 이 점에서 북한이 미국의 관심을 이끌어내는 데 핵실험만큼이나 푸에블로호는 참으로 유용한 물건인 것이다.

5. 앞으로 푸에블로호의 운명은?

북한에게 푸에블로호는 대미 승리의 상징이다. 김정은은 아버지 김정일이 그랬던 것처럼 현재의 어려운 상황을 벗어나고자 푸에블로호를 이용하고 있다. 푸에블로호를 통해 사람들의 기억 속에서 '승리의 기억'을 불러내 반미의식을 고취하고자 하고 있다. 또 미국에게 경고와 함께 관심을 유발시켜 지금까지 그랬던 것처럼 관심 유인-협상-성과도출의 방식을 이어가고자 하고 있다. 1995년 원산항에서 푸에블로호를 공개했던 김정일처럼 2013년 김정은도 푸에블로호를 이용한 정치를 하고 있는 것이다. 이 점에서 푸에블로호는 북미 대결구도가 계속되는 한 포기할 수 없는 카드인 셈이다.

그렇다면 앞으로 푸에블로호의 운명은 어떻게 될 것인가? 이 문제는 앞으로의 북미관계를 지켜봐야 할 듯하다. 클린턴 행정부 시절 북미관계가 수교 직전까지 갔을 당시 북한은 미국에 푸에블로호 반환을 제의했었다고 한다. 당분간은 어렵겠지만, 향후 북미관계가 좋아진다면 푸에블로호는 '선물'로 포장되어 미국으로 돌아갈 수 있지 않을까? 앞으로 북미관계를 가늠해 볼 수 있는 척도로써 푸에블로호에 관심을 가져보자.

찾아보기

〈ㄱ〉

가디언 164
강석주 238, 285
검은 백조 61, 185, 186
결정적 사건 41, 42, 71
결정적 사례연구 60, 71
결정적 전환점 8, 41, 61, 62, 291, 292, 294
경로의존 61
경로의존성 239
공산권 군인대회 160
관심유인 전략 7, 77, 241, 242, 243, 245, 246, 249, 252, 253, 254, 255, 257, 293
구조사 58
국제수역 128
국제올림픽위원회 92
국제원자력기구 268, 285
군사정전위원회 42, 72, 76, 98, 105, 106, 137, 263
그로미코 275
길버트 우드워드 149
김광협 137
김영철 238
김진계 126, 179

〈ㄴ〉

남북 군사공동위원회 271
남일 101, 103, 106, 115
내봉장 101
농장 160
뉴욕타임스 84, 193, 194, 211, 212, 213, 280
닉슨 122, 154, 201, 216, 251, 278

〈ㄷ〉

다스 41
단일사례 69, 70, 71, 294

대결 224, 227
대동강 5, 9, 45, 52, 216, 226, 229, 230
대포동 장거리 미사일 실험 257
덧쓰기 151, 153, 154, 155
데일리월드 210, 211
돌아오지 않는 다리 153, 158
두웨인 호지스 157
디엔비엔푸 116

〈ㄹ〉

려도 129, 130
려정 180
력사의 대하 255, 268
로버트 저비스 65
로이드 피트 부쳐 123
로저 터비 133
루마니아 133, 137, 250, 278

〈ㅁ〉

마양도 125
마오쩌둥 85, 201
마이크 치노이 225
미 태평양 함대 139
미국 · 조선 친선공보센타 212
미제 간첩선 푸에블로호의 말로 225, 227, 234
미제의 각을 뜨는 전략 184
미첼 러너 50, 165

〈ㅂ〉

박중국 109, 132, 135, 136, 138, 139, 140, 141, 145, 146, 147, 148, 149, 150, 151, 152, 153, 155, 156, 157, 168, 169
박헌영 90, 274
밴스 167
벤자민 페이지 193
벼랑 끝 전술 245
보천보 전투 220
복합국면사 59
부인성명 155, 183
북미 공동코뮤니케 237, 287
북미 평화협정 263
북방한계선 250, 251
불법국가 8, 91, 93, 118, 163, 168, 192, 273, 294

〈ㅅ〉

사건사 59
사실상의 인정 170
사천교 153
선군정치 7, 45, 217, 223, 230, 231, 232, 233, 234, 293
세계보건기구 283
솔즈베리 211, 213
슈마커 129
스미스 132, 136, 138, 139, 140, 141, 146, 147, 149, 168, 169
신경완 125
신제도주의 221, 222

신천 대학살 68, 226
신천 박물관 164

〈ㅇ〉

아더 골드버그 133
아웅산 폭파사건 252
아이켄베리 65, 200
악셀 호네트 274
알란 코헨 212
언커크 251
엑스타인 41, 58, 60, 71
엔터프라이즈 122, 134, 142, 143
여기자 억류 246, 247, 258
역사적 제도주의 58, 61, 239
영생 248
왓킨스 218
우드로 윌슨 센터 51
우드워드 122, 149, 150, 151, 152, 153, 155, 156, 157, 169, 182
워싱턴 포스트 213
원산 5, 99, 100, 102, 121, 125, 126, 129, 130, 132, 134, 159, 161, 179, 215, 216, 225, 228, 229, 233, 324, 325, 326, 327, 329
월드 매거진 211
위기 조성전략 245
유럽안보협력회의 275
이찬복 272
인도네시아 사태 95
인민외교 7, 45, 194, 210, 212, 214, 278, 292
인정투쟁 7, 8, 77, 170, 240, 241, 242, 270, 273, 274, 275, 276, 277, 278, 280, 281, 283, 284, 285, 293, 294
인질 7, 8, 77, 144, 159, 161, 162, 163, 165, 195, 240, 241, 244, 245, 246, 247, 248, 249, 250, 252, 253, 254, 255, 257, 293

〈ㅈ〉

장진성 126
저조선 130
전략적 삼각관계 260
전승기념관 5, 9, 234
전자정보함 121
전환적 사건 42, 295
정치문화 56, 238
제35차 세계 탁구선수권 대회 264
제너럴셔먼호 83, 219, 220, 229, 326, 328
제네바 기본합의 237
제네바 회담 113, 114, 115, 116, 117, 118, 159, 170, 171, 173, 255
제도화 77, 215, 221, 222, 223, 224, 228, 230, 233, 234, 293
제임스 레오나드 155
조국해방전쟁 86, 87, 295, 323, 324
조명록 287
조선 2 · 8 예술영화촬영소 224
조선민주주의인민공화국 8, 89, 92, 93, 139, 142, 145, 168, 169, 183,

188, 276, 277, 281, 283, 284, 287, 288, 292, 294
조선인민과의 연대성위원회 212
조셉 나이 243
존 리 213
존슨 72, 96, 133, 147, 155, 165, 167, 170
종이호랑이 93, 201, 202
죤 피트맨 210
중대한 사건 44, 45, 46, 47, 48, 49, 66, 71, 75, 186, 291, 292, 324
집단기억 68, 222, 224

〈ㅊ〉

찬란한 조국 164
철천지 원쑤 7, 53, 76, 83, 85, 86, 93, 192, 292
총서 불멸의 력사 248
총서 불멸의 향도 255
침략국 91, 273
침략자 8, 43, 83, 91, 93, 118, 163, 168, 183, 191, 192, 209, 273, 274, 282, 294

〈ㅋ〉

클린턴 246, 258
키신저 250, 251, 278, 279

〈ㅌ〉

탈레브 58, 61, 63
태평양 사령부 168
통미봉남 7, 8, 77, 159, 165, 168, 240, 241, 242, 259, 260, 261, 262, 263, 264, 265, 266, 267, 268, 269, 270, 272, 293, 294
통치이데올로기 7, 217

〈ㅍ〉

판문점 5, 42, 43, 102, 105, 114, 121, 122, 132, 136, 137, 138, 140, 153, 157, 158, 166, 168, 171, 172, 182, 185, 198, 199, 216, 252, 263, 271, 272
판문점 사건 252
펑더화이 99
페르낭 브로델 58
평양의 눈보라 225, 226, 227
포터 140, 141, 150
푸에블로호 5, 6, 42, 43
푸에블로호 퇴역군인 협회 9, 72

〈ㅎ〉

하비브 243
한국전쟁 6, 7, 8, 42, 43, 44, 45, 46, 47, 76, 82, 83, 84, 85, 86, 87, 88, 89, 91, 93, 97, 98, 103, 104, 105, 106, 117, 138,

163, 168, 172, 175, 179, 185, 192, 197, 198, 200, 213, 215, 220, 233, 237, 240, 253, 260, 261, 265, 273, 274, 276, 283, 291, 292, 293, 294, 295, 296
함장의 웃음 225, 227
합법정부 43, 89, 168, 273, 274
항복문서 197
해리 엑스타인 58
해리슨 105, 213
핵실험 246, 247, 257
핵확산금지조약 246, 254
허담 183, 279
헛간 160
호명 7, 223
휴전협정 86, 102, 115, 117, 250, 252

<Etc>

12해리 128, 130, 146, 147, 148, 169, 170
3A 149
3당국회담 266
3자회담 254, 265, 266, 283
7 · 7선언 253, 254
Andrei A. Gromyko 275
Arthur U. Goldberg 133
Axel Honneth 274
Benjamin B. Page 193
Bill Clinton 246
brinkmanship 245
Carl F. Schumacher 129
collective memory 224
crisis strategy 245
critical event 41, 291, 326
critical junctures 41, 61, 291
crucial-case studies 60
Current TV 257
Cyrus R. Vance 167
de facto recognition 170
Dien Bien Phu 116
draft of receipt 148, 149
EC-121 112, 161, 200, 201, 207, 208, 215, 216, 231, 232, 249
Enterprise 122
Frederick Mundell Watkins 218
FS-344 123, 124
G. John Ikenberry 65, 200
GER 124, 130
Gilbert H. Woodward 122, 149
Harrison E. Salisbury 211
Henry A. Kissinger 250
historical institutionalism 61
Hodges 157
IOC 92, 93
James Leonard 155
Jerome Alan Cohend 212
John V. Smith 132
John W. Lee 213
Joseph Nye 243
KAL 858 252
KOC 92
Lloyd Pete Bucher 123, 124
Mark W. Clark 250

Mike Chinoy 225
Military Armistice Commission 106
NOC 92
NPT 246, 247, 248, 254, 255, 256, 257, 267, 284, 285, 287
OH-23 153
Overwrite Formula 151
path dependence 61, 239
Pre-repudiated Apology 155
proposal A 156
proposal B 156
Richard Milhous Nixon 122
Robert Jervis 65
Roger Tubby 133
Sasebo 124
Selig S. Harrison 213
The New York Times 84
Turner C. Joy 101
UNCURK 251
William K. Harrison, Jr 105
William Mark Habeeb 243

※ 이신재(李信宰)

1973년 강원도 홍천 출생

연세대학교 졸업(정치학사)

경남대 북한대학원 졸업(북한학석사)

북한대학원대학교 졸업(북한학박사)

현재 국방부 군사(軍史)편찬연구소 연구원

주요 논문 및 저서

- 푸에블로호 사건이 북한의 대미 인식과 협상전략에 미친 영향(2013, 박사학위논문)
- 북한 자립경제노선의 등장과 과학기술의 역할: 1945-1960(2003, 석사학위논문)
- 조선인민군 총정치국 설치배경 연구(2012)
- 6 · 25전쟁기 북한공군의 성장과정 고찰(2013)
- 주월한국군방송국(KFVN)의 설치와 운영(2014)
- 북한의 기억의 정치와 푸에블로호 호명(2014)
- EC-121기 사건과 한반도에서의 미 · 소협력(2015)
- 『6 · 25전쟁사 : 고지쟁탈전과 정전협정』(2013, 공저) 외 다수
- 국방일보 기획연재 「이야기로 풀어쓴 북한사」(2014.7.1～2015.6.30)